BIBLIOTHEK DEUTSCHER KLASSIKER

GRABBE

BIBLIOTHEK DEUTSCHER KLASSIKER

BDK

HERAUSGEGEBEN VON DEN
NATIONALEN FORSCHUNGS- UND GEDENKSTÄTTEN
DER KLASSISCHEN DEUTSCHEN LITERATUR
IN WEIMAR

GRABBES WERKE

IN ZWEI BÄNDEN

ERSTER BAND

Herzog Theodor von Gothland
Scherz, Satire,
Ironie und tiefere Bedeutung

Aufbau-Verlag Berlin und Weimar
1987

Ausgewählt und eingeleitet von Hans-Georg Werner

Grabbe, Werke 1–2
ISBN 3-351-00111-8
Bd. 1
ISBN 3-351-00112-6
Bd. 2
ISBN 3-351-00113-4

1. Auflage 1987

Einbandgestaltung Horst Erich Wolter
Lichtsatz INTERDRUCK Graphischer Großbetrieb Leipzig III/18/97
Druck und Binden LVZ-Druckerei „Hermann Duncker", Leipzig III/18/138
Printed in the German Democratic Republic
Lizenznummer 301.120/247/87
Bestellnummer 613 332 7
I/II 01000

Christian Dietrich Grabbe (1801–1836)

Nach einer Lithographie von Weibezahl

EINLEITUNG

Als sich Grabbe 1827 mit einer Sammlung seiner „Dramatischen Dichtungen“ der literarischen Öffentlichkeit vorstellte, entwarf er seinem Verleger eine Besprechung der eigenen Publikation. Er hielt sich dabei an sein Motto: „Die Menge ist eine Bestie – darum *imponiert*.“ Das Bild von dem Autor Grabbe, das er nahelegte, hat folglich etwas von der Attraktionskraft, die einem Werbeprospekt nötig ist: Der Leser spüre in Grabbes Stücken „überall nur die Trümmer einer *zerstörten* Subjektivität“; „der Verf. hat Ruinen gemacht, um daraus neu zu bauen, seine Werke erfreuen nicht, aber erschüttern, und schwerlich wird oder kann ein Mensch wie der Verf. ferner etwas leisten“. In dieser Charakteristik hat sicher die Mitteilung das meiste sachliche Gewicht, daß sich der Käufer der „Dramatischen Dichtungen“ nicht auf eine erfreuliche, sondern auf eine erschütternde Lektüre einzustellen habe. Im übrigen ist die Spekulation auf die Stimmung des Publikums sehr deutlich. Grabbes Bemerkung über die in seinem Werk spürbaren Trümmer einer zerstörten Dichter-Subjektivität kam der sich in den zwanziger Jahren ausbreitenden „Weltschmerz“-Ideologie entgegen, und Grabbes Nachsatz von dem an sein schriftstellerisches Ende gelangten Autor appellierte an Mitleid und Neugier der Leser.

Für den rückschauenden, über Grabbes Leben informierten Leser erweist sich zumindest dieser Nachsatz als Versuch einer Mystifizierung; denn zu keiner Zeit seines Lebens ging Grabbe mit derart vielen literarischen Plänen schwanger wie damals, als ihm die Publikation seiner „Dramatischen Dichtungen“ eine Dichterlaufbahn öffnete, an die er selbst schon nicht mehr zu glauben gewagt hatte. Aus historischer Sicht erscheint auch der Hinweis auf „die Trümmer einer *zerstörten* Subjektivität“ zweifelhaft, da er mit Grabbes gleichzeitigen Äußerungen eines fast maßlos erscheinenden Selbstgefühls schwerlich zur gänzlichen Deckung zu bringen ist und da er auch zu der nachfolgenden Erläuterung, daß der Verfasser Ruinen gemacht habe, um daraus neu zu bauen, in einem logischen Spannungsverhältnis steht.

Ebenso problematisch ist der Wirklichkeitsbezug anderer autobiographischer Mitteilungen Grabbes. Sein wirres, oft wüstes, immer wieder vom Scheitern bedrohtes, schließlich kläglich endendes Leben hat ihn offenbar zu Selbstinterpretationen gedrängt, die seine sozialen Mißverhältnisse auf eine das Mitgefühl des Publikums bewegende Weise aus äußeren Zwängen erklären. So führte er seinen Alkoholabusus darauf zurück, daß er als Säugling von der Mutter mit einem in süßen Rum getränkten Zulp zur Ruhe gebracht wurde. Er verbreitete die Legende, er habe als Kind einen begnadigten siebzigjährigen Mörder, der sein täglicher Gesellschafter gewesen sei, an einem wollenen Faden im Hofe des Elternhauses herumführen müssen, und er kolportierte nicht ungern – gleichsam zum Ausgleich –, daß er der illegale Sohn einer hochgestellten Persönlichkeit sei. Wie er sein Leben im geheimen sah, deutete er Ende 1827 in einem Brief an seinen Verleger Kettembeil an, der ihn um biographische Informationen für einen Dritten gebeten hatte: „... sag ihm von mir, was Dir gutdünkt ... Etwas kennst Du von den Verhältnissen, die auf mich eingewirkt; ganz kann ich sie niemanden oder Dir höchstens mündlich einmal vertrauen; Sohn ziemlich geringer Eltern (jetzt statt? – Zuchtmeister, Zuchthausverwalter), mitten in Gefängnisszenen als Kind erwachsen, sodann selbständig und ohne Kontrolle die Schule besuchend, in den höchsten Ständen Zuneigung findend, früher bloß Wissenschaft liebend, besonders Diplomatik und zu diesem Fache bestimmt, dann – dann – in innere und äußere Abgründe, die ich stets bestmöglich verstecken mußte und muß, – Haß auf die detmoldischen kleinlichen Umgebungen a priori und doch jedem schmeichelnd, – Leipzig, Berlin, – durch Tiecks Ruf in Dresden, – vor Kunstgeschwätzen und – daraus fortgegangen, – nun in ein vielfaches Geschäftsleben als Jurist geworfen, – baue daraus pp, was Du magst."

Grabbe fühlte sich innerlich derart gefährdet, daß er zur Selbststilisierung als einem Mittel der Selbstrechtfertigung seine Zuflucht nahm. Das Bild des vom Felsgestein der Verhältnisse zerschlagenen Titanen bot sich ihm dafür an. Es hat wohl ihm selbst geholfen. Seine Wirkung bei den Zeitgenossen erreichte aber nicht die von Grabbe gewünschte Breite und Tiefe. Zu viel kritische Ge-

genmeinungen aus seinem Bekanntenkreise waren im Schwange. Aber spätere Generationen haben das Bild akzeptiert. Nicht zuletzt Dichter sahen darin ihr eigenes Schicksal gespiegelt. Sie integrierten Grabbe in die Reihe der großen tragischen Gestalten der literarischen Welt. Georg Heym schrieb in sein Tagebuch: „Ich liebe alle, die in sich ein zerrissenes Herz haben, ich liebe Kleist, Grabbe, Hölderlin, Büchner, ich liebe Rimbaud und Marlowe. Ich liebe alle, die nicht von der großen Menge angebetet werden …“

Das Bild vom Dichter, der in einem ihm aufgezwungenen Amoklauf gegen eine brutale Umwelt zuschanden kommt und zugrunde geht, verfälscht sicher nicht schlechthin die historische Wahrheit des Lebens von Christian Dietrich Grabbe. Aber sie vereinfacht doch eine zutiefst widersprüchliche Kampfsituation zu einem mitleidige Identifizierung herausfordernden Leidensweg. Grabbe hat die ihm offenstehenden Lebensmöglichkeiten nicht angenommen. Er wollte mehr und anderes. Sein Genie gab ihm darauf Anspruch. Das heißt aber auch, der schließliche Ruin seiner äußeren Existenz war im doppelten Sinne des Wortes sein Werk: von ihm bewirkt und seiner Dichtung zugehörig. Jeder Versuch zur Entschuldigung dieses Lebens ist daher fehl am Platz, noch mehr allerdings moralisierende Krittelei. Wer den Menschen Grabbe verstehen will, muß sich an Immermanns lapidare Feststellung halten: „Er konnte gar nicht anders sein, als er war, und dafür, daß er *so* war, hat er genug gelitten.“

Christian Dietrich Grabbe wurde am 11. Dezember 1801 in Detmold geboren, einer kleinen Residenzstadt, die 1816 290 Häuser und 2200 Einwohner hatte und in der die Fürstin Pauline zur Lippe mit der Pedanterie einer um ihr Eigentum besorgten Landesmutter regierte. Von den politischen Folgen einer bürgerlichen Umwälzung war hier noch nichts zu spüren. Grabbes Vater war der Aufseher des Detmolder Zuchthauses. Adolph Henrich Grabbe stammte aus armen Verhältnissen. Bevor er als Zuchtmeister in Detmold angestellt wurde, arbeitete er als Fußbote der preußischen Post in Lemgo. Nach den Urteilen seiner Vorgesetzten war er ein korrekter Mann und erledigte seine dienstlichen Pflichten mit Sorgfalt. Er verfügte über einen klaren schriftlichen Ausdruck und eignete sich die für seine Amtsführung nötigen rechnerischen Fähigkeiten in einem Maße an, daß er auch einer Leihbank, die im Detmolder Zuchthaus eingerichtet wurde, als Verwalter vorstehen konnte.

Grabbes Vater hatte im Zuchthaus-Gebäude, einem langgestreckten, massiven Haus, seine Dienstwohnung, bestehend aus Küche, „Familienstube" und drei Kammern. Hier wuchs der junge Christian Dietrich Grabbe auf. Durch die soziale Welt, mit der er es in seiner Kindheit zu tun hatte, ging ein Riß. Der Knabe lebte hautnah mit den aus der Gesellschaft Ausgestoßenen zusammen; es waren vor allem Diebe und Bettler, aber auch der „Unzucht" beschuldigte Personen, die sich im Zuchthaus durch Spinnen und andere Arbeiten ihr Brot und das dreimal in der Woche gegebene warme Essen verdienen mußten. Ihre Verpflegung war so schlecht, daß die Bestrafung mit mehreren Jahren Zuchthaus einem Todesurteil gleichkam. Nach der Instruktion für den Zuchtmeister sollten die Gefangenen allerdings „eine menschliche Behandlung" erfahren, und in der Tat war die Gefängnispraxis in Detmold vergleichsweise nicht besonders streng. Dennoch erscheint sie, gemessen an modernen Humanitätsvorstellungen, in vielen Einzelheiten von mittelalterlicher Brutalität. Beispielsweise konnte jeder männliche Häftling einen „Willkommen" und einen „Abschied" von 20 Hieben mit der Peitsche bekommen, weibliche Häftlinge erhielten 15 Schläge mit dem Ochsenziemer, wenn nicht der „verschärfte Willkommen" anzuwenden war, der aus 30 beziehungsweise 25 Schlägen bestand.

Die innere Familienwelt der Grabbes stand in scharfem Kontrast zu dem Zuchthaus-Milieu. Sie war zwar in materieller und geistiger Hinsicht beschränkt; aber in ihr galten die Lebensregeln von sich ehrbar fühlenden Menschen, für die der bürgerliche Aufstieg, auch wenn dabei nur wenige Schritte möglich waren, den Inhalt des sozialen Daseins bedeutete. Vom Vater wird berichtet, daß er fast übertrieben auf seine Reputation achtete. Jedenfalls arbeitete er unermüdlich und zielstrebig darauf hin, die materielle Grundlage seiner Existenz zu festigen. Dem begabten, aber auch schwierigen Sohn brachten die Eltern eine fast distanzlose Zuneigung entgegen. Sie ebneten ihm den Weg über die Detmolder Bürgerschule (1807–1812) auf das Gymnasium (1812–1820) und dann zum Studium. Mit rührender Gutmütigkeit halfen sie dem Knaben, seinen kostspieligen Bücherhunger zu befriedigen, und opferten schließlich klaglos ihre Ersparnisse bis zum letzten Pfennig, damit der Sohn studieren und etwas Besseres werden konnte.

Dadurch kam der junge Grabbe in eine dritte soziale Welt, die der Honoratioren seiner Heimatstadt. Spätestens als Gymnasiast erlebte er die Konflikte, die sich mit seinem Aufstieg aus einem verachteten Sozialmilieu in die Sphäre bürgerlicher Wohlanständigkeit verbinden mußten. Dabei stieß er nicht nur auf Hochmut und Herablassung, sondern fand auch Menschen, die ihm aufrichtig wohlwollten. Der wichtigste war der unmittelbare Vorgesetzte seines Vaters, der Archivrat Christian Gottlieb Clostermeier, der als Zuchthaus-Kommissarius viel für eine solche materielle Sicherung der Grabbeschen Familie getan hat, daß der Sohn eine höhere Ausbildung erhalten konnte. Im großen ganzen hat aber Grabbe bei seinem sozialen Aufstieg das Gefühl gewonnen, daß er von der gutbürgerlichen Gesellschaft nur unter Vorbehalt zugelassen wurde. Er geriet wohl damals schon in einen manchmal nur schwer erträglichen Spannungszustand und begann noch als Schüler übermäßig zu trinken. Nach außen reagierte er meist linkisch und scheu, versuchte dann wieder den Makel seiner Herkunft durch Anmaßungen zu kompensieren. Es war eigentlich zwangsläufig, daß sich in ihm Haß und Widerwille gegen diejenigen stauten, die ihn bemäkelten.

Seinen Bildungshunger und Ehrgeiz hat diese Situation eher angestachelt als geschwächt. Er las, was ihm in die Hände fiel. Vor allem Shakespeare tat es ihm an. Doch beschäftigten ihn keineswegs nur dichterische Texte; ein besonderes Interesse hatte er auch für historische und geographische Darstellungen. Auf dem Gymnasium zeichnete er sich vor allem in den sogenannten allgemeinbildenden Fächern vor seinen Mitschülern aus, während er sich beim Erlernen der alten Sprachen nicht hervortat. 1819 attestierten ihm seine Lehrer die nötigen Kenntnisse für ein Universitätsstudium, sprachen ihm aber noch die „Reife" ab; daher konnte er erst im Mai 1820 an die Universität abgehen.

Grabbes literarische Aktivität hat sehr früh eingesetzt. Als Fünfzehnjähriger fertigte er ein Drama „Theodora" an, das er der Göschenschen Verlagsbuchhandlung zusandte, von wo es ihm als nicht zum Druck geeignet zurückgeschickt wurde. Danach beschäftigte er sich intensiv mit Shakespeares Dramen, schrieb ein nicht erhalten gebliebenes Trauerspiel „Der Erbprinz" und begann noch als Schüler die Arbeit an der Tragödie „Herzog Theodor von Gothland", die er dann als Student 1822 fertigstellte. Ebenfalls während des Studiums vollendete er das Lustspiel „Scherz, Satire, Ironie und tiefere Bedeutung" sowie das „tragische Spiel in drei Aufzügen" „Nannette und Maria". 1823 begann er die Tragödie „Marius und Sulla", von der er in der ersten Jahreshälfte drei Akte schrieb, die er dann wieder umzuarbeiten begann. Zur selben Zeit nahm in ihm der Plan zu einer Tragödie „Don Juan und Faust" erste Formen an.

Die ideellen Triebkräfte dieser sich explosionsartig entladenden literarischen Produktivität lassen sich durch biographische Zeugnisse nicht mit der wünschenswerten Genauigkeit belegen. Sicher ist aber, daß die Gewaltsamkeit, mit der sie zum Ausdruck drängten, aus dem besonderen Spannungsverhältnis herrührte, das Grabbe mit der Kultur seiner Umwelt verband. Die Schwierigkeiten seines sozialen Aufstiegs und seiner sozialen Anpassung hatten seinen Blick für die Heuchelei, Herzlosigkeit und Brüchigkeit der bürgerlichen Welt schmerzhaft geschärft, an die Anschluß zu finden für ihn eine Lebensnotwendigkeit war, in die sich zu integrieren ihm lebensunmöglich erschien. Dem Outsider fehlte daher auch jedes Interesse, das ihn hätte veranlassen können, die Selbsttäuschungen des durchschnittlich Gebildeten über den Freiheitsgeist, Humanitätssinn und die Perfektibilität des bürgerlichen Individuums zu akzeptieren. Er fühlte sich gedrängt, diese Welt, die ihn abstieß, indem sie ihn anzog, zu demaskieren und zu provozieren.

Die individuell-psychologischen Faktoren der literarischen Aggressivität Grabbes waren in einen Komplex geschichtlich-politischer Beweggründe verwickelt. Grabbe wurde in sozialhistorischen Umständen zum Dichter, in denen zwar der Sieg der bürgerlichen Zivilisation offensichtlich war, aber die grandiosen Seiten der Expansion des Kapitalismus dem Blick entzogen blieben. Er sah nur Kleinlichkeit und Kümmerlichkeit. Auch alles politische Feuer schien erloschen. Die Revolution in Frankreich und die darauf folgenden Kriege hatten der europäischen Bevölkerung so viel Leiden und Opfer abverlangt, daß die Kraft der Massen zu politischer Aktivität nicht ausreichte, um der Restaurationspolitik im Zeichen der „Heiligen Allianz" erfolgreich widerstehen zu können. Der Ausgang des Wiener Kongresses und die Karlsbader Beschlüsse signalisierten, daß die Kräfte des Konservatismus die Übermacht gewonnen hatten. Auch waren die Bedingungen des weiteren sozialen Fortschritts unklar.

Die Kriege des Zeitraums zwischen 1789 und 1815 hatten vor Augen geführt, daß die politisch-militärischen Aktivitäten der Volksmassen letztlich den Ausschlag für Sieg oder Niederlage gegeben hatten. Damit war das geschichtliche Wesen der großen Persönlichkeit, als deren moderner Prototyp Napoleon aufgefaßt werden mußte, zu einem Problem geworden. Wer die historischen Erfahrungen ernst zu nehmen versuchte, begriff oder ahnte wenigstens, sie allein kann die Geschichte nicht bewegen. Ebenso sicher schien aber, daß nur sie der latenten Gewalt der Massen Richtung geben und ein Ziel setzen konnte. Erfolgversprechende Ansätze dazu waren jedoch nicht abzusehen. Daher begriff Grabbe den geschichtlich-kulturellen Zustand, in dem sich die Herausbildung seiner geistigen Individualität und seine Entwicklung zum Dichter vollzogen, als einen Morast, in dem jeder steckenbleiben mußte, der sich voranbewegen wollte. Eingangs seiner 1830 geschriebenen Rezension des „Briefwechsels zwischen Schiller und Goethe" faßte er sein Urteil über den geschichtlichen Charakter der vergangenen anderthalb Jahrzehnte zusammen: „Die Guillotine der Revolution steht still, und ihr Beil rostet – mit ihm verrostet vielleicht auch manches Große, und das Gemeine, in der Sicherheit, daß ihm nicht mehr der Kopf abgeschlagen werden kann, erhebt gleich dem Unkraut sein Haupt. … Mit Napoleons Ende ward es mit der Welt, als wäre sie ein ausgelesenes Buch, und wir ständen, aus ihr hinausgeworfen, als die Leser davor und repetierten und überlegten das Geschehene. In succum et sanguinem [Fleisch und Blut] haben wir es indes noch nicht vertiert [verwandelt], selbst die historischen Kompendien-Fabrikanten und Guckkastenzeiger, wozu insbesondere die deutschen Geschichtsschreiber mehr oder weniger gehören, nicht ausgeschlossen. Und was soll man da hoffen? Was wenigstens bei unseren Landsleuten? Eine Rezension, von irgend einem Laffen zusammengeschrieben, ist ihnen oft mehr wert als das rezensierte Buch, denn – es ist eine Rezension –, eine Pflanze lernen wir eher aus Linnes System kennen als in der Natur selbst, denn – sie steht in einem System. Analogisch geht's ihnen grade so bei den Weltbegebenheiten. [–] Aber so ruhig unsere Zeit scheinen, so ruhig man sie betrachten mag, der nachdenkende Beobachter schaudert doch zuletzt zusammen ... Alles liegt chaotisch durcheinander ...“

In einer so gesehenen Welt, in der also jede Art von Produktivität erdrückt wurde, gab es für Grabbe kein Motiv zu sozialem Engagement. Der Student, der sich im Mai 1820 an der Universität Leipzig und im April 1822 an der Berliner Universität immatrikulieren ließ und der seinen Lebensunterhalt aus den Ersparnissen der Eltern und einem Stipendium der Fürstin Pauline bestritt – anfangs ohne Not, schließlich in zunehmender materieller Bedrängnis –, unternahm jedenfalls keine großen Anstrengungen, damit er einmal für die Gesellschaft nützlich werden konnte. Er nutzte nach Kräften die studentischen Freiheiten, machte sich das Trinken zur Gewohnheit und tat für sein Studium das unbedingt Notwendige. Vor allem in den ersten Semestern besuchte er juristische Vorlesungen, wobei er sich besonders für die historisch-theoretische Seite der Rechtswissenschaft interessierte, und hörte auch zahlreiche historische Kollegs. In erster Linie widmete er sich jedoch seinen literarischen Arbeiten. Sie ermöglichten ihm dann auch den Eingang in Berliner Schriftstellerkreise. Er wurde mit dem einflußreichen Herausgeber des „Gesellschafter“, Friedrich Wilhelm Gubitz, bekannt. Zu seinem engeren Bekanntenkreis gehörten neben Heinrich Heine die damaligen Studenten Karl Köchy – er hatte 1821 eine Arbeit „Über die deutsche Bühne“ drucken lassen und schrieb Gedichte, die nach Heines Urteil in den „Briefen aus Berlin“ „zu den größten Erwartungen“ berechtigten –, Friedrich von Uechtritz, der in den zwanziger Jahren mehrere historische Tragödien an die Öffentlichkeit brachte, der angehende Arzt Ludwig Gustorf und der Kammergerichtsreferendarius August Ludwig Robert. Entgegen einer lange Zeit verbreiteten Vorstellung hat Grabbe in dieser Gesellschaft seine freie Zeit nicht nur mit alkoholischen und sexuellen Exzessen gefüllt. Was hinter den wenigen überlieferten Details seines Studentendaseins an innerem Leben versteckt ist, läßt sich im einzelnen kaum noch herausfinden. Jedenfalls scheint es bei Berücksichtigung seiner damaligen dichterischen Produktionen unmöglich, daß seine Interessen von Weibergeschichten, Trinkorgien und studentischem Unsinn aufgesogen wurden. Er hat nachweisbar an Dichtungslesungen teilgenommen und sich in Weltanschauungsdebatten eingelassen. Es gibt auch keinen Grund, seiner brieflichen Mitteilung an Tieck zu mißtrauen, daß er seit seinem siebzehnten Jahre „fast alle Höhen und Tiefen des Lebens durchgemacht" habe, zumal wenn man bedenkt, daß der kirchlich-fromm erzogene Grabbe als braver Christ an die Universität gegangen war und sich nach Abschluß seiner Studien als ein glaubensarmer, wenn nicht glaubensloser Mensch fühlte.

Als Grabbe die Geldmittel für ein weiteres Studentenleben ausgingen, war er zunächst fest entschlossen, sich nicht den Zwängen des bürgerlichen Geschäftslebens zu unterwerfen. Er schrieb seinen Eltern Ende 1822: „Schwerlich werde ich ... im Lippeschen bleiben oder daselbst die gewöhnliche Geschäftslaufbahn anfangen." Am Ende desselben Briefes machte er seine Absicht noch deutlicher: „Ich werde wohl niemals in Detmold wieder heimisch werden können, Euch aber will ich lieben, bis daß mir das Herz zerbricht!" Grabbe wollte seine Produktivität in einer freien Künstlerexistenz erproben. Seine Ambitionen, als Schriftsteller das nötige Geld zu verdienen, mußte er bald begraben, so daß er seine Hoffnung darauf setzte, eine Anstellung als Schauspieler zu finden. Er bat Ludwig Tieck um Unterstützung und bewarb sich unter anderem an Theatern in Leipzig, Dresden, Braunschweig und Hannover. Überall wurden seine Unternehmungen Fehlschläge. Am Ende blieb ihm nichts anderes übrig, als doch nach Detmold zurückzukehren. Die Gefühle, die ihn damals bewegten, schilderte er in einem Brief an Ludwig Tieck: „So schlich ich mich nachts um 11 Uhr in das verwünschte Detmold ein, weckte meine Eltern aus dem Schlafe, und ward von ihnen, denen ich ihr ganzes kleines Vermögen weggesogen, die ich so oft mit leeren Hoffnungen getäuscht, die meinetwegen von der halben Stadt verspottet werden, mit Freudentränen empfangen. Ja, ich mußte mich noch obendrein mit der plumpsten Grobheit waffnen, weil ich sonst in das heftigste Weinen ausgebrochen wäre und eine ifflandische Szene aufgeführt hätte. ... Mein Malheur besteht einzig darin, daß ich in keiner größern Stadt, sondern in einer Gegend geboren bin, wo man einen gebildeten Menschen für einen verschlechterten Mastochsen hält." Er empfand seine Rückkehr nach Detmold als eine Lebenskatastrophe. An einen Studienfreund schrieb er aus dem „tristen Neste, ... dessen Namen ich vor Ingrimm kaum ausschreiben kann": „In diesem Detmold, wo ich abgeschnitten von aller Literatur, Phantasie, Freunden und Vernunft bin, stehe ich (Dir ins Ohr gesagt) am Rande des Verderbens. Ich muß fort ..., und ich muß emporkommen, muß, werde und soll emporkommen, wenn ich nur am Leben bleibe." In seiner Verzweiflung hat Grabbe monatelang randaliert und durch wüstes Benehmen gegen das ihm drohende Schicksal protestiert. Er meinte später: „Hier wurde *wild*, vielleicht *gemein* von mir gelebt, ... ich dachte nicht daran, mich in der Kleinstädterei anzusiedlen." Die meisten Detmolder Honoratioren haben das mit Entrüstung verfolgt und kommentiert; sie hielten ihn für einen arroganten und groben Patron, der sein Leben in Saufereien und Liederlichkeit vertat.

Nach einigen Monaten begann sich Grabbe aber umzustellen. Im ersten Halbjahr 1824 legte er sein juristisches Examen ab. Seine Prüfungsaufgabe bestand in der Bearbeitung einer erledigten Prozeßakte. Grabbe ließ erkennen, daß er ein juristisches Problem scharfsinnig zu entwickeln vermochte und daß er für den Justizdienst im Lande Lippe hinreichende Kenntnisse besaß. So konnte er als Advokat tätig werden. Dabei bekam er es vornehmlich mit Lappalien zu tun, die er aber mit der nötigen Sorgfalt erledigte. Er wollte sich nun eine bürgerliche Reputation schaffen. Demselben Studienfreund, dem er im Herbst 1823 geschrieben hatte, er stehe „am Rande des Verderbens", malte er seine Lage schon Anfang 1824 in wesentlich freundlicheren Farben: „Wer weiß, ob ich im Lippeschen nicht aller Vorurteile ungeachtet in eine erträgliche Karriere gerate ..." Er bewarb sich in den nächsten Jahren mehrfach um eine Anstellung im Staatsdienst. Sein alter Gönner Archivrat Clostermeier brachte ihn 1826 als seinen Nachfolger in Vorschlag. Etwa zur gleichen Zeit erhielt Grabbe das Angebot, als Substitut des praktisch arbeitsunfähig gewordenen lippeschen Auditeurs – also des Militärrichters – tätig zu werden. Obwohl er für die Erledigung der dabei anfallenden Geschäfte keine Vergütung erhielt, nahm Grabbe die Stellung an, weil sie ihm die Aussicht auf ein festes Amt bot. Die dichterischen Pläne waren zu dieser Zeit in den Hintergrund seines Interesses gerückt. Er las zwar eine Fülle geschichtlicher und historischer Werke – seit Mitte 1824 war er der eifrigste Benutzer der Öffentlichen Bibliothek in Detmold, aus der er 1825 245 und 1826 174 Werke auslieh –; er fertigte auch einen Haufen „poetischer Papiere" an; dennoch hatte er sich anscheinend damit abgefunden, im Detmolder Amts- und Justizwesen irgendwie sein Geld zu verdienen. Das Fazit, das er 1827 zog, war dementsprechend bitter: „Ich glaube, hoffe, wünsche, liebe, achte, hasse *nichts*, sondern verachte nur noch immer das *Gemeine*; ich bin mir selbst so gleichgültig, wie es mir ein Dritter ist; ich lese tausend Bücher, aber keines zieht mich an, Ruhm und Ehre sind Sterne, derenthalben ich nicht einmal aufblicke; ich bin überzeugt, alles zu können, was ich will, aber auch der Wille erscheint mir so erbärmlich, daß ich ihn nicht bemühe; ich glaube ich habe so ziemlich die Tiefen des Lebens, der Wissenschaft und der Kunst genossen; ich bin satt von dem Hefen; nur Musik wirkt noch magisch auf mich, weil – ich sie nicht genug verstehe."

Eine Lebenswende brachte für ihn das Angebot des Verlagsbuchhändlers Georg Ferdinand Kettembeil – eines Studienfreundes aus der Leipziger und Berliner Zeit –, seine dichterischen Werke zu veröffentlichen. Damit öffnete sich Grabbe auf einmal die Aussicht, doch noch in die Welt der Literatur einzutreten. Das hat sein ganzes geistiges Leben elektrisiert. Er begann sofort wieder dichterisch zu arbeiten und trug dem Freund eine Fülle von Projekten vor. Einige realisierte er in den folgenden Jahren; andere – so der Plan einer Zeitschriftengründung und mehrere Romanvorhaben – wurden nicht ausgeführt. Ende September 1827 war der Druck der „Dramatischen Dichtungen" abgeschlossen. Sie enthalten in zwei Bänden die dramatischen Produktionen aus der Studentenzeit. Neu hinzu kam ein Aufsatz „Über die Shakspearo-Manie", der mit seiner in mancher Hinsicht maßlosen Polemik gegen Shakespeare und dessen Epigonen dem Leser vor allem zu verstehen geben sollte, daß sich hier ein Dichter mit dem Anspruch auf Originalgenie vorstellte.

Die Studentenpoesie der „Dramatischen Dichtungen" entstammte einer Zeit, in der sich der politische Umschlag in die Restauration schon vollzogen hatte, aber der Nachhall der Revolutionsperiode noch spürbar war. Die Aufstände in Italien, die Befreiungsbewegungen in Südamerika, der griechische Befreiungskampf und die philhellenische Bewegung brachten in die Stickluft, die unter dem Metternichschen Stabilitätsregime auf dem öffentlichen Leben Deutschlands lastete, immer noch einen Hauch von Unruhe. Grabbe empfand ihn – seiner Lebenssituation gemäß – bloß als letzte, kraftlose Regung des zu Tode gegangenen Revolutionsgeistes. Bürgerliches Selbstgefühl, das sich mit politischem Sendungsbewußtsein paarte, war für ihn ein Anachronismus. Auf diesem weltanschaulichen Boden entstand die Tragödie „Herzog

Theodor von Gothland", mit der Grabbe seine Rebellion gegen die idealistische Literatur des Bürgertums begann. Er hat auch später noch den aufrührerischen Gestus des Stückes herausgestrichen und 1827 an Kettembeil geschrieben: „Nun, nun, der Schauspieler, welcher meinen Gothland eine in Pracht und Szepter auf den Nachtstuhl gesetzte Theaterkönigin nennt, hat doch ein kleines bißchen von meiner Malice geahnt. Die Theaterkönigin ist meinem Sinne nach die moderne Poesie." Grabbes frühe Dichtungen waren schon in ihrem Ansatz ein Affront gegen die mehr und mehr in Epigonalität verflachende zeitgenössische Literatur, die im Anschluß an klassische und romantische Traditionen alte ethische und ästhetische Werte über eine elende Realität hinweg zu retten suchte. Der junge Grabbe sah den Riß zwischen schöner Kunstwelt und miserabler Lebenswirklichkeit immer weiter auseinanderklaffen und wollte ihn durch seine Dichtungen erlebbar machen. Die stärksten literarischen Anregungen dazu erhielt er durch Shakespeare und Schiller.

Der „Gothland" ist ein pseudohistorisches Stück, dessen – durch Fouqué und die Schicksalsdramatik modisch gewordenes – nordisches Milieu die Aufgipfelung gegensätzlicher Charaktere, die Stilisierung archetypischer Konstellationen und die Ausmalung einer kalt-bedrohlichen Szenerie erleichterte. Die Handlung der Tragödie gründet sich auf den Gegensatz zwischen dem Neger Berdoa, der ein finnisches Heer gegen das schwedische Königreich führt, und dem schwedischen Kronfeldherrn Theodor von Gothland. Sie führt die zwanghafte, wechselseitige Zerstörung bestialisierter Menschen vor Augen. Der Sinn ihres dramatischen Amoklaufes liegt zunächst in der Vergegenwärtigung eines kulturellen Gegensatzes zwischen dem von Berdoa personifizierten Prinzip amoralischer Zerstörungssucht und dem Europäertum Gothlands. Indem es dem Neger gelingt, Gothland, den „Größten der Europäer", zu seinesgleichen zu machen, erweist sich die Schwäche der Wertordnung, die das europäische Kultursystem ideell begründet. Die Bestialität Berdoas infiziert alles, was ihm entgegentritt. Das europäische Selbstbewußtsein, das aus dem christlichen Gottesglauben, dem Vertrauen auf die menschliche Tugend und der Treue zu überlieferten politischen Strukturen die Überzeugung seiner ethisch-kulturellen Superiorität gewonnen hatte, wird durch den Gang der Handlung als klägliche Selbsttäuschung entlarvt. Von den

Idealen überdauern nur die Worthüllen, in denen sie unter die Leute gebracht worden waren. Im Zweikampf zwischen Berdoa und Gothland bleiben Menschlichkeit, Vernunft und Güte auf der Strecke. Was besagt es schon, wenn am Ende die Schweden ihre europäische Herrschaft wieder errichten können, da Gothland – Repräsentant der besten Seiten ihrer Kultur – böse und toll wie ein Untier ins Verderben getrieben werden konnte?

Grabbes Absage an die „Hilfskonstruktionen" der humanitären Ethik des 18. Jahrhunderts äußerte sich dichterisch am stärksten in dem mitreißenden Fluß der Verse, in denen das, was nach geltender Norm über die Moral und Phantasie ging, vorgebracht wurde. Sie haben nicht selten eine die Abwehrmechanismen des Lesers und Zuschauers durchschlagende Kraft. Die geistigen Exzesse der Tragödie waren eben keine unkontrollierten Ausbrüche der Phantasie eines spätpubertierenden, mit seinen inneren Konflikten nicht fertig werdenden jungen Mannes. Den „Herzog Theodor von Gothland" als „Angsttraum eines Achtzehnjährigen" hinzustellen macht nur psychologisch akzeptabel, was nach der Absicht des Autors und der Anlage der Dichtung geistig befremden, aufstören und verletzen sollte. Es gibt keinen Grund, Grabbes Äußerungen zu mißtrauen, nach denen er sein Stück in eisiger gedanklicher Kälte geschrieben habe und das Ganze durch und durch berechnet sei. Die weltanschaulichen Wunschträume des Bürgertums waren für ihn in einem solchen Maße zu ideologischen Selbsttäuschungen entartet, daß er glaubte, sie zu Tode sezieren zu müssen. Darin liegt die erstaunliche Innovation seines Erstlingswerks.

Ist aber deshalb die Tragödie – wie behauptet wurde – „das erste Drama des völligen Nihilismus"? Viele Figurenäußerungen sprechen dafür. Theodor von Gothland ist sich am Ende sicher: „Allmächtige *Bosheit* also ist, die / Den Weltkreis lenkt und ihn zerstört." „*Verzweiflung* ist / Der wahre Gottesdienst." Solche Äußerungen heben aber nicht auf, daß Gothlands Schicksal als eine Tragödie gestaltet ist. Der Zusammenbruch des Wertesystems in der Dichtung wird damit auf ein außerdichterisches, beim Publikum vorauszusetzendes Wertesystem bezogen. Wie auch immer Grabbe die poetologische Kategorie Tragödie aufgefaßt haben mag, ihre Verwendung stellt außer Zweifel, daß die Darstellung der physisch-moralischen Vernichtung Gothlands das Wesenszentrum des als Leser oder Zuschauer vorgestellten Menschen erreichen und eine ethische Re-Aktion des Publikums auslösen sollte. Grabbes Dichtung verbaut zwar die Aussicht, daß in Europa „schon der Mensch zum Menschen ist geworden", und rechtfertigt Gothlands Meinung, „ein geschminkter Tiger ist der Mensch", drängt dadurch aber nicht zur zynischen Anpassung an den gegebenen Zustand der Menschheitssituation, sondern widersetzt sich seiner Verschleierung, die seiner Befestigung dienen muß. Daher ist die Tragödie ein im Grunde doch *„positiver* Protest gegen das geistige und kulturelle Leben der beginnenden Restaurationsperiode".

In den „Dramatischen Dichtungen" folgt auf den „Gothland" das Lustspiel „Scherz, Satire, Ironie und tiefere Bedeutung", das nach einer brieflichen Mitteilung Grabbes „zwar aus den nämlichen Grundansichten entsprungen" ist, „aber in der äußeren toll-komischen Erscheinung ein vollkommener *Kontrast* des so tragischen Gothlands" sei. Einige charakteristische Züge in Grabbes Stück verraten seine Herkunft vom romantischen Lustspiel Tieckscher Prägung: so das Aus-der-Rolle-Fallen von Figuren, die wild wuchernde Literatursatire, schließlich die Aufhebung der poetischen Fiktion durch den Auftritt einer Figur, von der gesagt wird: „Das ist der vermaladeite Grabbe oder, wie man ihn eigentlich nennen sollte, die zwergichte Krabbe, der Verfasser dieses Stücks! Er ist so dumm wie 'n Kuhfuß, schimpft auf alle Schriftsteller und taugt selber nichts, hat verrenkte Beine, schielende Augen und ein fades Affengesicht!"

Andrerseits läßt „Scherz, Satire, Ironie und tiefere Bedeutung" das romantische Lustspiel hinter sich. Artistische Ironie, die sich am Ende in ein reizvolles literarisches Gebilde fügt, war nicht die Sache dieses Autors. Das Feine ist hier eher ein ästhetischer Un-Wert. Die Komödie stellt sich dar, als ob sie grob zugehauen sei, und sie haut grob auf das Publikum ein. Ihr liegt die Annahme zugrunde, daß man der Welt nur noch literarisch beikommen könne, wenn man ihr mit rücksichtsloser Derbheit komme. Zu diesem Zweck sind drei Handlungsstränge äußerlich miteinander verschlungen. Die eine spielt in der adligen Gesellschaft, wobei sich alles um die Verheiratung der Baronin Liddy dreht und die feine Gesellschaft eine so unfeine Vorstellung gibt, daß Liddy nur bei einem mordshäßlichen Außenseiter ihr Glück finden kann. Protagonist der zweiten Handlung ist der Teufel, der aus der Hölle ausgerissen ist, wo es ihm durch ein Großreinemachen ungemütlich geworden war, und der am Ende durch einen Schulmeister wieder eingefangen wird. Dieser ist schließlich die Hauptfigur einer pseudorealistischen Handlung, in der das Saufen, die Sexualität, Prügelei – überhaupt jede Art von Grobianismus – die komischen Effekte machen. Dann ist da noch eine Szene von puppenspielhaftem Charakter, in der ein Freiherr von Mordax dreizehn Schneidergesellen totschlägt, was ein übriges Mal dartut, wie wenig der Autor auf die übliche Humanitätsgesinnung Rücksicht nahm.

Das Stück ist mit Invektiven gegen eine Literatur gespickt, die der Selbstzufriedenheit und den Illusionen des Publikums schmeichelt. Der Typus des Damenschriftstellers erregte offenbar den besonderen Widerwillen Grabbes, der sich sowieso die literarische Mittelmäßigkeit vornahm, wo er nur Gelegenheit fand. Er schonte aber auch die Großen nicht und machte sich ein besonderes Vergnügen daraus, bekannte literarische Gestalten aus der deutschen Klassik auf einen philiströsen Figurengrundtyp zurückzuführen, indem er zur Erwägung stellte, wie sich die Ideenträger der Dichtung als Personen des Alltags verhalten könnten. „Scherz, Satire, Ironie und tiefere Bedeutung“ ist aber mehr als eine Literatursatire. Wie Grabbe selbst betont hat, gewinnt das Lustspiel Zusammenhalt und Kraft aus „eine[r] entschiedene[n] Weltansicht“. Wenn sich der Teufel als Autor des Trauerspiels der Französischen Revolution vorstellt und bekennt, nunmehr an dem Possenspiel des griechischen Freiheitskampfes zu arbeiten, ist das ein Witz, dem eine zynische Geschichtsbetrachtung zugrunde liegt. Er legt nicht nur nahe, daß die großen geschichtlichen Bewegungen, die allein die Nichtigkeiten der satirisierten Literaturgesellschaft beiseite räumen könnten, unter anderen Zeichen als Gott, Tugend und brave bürgerliche Vernunft stehen; er gibt auch zu verstehen, daß in den gegebenen Umständen selbst auf den Teufel nicht zu hoffen ist. Die Welt ist in einem solchen Zustand, daß sie aus sich selbst kaum noch Regenerationskräfte freisetzen kann. Sie erscheint absurd. Deshalb konnten im 20. Jahrhundert Alfred Jarry und französische Surrealisten das Lustspiel Grabbes als ein Stück Literatur entdekken, das ihrer Auffassung von Dichtung und Theater vorgearbeitet hatte. „Scherz, Satire, Ironie und tiefere Bedeutung“ zeigt menschliche Verhältnisse, aus denen sich der Geist so weit verflüchtigt hat, daß seine Spuren fast nur noch im Aberwitz zu entdecken sind. Damit ist der ideelle Grund für literarische Schöntuerei entfallen. Allenfalls vermag das Niedrig-Komische in Verbindung mit dem Grotesken jene Ernüchterung zustande zu bringen, in der das Publikum die Welt so sieht, wie sie nach Meinung des jungen Grabbe gesehen werden mußte – mit ihren Tücken, ihrem Dreck, ihrer Härte, in ihrer inneren Zusammenhangslosigkeit.

Nach dem Zwischenspiel „Nannette und Maria", das Grabbe als „sentimentales Tier" dem Publikum zum Beweis seiner literarischen Dressurkunst vorführen wollte, nahm der Dichter mit „Marius und Sulla" den geistig-literarischen Faden wieder auf, den er mit dem „Gothland" zu spinnen begonnen hatte. Das Fragment gebliebene Stück liegt in zwei Fassungen vor. Die erste entstand in der ersten Hälfte des Jahres 1823; die zweite erarbeitete Grabbe vor allem im August desselben Jahres und vervollständigte sie für die Ausgabe der „Dramatischen Dichtungen" 1827 durch eine Handlungsskizze. Er hielt sich auf seine Gestaltung des politischen Machtkampfes zwischen den römischen Feldherren viel zugute, vor allem deshalb, weil er „à la Shakespeare" Volksszenen individualisiert und große Charaktere effektvoll dargestellt habe. In der Tat erreichte er mit „Marius und Sulla" einen neuen poetischen Standart. Die wichtigste Voraussetzung dafür war, daß er seine literarische Polemik gegen das moralisierte und dadurch harmonisierte Weltbild konventioneller Dichtungen erstmals durch die Gestaltung einer historisch-realistischen Dramenwelt führte.

„Marius und Sulla" entfaltet die Problematik des Verhältnisses zwischen großer historischer Persönlichkeit und Massen im geschichtlichen Prozeß. Grabbes Darstellung ist von den Erfahrungen geprägt, die im Verlauf der mit der Französischen Revolution einsetzenden Periode der europäischen Geschichte ins soziale Bewußtsein wichtiger Schichten der Intelligenz eindrangen. Die Kraft der Massen hatte letztlich die militärischen und politischen Kämpfe entschieden. Aber es war fraglich geblieben, ob und wie deren soziale Gewalt zu einer sinnvollen geschichtlichen Entwicklung beitragen könne. Dieses Problem mußte für eine Dramatik, die nach der Absicht Grabbes „den wahren Geist der Geschichte zu enträtseln" hatte, zu einem wichtigen Angriffspunkt werden. Die Individualisierung der Volksszenen „à la Shakespeare" hatte in „Marius und Sulla" zwar auch das ideelle Ziel, die historisch-politische Kraft der Massen dramatisch zu veranschaulichen; vor allem aber läßt sie hervortreten, in welchem Maße das Volk von trüben

Instinkten getrieben wird, wie schnell sich die Massen dem nächsten Vorteil zuwenden und daß von ihnen ideelle Konstruktivität nicht zu erwarten ist. Grabbes Wertung unterscheidet sich in dieser Hinsicht nicht wesentlich von der Büchners in „Dantons Tod". Allerdings zog der Autor von „Marius und Sulla" andere politische Konsequenzen. Nach seiner Darstellung begünstigen die demokratischen Institutionen der römischen Verfassung das Verderben des Staates, so daß Rettung nur noch von den „großen Männern" zu erwarten ist, die wie Marius und Sulla mit rücksichtsloser Brutalität ihren Willen durchsetzen. Die Auseinandersetzung beider ist ein Gigantenkampf, in dem das einzelne Menschenleben nicht zählt und Menschlichkeit nicht einmal als Phrase eine Rolle spielt. Grabbe charakterisiert Sulla, den Sieger dieses historischen Duells, folgendermaßen: „Die Vorgänge in Rom ... lassen ihn mit den treffendsten Schlaglichtern erkennen, wie weit und wie tief es mit der bürgerlichen Welt gekommen ist. Er ist viel zu eigentümlich und zu groß, um sich in ihren Gang zu fügen. ... Sein Entschluß ist klar und vollendet: schonungslos will er die Zeit von ihren Auswüchsen zu reinigen versuchen. Mit Schrecken will er sie niederwerfen, um dann desto sicherer das Bessere wieder aufrichten zu können. ... Es ergibt sich alsbald, wie bei der Ausführung von Sullas Entschluß auch Schuldloses mit dem Schuldigen leiden muß. Sulla erkennt in seiner Konsequenz das so sehr an, daß der Jammer des einzelnen in der Tat kein Gewicht bei ihm in die Waagschale legt." Vorgänge von erschreckender Grausamkeit beherrschen die Bühne. Als Produkte eines primitiven durchschnittlichen Egoismus werden sie dem Abscheu preisgegeben; im Konnex der heroischen Ambitionen von Marius und Sulla sollen sie faszinieren. Grabbe kommentierte die seelische Starre, in der Sulla die Tötung einer Mutter und ihrer Kinder zuläßt, mit dem Satz: „So wächst die Festigkeit, mit der Sulla in seinem ungeheuren Vornehmen weiter schreitet, zu einer riesenhaften, wahrhaft tragischen Höhe ..." Grabbes Polemik gegen die Illusionen bürgerlicher Vernunft- und Humanitätspropaganda gerät so in die Nähe eines Kults der Barbarei. Das Tragödienfragment läßt einen entsetzlichen Gesellschaftshaß spüren, der alles Bestehende zu einer Kur durch das Schwert des Despotismus verurteilt. Allerdings verdichtet sich dieser Haß nicht zu einer Verzweiflungsideologie, die in der Rechtfertigung schreckenerregender Tyrannei ihren masochistischen Trost findet. Ideell symptomatisch ist die vom Autor ins Auge gefaßte Schlußwendung des Stückes. Der Monster-Heros Sulla tritt von seinem Amt ab, macht „die Römer wieder zu ihren eignen Herrn“ und will den Rest seines Lebens „in heiterer Ruhe und Abgeschiedenheit“ verbringen. Die Orgie der Gewalt, die das Stück als notwendiges Produkt einer sich zersetzenden Zivilisation vor Augen brachte, hat also nur den Weg zur Herstellung einer neuen menschlichen Ordnung gebahnt. Das Ende läßt eine humane Perspektive ahnen.

Mit „Marius und Sulla“ hat Grabbe den Weg zum großen Geschichtsdrama eingeschlagen, in dem er ganze historische Epochen auf die Theaterbühne zwingen wollte. Die erste Fassung des Dramas war noch stark auf die persönliche Auseinandersetzung der beiden Helden konzentriert; in der zweiten Fassung bildet der Kampf zwischen Marius und Sulla das Handlungsgerüst für die Darstellung geschichtlich objektiver Gegensätze. Dazu begann sich Grabbe eine neuartige dramatische Technik zu erarbeiten. Sie konzentriert das geschichtliche Wesen gegensätzlicher politischer Kräfte in relativ für sich stehenden Handlungsteilen, die ihre eigene Umweltdarstellung und eigene Spannungsziele haben, aber schließlich zusammenprallen, was zugleich die dramatische Entscheidung herbeiführt. An der Lösung der dramatisch-historischen Kollision haben daher die inneren Probleme und Konflikte der Figuren einen geringen Anteil. Als ausschlaggebend erscheinen die historisch objektiven Machtfaktoren, so daß dem dramatischen Geschehen über eine ihm eingefügte Sphäre ideeller Reflexion historischer Sinn zugefügt werden muß.

In dem Jahre 1827, als die „Dramatischen Dichtungen“ erschienen, öffnete sich für Grabbe nicht nur auf literarischem Gebiet die Möglichkeit einer sozial festen Etablierung, sondern auch in seiner dienstlichen Stellung als Beamter der Lippeschen Regierung. Zum Jahresende erhielt er zunächst eine Gratifikation von fünfzig Reichstalern für die bis dahin finanziell unabgegoltene Arbeit, die er als Vertreter des erkrankten Militärauditeurs geleistet hatte. Da dieser kurz darauf starb, wurde Grabbe im Januar 1828 zum Militärauditeur im Range eines Second-Lieutenants ernannt. Von nun an war Grabbe für alle Zivilklagen gegen Militärpersonen sowie überhaupt für deren zivilrechtliche Belange zuständig; er führte die Untersuchung in Strafsachen gegen Soldaten und Offiziere, hatte die Pässe für militärpflichtige Personen auszustellen, Militärangehörige zu vereidigen und bei der Aushebung von Rekruten mitzuwirken. Seine amtliche Tätigkeit war also vielseitig, betraf aber in der Mehrzahl der Fälle relativ geringfügige Streitfragen: Rückforderungen von Darlehen, Ansprüche auf Bezahlung von Miet- und Verpflegungskosten, Alimenteklagen, kleinere Disziplinarverstöße wie Urlaubsüberschreitung, Beleidigung, unerlaubtes Verlassen des Quartiers, Ungehorsam, Trunkenheit, Randaliererei usf. Bei militärischen Pflichtwidrigkeiten hat Grabbe übrigens oft erschreckend strenge Strafen beantragt und hielt in einer Reihe von Fällen auch körperliche Züchtigungen für angebracht.

In Detmold kursierten zahlreiche Klatschgeschichten und Anekdoten, die Grabbe den Ruf eines unzuverlässigen und liederlichen Beamten einbrachten. Sicher war manches an der Lebensführung Grabbes, der sich immer wieder und nicht nur durch Alkoholexzesse Luft schaffen mußte, den Detmolder Normal-Bürgern anstößig; aber eine auf das Studium der einschlägigen Akten gestützte Untersuchung von Grabbes Amtstätigkeit hat sichergestellt, daß er mehrere Jahre lang seine Amtsgeschäfte ordentlich erledigte, dafür Ende 1829 auch eine Gehaltsaufbesserung zugesprochen erhielt und sich keine ihn als Amtsperson disqualifizierenden Beschwerden zugezogen hat. Es scheint, als ob sich in seinem Charakter ein gewisses Maß an dienstlicher Pedanterie und ein gewisses Maß an privatem Anarchismus durchaus miteinander vertragen konnten. Die Schattenseiten im Leben Grabbes sollten auch nicht vergessen machen, daß der Dichter um 1830 in Detmold ein im großen und ganzen angesehener Mann war. Sein Biograph Karl Ziegler berichtet: „Es war nicht selten, daß man auf ihn wie auf das Wunder der Stadt hinwies, auf Bällen, Konzerten und im Theater, an allen öffentlichen Orten, wo er sich blicken ließ, war er der Gegenstand der Aufmerksamkeit, selbst hochgestellter Personen. Dabei lebte er in ganz auskömmlichen Verhältnissen und war in seiner Wohnung inmitten der Stadt, wo er die freundlichste Aussicht in alle vier Straßen hatte, sehr elegant und nobel eingerichtet."

Die etwas künstliche Balance seines inneren und äußeren Lebens scheint vor allem an privaten Schwierigkeiten zerbrochen zu sein. Endlich in gesicherter Stellung, begann Grabbe mit dem Gedanken umzugehen, einen eigenen Hausstand zu gründen. Im Herbst 1829 bat er Louise Clostermeier, die Tochter seines damals verstorbenen Gönners, seine Frau zu werden, erhielt aber eine Absage. Im folgenden Frühjahr lernte er ein junges Mädchen, die 1810 geborene Henriette Meyer, Tochter eines Detmolder Branntweinbrenners, kennen, mit der er sich ein Jahr später heimlich verlobte. Die Beziehung ließ sich aber nicht stabilisieren. In den Zeiten der Trennung suchte Grabbe immer wieder den Anschluß an Louise Clostermeier. Dennoch war er tief getroffen, als er einsehen mußte, daß er Henriette endgültig verloren hatte. Am 20. Februar 1832 schrieb er an Kettembeil: „Meine Sterne blinkten wieder und sanken ebenso schnell. Meine Zweimal-Braut heiratet – – – einen Blaufärber von 47 Jahren. So was hilft und macht shakespearische Lebensansichten ...“ Wut und Bitterkeit hatten ihn allerdings ungerecht werden lassen: Henriettes Ehemann, Gottfried Theodor Husemann, nur sieben Jahre älter als seine Frau, war ein hochgeachteter Bürger in Stolzenau an der Weser. Grabbe wandte sich nun ganz Louise Clostermeier zu. Die Ehe des überreizten, trunksüchtigen, zu Aggressionen neigenden und sich in Unkorrektheiten gefallenden Mannes mit der um zehn Jahre älteren, herrschsüchtigen und in engen Lebensvorstellungen befangenen Frau wurde zu einem Desaster. Die ständigen Streitereien und Aufregungen beschleunigten den Zusammenbruch von Grabbes Gesundheit, die seine Trunksucht seit langem untergraben hatte. Er machte selbst auf die ihm wohlwollenden Mitbürger einen erschreckenden Eindruck. „Grabbe ... gewährte das traurigste Bild der Zerrüttung, ihm war die Gesellschaft aller ernsten, sich mit Konvenienz benehmenden Leute eine Beklemmung, von der sich sein innerer Trotz durch ungeschlachte Ausdrücke Luft machte, die alle Welt in Verlegenheit brachte, er war der Welt entgegengesetzt, hatte die Welt satt und stand eigentlich keinem einzigen Menschen recht nahe, konnte sich niemanden herzlich hingeben, es war, als wenn er sich des innigen Anschließens an andere aus einer inneren Scheu und Wüstheit schämte, die Welt lag wie eine Last auf ihm, und vorzüglich deshalb war etwas in ihm, was ihn immer antrieb zu kratzen und zu beißen, sich aufzutürmen und immer alles gute Vornehmen durch eine auf die Spitze getriebene Lust, sich an andern zu reiben, zu zerstören, wenn's ihm auch nachher im Herzen weh tun mochte. Da sah man ihn denn sich mühsam durch die Straßen schleppen oder im Wirtshaus in sich zerfallen, wie gedankenlos dasitzen, und nur wenn es wild herging, wenn er angeregt war, jagten sich bei ihm die Einfälle, bei denen die großartigsten Gedanken in gedrungenen gewaltigen Worten mit den schmutzigsten Vorstellungen abwechselten, welche letztern er übrigens sehr naiv mitteilte. Wie er sich gab, blieb bei jedem das unerquickliche Gefühl einer an Verrücktheit grenzenden Verkehrtheit zurück, die man nur innig bemitleiden konnte.“

Der unglückliche Mann vernachlässigte auch seine Amtsgeschäfte und geriet in Konflikte mit seinen Vorgesetzten. Nachdem er um Diensterleichterung und eine Pension, schließlich um Entlassung gebeten hatte, wurde er im März 1834 für die Dauer von sechs Monaten beurlaubt. Im September bat er dann nochmals – jetzt mit Erfolg – um seine Entlassung. Seine Vorgesetzten nahmen wohl mit Recht an, daß er zu einer korrekten Amtsführung nervlich-geistig nicht mehr fähig war. Ohne sich von seiner Frau zu verabschieden, verließ Grabbe im Oktober 1834 Detmold und ging nach Frankfurt zu seinem ehemaligen Studienfreund und jetzigen Verleger Kettembeil. Allerdings war ihr Verhältnis zueinander gespannt geworden, seitdem Kettembeil Grabbes Tragödie „Heinrich VI.“ nicht guthieß. Während des Zusammenseins beider in Frankfurt kam es sehr schnell zum Bruch zwischen ihnen, und Grabbe sah sich anderenorts nach Unterstützung um. Er fand sie bei dem Schriftsteller Karl Immermann, der in den zwanziger Jahren vor allem durch seine Dramen bekannt geworden war, in den dreißiger Jahren als Autor von Romanen, „Die Epigonen“ und „Münchhausen“, hervortrat und in Düsseldorf die Leitung des Theaters übernommen hatte, um es zu einer Musterbühne umzugestalten. Das anfänglich freundschaftliche Verhältnis beider Schriftsteller trübte sich bald ein, zumal Grabbe als Theaterkritiker dem Theaterleiter Immermann zu nahe trat und er sein äußeres Leben nicht mehr unter Kontrolle zu bringen vermochte. Immermann kam am Ende zu dem Schluß: „Grabbe ist gänzlich in Soff und Zoten versoffen …“

Im Februar 1836 brachen die persönlichen Beziehungen zwischen Grabbe und Immermann ab. Grabbe versuchte zunächst, auf Borg sein Leben in Düsseldorf zu fristen. Als seine Schulden zu einer solchen Summe angewachsen waren, daß er sich nichts mehr leihen konnte, mußte er im Mai seine Zuflucht wieder in Detmold suchen. Er logierte zunächst im Gasthof „Zur Stadt Frankfurt“, weil ihn seine Frau nicht aufnehmen wollte. Erst am 25. Juni kehrte er, begleitet von einem Polizeidiener, in sein Haus zurück, wo sich nun schlimme Szenen abspielten. Am 6. August beantragte Louise Grabbe die Scheidung. Sie stellte dabei ihre Lage folgendermaßen dar: „Seit dem 6ten März 1833 mit dem Auditeur Grabbe verheiratet, war unsere Ehe fast vom ersten Augenblicke an, obgleich ich stets demselben als liebevolle Gattin begegnete, eine sehr unglückliche. Nicht nur, daß derselbe durch seine Launen und häufige Trunkfälligkeiten den Hausfrieden aufs äußerste störte, hat derselbe häufig gewagt, nicht allein mich durch Worte aufs schlimmste zu verunglimpfen, gegen Bekannte und in Wirtshäusern mich zu verleumden und meinen Ruf zu untergraben, sondern auch mich tätlich zu mißhandeln. Mit geladenen Pistolen hat er mich verfolgt und gedroht, meinem bejammrungswürdigen Dasein ein Ende zu machen, mit gezogenem Degen hat er mir gedroht und in das Bett gestochen, in welchem ich mich befand; er hat versucht mich zu erwürgen. In öffentlichem Wirtshause hat er mich noch kürzlich mit den Worten ausgeboten, er habe eine Frau, wer sie haben wolle, könne sie gleich bekommen. [–] Am 4ten Oktober 1834 verließ mich derselbe ohne Abschied, ohne zu sagen, wohin er gehe. Vor einigen Wochen erst kehrte derselbe zurück und, statt zu mir zu kommen, quartiert sich derselbe in einem Wirtshause ein, bleibt daselbst fast zwei Monate, ohne sich um mich zu kümmern. Sendet bloß einmal ein Billett mit dem Begehren, ihm Wäsche zu senden, mit der befremdenden Unterschrift ‚sonst dein Grabbe'. [–] Durch diese vielen Mißhelligkeiten während unserer Ehe ist ein unversöhnlicher Haß zwischen uns entstanden, der durch achtzehnmonatliche faktische Trennung nicht gemildert werden konnte." Grabbe hatte es nicht mehr nötig, dem die eigene Darstellung seiner Ehe-Hölle entgegenzusetzen. Er starb am 12. September 1836. Louise hatte an diesem Tage erstmals seine Mutter zu ihm gelassen, die sie „als eine auf der niedrigsten Stufe menschlicher Kultur stehende" Person verachtete.

Der Tod des noch nicht einmal Fünfunddreißigjährigen beendete frühzeitig eine Schriftstellerlaufbahn, die nach 1827 noch einmal einen großartigen Aufschwung genommen hatte. Im Zusammenhang mit der Veröffentlichung seiner „Dramatischen Dichtungen" gab Grabbe immer wieder zu verstehen, daß er das Gedruckte einer für ihn abgeschlossenen Sturm-und-Drang-Periode zurechnete und von nun an seiner Periode der Klassizität zustrebte. Aus vielen Hinweisen läßt sich schließen, daß er die Absicht hatte, auch als Romanschriftsteller den Erfolg zu suchen. Schon im Mai 1827 kündigte er Kettembeil einen Roman an, „der in der trüben Zeit von 1806 bis 1813 spielt und vieles aus unserem Staats- und Wissenschaftswesen reflektieren soll"; auch beschäftigten ihn Überlegungen zu einer Autobiographie. In späteren Jahren ließ er noch mehrfach durchblicken, daß er sich mit Romanplänen beschäftigte; aber erhalten hat sich von ihnen nichts. Die Dramatik blieb seine schriftstellerische Hauptsache; wie er sie zu behandeln gedachte, deutete er in seinem Aufsatz „Über die Shakspearo-Manie" an, den er seinen „Dramatischen Dichtungen" beigefügt hatte.

Seine Hauptabsicht war darauf gerichtet, „eine *offene literarische* Fehde" anzuzetteln und dabei den eigenen Namen publik zu machen. Er polemisierte vordergründig gegen die Shakespeare-Mode, deren Hauptpropagandist Tieck ihm besonders im Wege stand; darüber hinaus wollte er die Shakespeare-Bewunderung überhaupt beiseite drängen, um Raum für eine gebührende Anerkennung seiner selbst zu schaffen. Dementsprechend sind auch die Forderungen, die er an die Dramatiker in Deutschland stellte, Bekundungen der eigenen Schaffensabsichten und rühmende Beschreibung dessen, was er selbst zu leisten sich fähig fühlte. An die erste Stelle seiner Werteliste setzte er wie seit je „Originalität", dazu verlangte er „Nationalität" und „Modernität". Zugleich entschied er sich für einen neuen literarischen Ahnherren. An die Stelle Shakespeares, dessen dramatischer Genius die „Gothland"-Tragödie inspiriert hatte, den „berechnetste[n] und *verwegenste*[n] oder doch *tollste*[n] dramatische[n] Unsinn, den es gibt" und in den Grabbe nie wieder verfallen wollte, setzte er Schiller. Dessen *„dramatische, konzentrische und dabei die Idee der Geschichte wiedergebende Behandlung"*, zu der ihn der „gesunde deutsche Sinn" geleitet habe, war nach Grabbes jetziger Meinung musterhaft. Grabbe leitete sein nunmehriges Dichtungsideal aus dem Charakter des deutschen Volkes ab. Es verlange *„möglichste Einfachheit und Klarheit"*, „eine *ungestörte Begeisterung"*, *„treue und tiefe Empfindung"*; es wolle „auf der Bühne das *Ideal* erblicken, welches im Leben sich überall *nur ahnen* läßt", schätze „eine *kräftige Sprache* und einen *guten Versbau"*, *„gesunden Menschenverstand, jedesmal blitzartig einschlagenden Witz, poetische und moralische Kraft"*. Grabbe wollte sein Publikum also nicht mehr provozieren oder gar brüskieren; er hatte die Idee, sich mit einem idealtypisch gesehenen deutschen Volk dichterisch in Übereinstimmung bringen zu können.

Seinem literarischen Programm deutscher Klassizität setzte das erste Stück, das Grabbe nach seinem erneuten Kontakt mit Kettembeil in Angriff nahm, noch Widerstand entgegen. Den Plan zur Tragödie „Don Juan und Faust“ hatte Grabbe schon in seiner Studentenzeit gefaßt; Anfang 1823 waren einige Szenen bereits formuliert. Die im August 1828 beendete Ausarbeitung der Tragödie, die im folgenden Jahr gedruckt wurde und als einziges Drama des Dichters noch zu seinen Lebzeiten am Detmolder Theater eine Uraufführung erfuhr, hatte daher für den Dichter auch nicht den Charakter eines völligen Neubeginns. Zwar stand es für Grabbe außer Zweifel, daß die Tragödie seinen nunmehrigen literarischen Forderungen ästhetisch entsprechen mußte, aber sie sollte auch den „Schlußstein“ seines „bisherigen Ideenkreises“ bilden.

In der Rivalität zwischen Don Juan, der sein Leben auf sinnlichen Genuß setzt, und dem gelehrten Zauberer Faust, dem „Renommisten der Melancholie“, der in Verzweiflung über die Ohnmacht des Geistes sich selbst in Trümmer schlagen zu müssen glaubt, gestaltete Grabbe den Kampf zweier entgegengesetzter Prinzipien. Die Hauptfiguren bilden keine individualisierten Charaktere, sondern stellen sich als Repräsentanten extremer Lebensmöglichkeiten dar, einer ausschließlich auf das Sinnliche gerichteten und einer im Übersinnlichen fixierten. Die Liebe beider Protagonisten zu Donna Anna, die vor der geistigen Maßlosigkeit Fausts ebenso zurückschreckt wie vor der sittenwidrigen Sinnlichkeit Don Juans, schafft die dramaturgische Möglichkeit, die Faust- und die Don-Juan-Handlung miteinander zu verknüpfen. Dabei erhält Don Juan das größere Interesse. Aber die Figurenkonstellation insgesamt ist von vornherein daraufhin angelegt, daß die zwei sich entgegenstehenden Lebensmöglichkeiten auf ein katastrophales Ende hinführen.

Eine neuere Untersuchung der dramatischen Sprache in „Don Juan und Faust“ hat einsichtig gemacht, wie sehr das Stück aus einem ästhetischen Widerspruch lebt. Die Hauptfiguren sind in ihren bestimmenden Wesenszügen Produkte einer mit Weltanschauung durchtränkten Tradition, von der sie sich aber infolge des ausgeprägten Originalitätsanspruches der Dichtung immer wieder absetzen. Sie bilden eine Figurenkonstellation, deren Eigenart sich nur durch ihre geistig relevante Unterscheidung von Vor-Bildern erweisen kann. Sie haben also ein Leben aus zweiter Hand; es ist durch Übersteigerung, Nachahmung und Parodie gebildet. Die Tragödie, in der die Extrema des menschlichen Wesens nur aufeinanderstoßen, um in den Abgrund des Teufels zu verfallen, gerät dadurch in die Nähe einer opernhaften Weltanschauungs-Show. Ihr großes Thema ist die Zerrissenheit des Menschen. Aber es wird nicht bis zu dem Punkt gebracht, wo sich der Abgrund der Verzweiflung wirklich auftut. Wenn am Ende der Teufel den Don Juan holt, dann geschieht das bei Theaterdonner und -blitz, die eigentlich mehr einen pompösen Rahmen für die Selbstbehauptung des Liebeshelden, der sein Leben nicht bereuen will, abgeben, denn als schreckliches Zeichen einer fürchterlichen Strafaktion stehen. „Don Juan und Faust", unter thematischem Aspekt noch ein titanisches Provokationsstück, soll eben nicht mehr wie Grabbes frühe Stücke das Publikum schockieren. Die Tragödie ist, wie die „Shakspearo-Manie" angekündigt hatte, auf Effekte berechnet, die im Publikum einen sympathetischen Widerhall finden. Dem dienen nicht zuletzt die deutsch-patriotischen Rodomontaden des Faust und die Liebesbekenntnisse des Don Juan, die als Kunststücke der Verführungstechnik dem Publikum vorgesetzt werden.

Nach „Don Juan und Faust" schrieb Grabbe zwei Hohenstaufen-Dramen; sie sollten, wie er brieflich mitteilte, Bestandteile eines sechs bis acht Stücke umfassenden Zyklus werden und sind entsprechend seinem neuen Schaffensprogramm als Nationaldichtungen repräsentativen Charakters konzipiert. Seit der juristischen Auflösung des Heiligen Römischen Reiches Deutscher Nation durch den 1806 erfolgten Verzicht Franz II. auf die deutsche Kaiserkrone war das öffentliche Interesse an der Idee eines neuen deutschen Reiches, an der historischen Begründung der Hoffnung auf Deutschlands Größe, des Anspruchs auf eine feste staatliche Organisation und politische Stärke Deutschlands allmählich, aber stetig gewachsen. Ein publizistisches Zeugnis der literarischen Diskussionen darüber war schon Ernst Moritz Arndts „Geist der Zeit", ein dichterisches Achim von Arnims unvollendet gebliebener Roman „Die Kronenwächter". Folgenreich wurde vor allem, daß August Wilhelm Schlegel 1808 seine Wiener „Vorlesungen über dramatische Kunst und Literatur" mit dem Appell geschlossen hatte, nationalgeschichtliche Stoffe wie die Hohenstaufen-Geschichte im historischen Drama aufzunehmen. Sein Hinweis fruchtete vor allem in der Restaurationszeit, da sich das durch die politische Reaktion arg beschädigte nationale Selbstgefühl der Deutschen nur noch in der Erinnerung an die mittelalterliche Kaiser- und Königsherrlichkeit zu erholen vermochte. Viele Dichter – unter ihnen Fouqué, Immermann, Eichendorff, Platen – beriefen deshalb deren politisch-staatlichen Glanz. Den größten theatralischen Erfolg hatte der Schiller-Epigone Ernst Raupach mit einem Zyklus von Hohenstaufen-Dramen.

Grabbe wollte, daß in seinen historischen Dramen „Nationalstolz und Poesie sich vereinen". Das Patriotische war ihm zu einem eigenen ästhetischen Wert geworden: „... wie soll fast jeder irgend bedeutende deutsche Fleck verherrlicht werden; im Sonnenschein soll unser ganze deutsche Süden [!] liegen, Adler über Tyrols Bergen schweben und die See um Henrichs [!] des Löwen Staaten brausen, wie eine Löwenmähne." Auf dieser ideellen Basis schraubte Grabbe seine Ansprüche in die höchste Höhe. Am 13. Mai 1829 schrieb er seinem Verleger: „Mich freut's, daß der Barbarossa Dir immer mehr gefällt. Ich will ihn lieber gemacht haben als den Götz v. B. nebst Shakespeares sämtlichen historischen Stükken. Und sein Deutschtum! ... Ein Nationalwerk wie die Hohenstaufen soll Deutschland noch nicht gehabt haben."

Grabbes „Kaiser Friedrich Barbarossa" – 1829 vollendet und noch im selben Jahre gedruckt – gewinnt seine dramatische Spannung aus dem Gegensatz zwischen dem Titelhelden und Heinrich dem Löwen. Ihr Konflikt ist in Herkunft, Individualität und Interessenlage objektiv bestimmt und kann nur mit der Vernichtung eines der Kontrahenten – in diesem Falle Heinrichs des Löwen – enden. Er repräsentiert – so will es der Dichter – eine schicksalhafte Antinomie der deutschen Geschichte und zieht die Schwächung der Sache Deutschlands, die von den Kontrahenten auf unterschiedliche Weise, aber in gleich starkem Maße vertreten wird, nach sich. Das Drama endet zwar mit einem Triumphmarsch; aber er untermalt Barbarossas Aufbruch zu dem Kreuzzug, auf dem er seinen Tod finden wird. Das Stück ist eine „deutsche" Tragödie.

Der Gegensatz zwischen Barbarossa und Heinrich dem Löwen vermengt sich mit dem Widerspruch ihrer konträren politischen Konzepte. Heinrich will seine Kraft in Deutschland konzentrieren; Barbarossa fühlt sich als „*Vorfechter von Europa*". Grabbe wendete die Sympathien seines Publikums dem Welfen-Plan zu. Aber das eigentlich Politische hat für den Sinn des dramatischen Ganzen nur einen untergeordneten Wert. Sinnbestimmend ist die Heldenstärke der beiden Protagonisten. Ihr Machtkampf wird als die geschichtsprägende Auseinandersetzung zweier überragender Persönlichkeiten von gleichem Rang dargestellt, die Deutschlands historische Möglichkeiten personifizieren. Barbarossa steht vor allem für den sinnlichen Reichtum von Deutschlands Süden, Heinrich der Löwe für die düstere Kraft des Nordens, beide gemeinsam für eine teutonische Schlachtwut, in deren wilder Barbarei sich der unterdrückte Taten- und Geltungsdrang des von nationaler Größe dichtenden Detmolder Militärauditeurs entäußern konnte. Demgemäß ließ Grabbe in seinem Geschichts- und Schlachtenpanorama auch Lichteffekte aufblitzen, die Bezüge zur Neuzeit erhellen sollten, sei es, daß er westfälisches Lebensgefühl oder die politische Lebenskraft der Hohenzollern rühmt. Am Ende erweist sich alles als ein mit realistischen Einzelzügen durchsetzter Panegyrikus einer im Hochmittelalter ausgeprägten Deutschherrlichkeit.

Grabbes zweite Hohenstaufen-Tragödie, „Kaiser Heinrich der Sechste“, die in unmittelbarem Anschluß an den „Barbarossa“ entstand und 1830 erschien, ist in Stoff, Thema und Handlung mit der vorangegangenen verschränkt. Die Gestaltung des historischen Gegenstandes zielt wieder darauf ab, die Riesengröße eines deutschen Kaisers hervortreten zu lassen. Die Titelfigur hat hier keinen Konkurrenten. Sie steht für sich und bedingt durch die ihr eigene historische Problematik die dramatische Spannung. Sinnkonstituierend ist vor allem der Widerspruch zwischen der als bewunderungswürdig ausgestellten Persönlichkeitsstärke des Kaisers und seiner bedenkenlosen Gewalttätigkeit, die durch andere Figuren und den Handlungsgang der Kritik ausgesetzt wird. Die Tragödie ist daher nicht in gleichem Maße panegyrisch wie das Barbarossa-Drama. Die Kaiserherrlichkeit wird der moralischen Beurteilung unterworfen und einem höheren Gesetz der Natur unterstellt. Dennoch bleibt sie etwas Überdimensioniertes, vor allem im Vergleich mit der Welt der klügelnden und berechnenden Bürger, die, wo sie ins Blickfeld gerät, verächtlich gemacht ist.

Grabbe hat an seinem Plan zu einem sechs bis acht Stücke umfassenden Zyklus von Hohenstaufen-Dramen nicht festgehalten. Dazu mag das ablehnende Urteil seines Verlegers Kettembeil über „Kaiser Heinrich den Sechsten“ beigetragen haben. Ausschlaggebend für seine Entscheidung war aber ein neues Verständnis der deutschen Geschichte. Grabbe schrieb im Sommer 1831: „Die Hohenstaufen setze ich nicht fort. Sie sind zu klein für die Zeit, und ach – auch unsere Zeit ist mehr toll als groß.“ Aus romantisierender Mittelalterschwärmerei hatte er zu einer skeptisch-realistischen Beurteilung der Hohenstaufen gefunden. Der Umschlag seiner Ansichten erfolgte erstaunlich schnell und rückhaltlos. 1828 begeisterte er sich über den „Nationalstoff“: „Kein Volk hat einen auch nur etwa gleich großen.“ 1831 schrieb er als Antwort auf Freiligraths Ballade „Barbarossas erstes Erwachen“ sein Gedicht „Friedrich Rotbart“, in dem sich der Hohenstaufenkaiser allen Weckrufen verschließt, weil er sich den geschichtlichen Notwendigkeiten nicht gewachsen weiß: „Ich will schlummern, – besser tot als erwachen. Solang ich selbst nicht besser bin als – Barbarossa.“ Grabbe begab sich damit auf einen Weg, der zu Heines Barbarossa-Darstellung in „Deutschland. Ein Wintermärchen“ und zu Hebbels Diktum führte, die Hohenstaufen hätten zu Deutschland kein anderes Verhältnis gehabt als das des Bandwurms zum Magen.

Nach Abbruch der Arbeit am Hohenstaufen-Zyklus wandte sich Grabbe dem Napoleon-Stoff zu. Damit begann die bedeutendste Epoche seiner dichterischen Entwicklung. Sie fand in dem 1831 erschienenen Drama „Napoleon oder Die hundert Tage“, das, wie Grabbe später berichtete, „mitten unter Alimentationsklagen, Schusterfoderungen an Soldaten, Beeidigungen, Untersuchungen, Wein und Tee mit Rum, geschrieben wurde, und zwar teilweise auf in Eile Aktenstücken abgerissenen unbeschriebenen Fetzen“, ihren überzeugenden Ausdruck. Von Franz Mehrings Urteil sind auch heute keine Abstriche zu machen: „Man kann nur die aufrichtigste Bewunderung empfinden vor der dämonischen Sehergabe, womit der Dichter das historische Leben der hundert Tage in einer Fülle charakteristischer Gestalten heraufzubeschwören gewußt hat. Die Bewunderung steigt umso höher, wenn man erwägt, wie frisch und wie verzerrt von der Parteien Gunst und Haß die Erinnerung an diese Zeit damals noch war. Heute, wo wir in einer Unzahl von Geschichtswerken darüber in allen Einzelheiten unterrichtet sind, liest man Grabbes Drama mit einer wundervollen Plastik, als sähe man eine tote Welt wieder zu greifbarem Leben erwachen; die ästhetische Täuschung ist hier zu einer Vollendung gebracht, die in der künstlerischen Bewältigung historischer Massenbewegungen immer zu den Seltenheiten gehören wird.“

Grabbes Drama bringt eine Krise der europäischen Geschichte und deren politische Entscheidung – Napoleons Rückkehr von Elba, seine erneute Usurpation der Macht in Frankreich, seinen Feldzug gegen die Armeen Preußens und Englands, seine endgültige Niederlage bei Waterloo 1815 – mit dem Anspruch auf Vergegenwärtigung der historischen Totalität vor Augen und zeigt sie in einer solchen Fülle von sozialen, politischen und militärischen Aspekten wie kein anderes historisches Drama der deutschen Literatur davor. Ideelles Fundament dafür war eine veränderte Auffassung vom Wesen geschichtlicher Prozesse. Zwar war Grabbe immer noch von der Rolle der überragenden historischen Persönlichkeit fasziniert – ihr Wirken stand für ihn in einem befreienden Kontrast zur geschichtslosen Durchschnittlichkeit des System-Politikers im Metternich-Zeitalter –; aber seine Beschäftigung mit der Geschichte der Französischen Revolution und der Napoleonischen Ära hatte ihn davon überzeugt, daß nur die Aktionen von Massen eine genügende soziale Schubkraft besitzen, um das Beharrungsvermögen und die Widerstandskraft etablierter sozialer Strukturen überwinden zu können. Diese Erkenntnis beförderte seine Hinneigung zum politischen Liberalismus, die um 1830 am stärksten, aber auch zu dieser Zeit rein ideeller Natur war. Für die ökonomische Emanzipation hat Grabbe nie Verständnis aufgebracht. Daher bedeutete für ihn Bürgerlichkeit vor allem Abhängigkeit vom Geldinteresse und demgemäße Charakterschwäche, die eine opportunistische Einstellung zu Kunstdingen – also in erster Linie Schwärmerei für die angenehme, zu wenig oder nichts verpflichtende Unterhaltung – und konventionelle Anpassung in politicis – die Ausrichtung des sozialen Handelns auf den privaten Vorteil – nach sich ziehen. Das war ihm zutiefst verächtlich. Je mehr er nach 1830 einsah, wie eng die politischen Kämpfe dieser Jahre mit bürgerlichen Sozialinteressen verquickt waren, desto reservierter wurden seine Urteile über den Liberalismus, den er schließlich en canaille behandelte. 1834 schrieb er sogar, daß ihn das liberale „Gesindel“ dazu bringen könnte, „Despotie zurückwünschen“ zu wollen. Während der Arbeit am „Napoleon“-Drama empfand er jedoch den Liberalismus als politischen Freiheitssinn, der neue geschichtliche Möglichkeiten zu öffnen versprach. Sein Biograph Karl Ziegler berichtet, Grabbe habe „die Julitage mit Jubel und Enthusiasmus aufgenommen und mit Freuden Louis Philippe begrüßt“, er habe „mitgeschwärmt und die Marseillaise mitgesungen". Wohin Grabbe auf dem Kulminationspunkt seines politischen Enthusiasmus tendierte, läßt ein Satz ahnen, den er am 10. November 1830 an seinen Verleger Kettembeil schrieb: „Glückt Napoleon, so schreibe ich Robespierre."

Die Handlung des Dramas hebt Napoleon als eine brillante, seine Zeitgenossen überragende Persönlichkeit hervor. Aber diese erscheint dennoch nur in sehr eingeschränktem Sinne als geschichtsbestimmend. Die Komposition der Dichtung läßt klar hervortreten, daß auch eine historische Persönlichkeit von dem säkularen Rang Napoleons als Faktor und Faktum in geschichtliche Zwänge eingefügt ist. Die Titelfigur ist kein dramatischer Held im traditionellen Sinne; denn die dramatische Handlung stellt sich nicht als Veränderung einer Figurenkonstellation dar, die durch persönliche Beziehungen zusammengehalten, durch Entscheidungen einzelner bewegt und durch individuelle Konflikte geistig-moralisch gespannt ist. Sie erscheint als eine Abfolge von Vorgängen, die durch die objektive Struktur des historischen Prozesses einander vermittelt sind. Der geschichtliche Stoff, über den Grabbe urteilt, er sei „von selbst dramatisch", bestimmt den Aufbau des Dramas. Infolgedessen kann Napoleon auch nicht als ein dramatischer Held fungieren, der durch das, was er tut und erfährt, was er denkt, fühlt, spricht, die dramatische Handlung konstituiert.

Er spielt auch nur in sieben Szenen eine Rolle – außerdem hat er einen pantomimischen Auftritt im Hintergrund. Die Figur exponiert vor allem zwei Seiten von Napoleons Wesen: einerseits sein politisch-organisatorisches und militärstrategisches Genie sowie andrerseits seine Eitelkeit, die ihn in ein prekäres Verhältnis zu den Interessen der Völker bringt. Seine historische Rolle überdenkend, stößt Napoleon im Drama darauf, daß er, der „Sohn der Revolution" und Widersacher der „Krämer", die Macht der alten Herrschergeschlechter Europas geschont und folglich auch ihre schließliche politische Übermacht mit verschuldet habe. Die Selbsteinschätzung der dramatischen Figur deckt sich an diesem Punkt mit dem Urteil des Dramatikers. Grabbe hielt Napoleon für kleiner als die Revolution. Die in ihr wurzelnde Geschichte Frankreichs und nicht das individuelle Schicksal Napoleons bestimmt deshalb die Handlung des Dramas. Ihr liegen drei Phasen eines historischen Prozesses zugrunde: die Situation vor der Rückkehr Napoleons von Elba, die Entwicklung der politischen Machtverhältnisse nach Napoleons Landung in Frankreich sowie die militärische Konfrontation mit den Alliierten und der Ablauf des Feldzuges.

Thema der ersten Handlungsphase ist das Verhältnis der politischen Kräfte in Frankreich vor Beginn der „Hundert Tage“. Schon die das Stück einleitende, ob ihrer Bewegtheit, Prägnanz und geistigen Spannung meisterhafte Volksszene stellt klar: Das Bourbonenregime ist schwach; die altadlige Gesellschaft übersieht die Zeichen der Zeit; das Volk neigt aus sozialer Not und politischer Enttäuschung zur Rebellion; Napoleon bildet noch immer die stärkste ideelle Macht; dahinter aber lauert die Revolution. Die Alternative Bourbonenherrschaft–Napoleonisches Kaisertum, die in der ersten Handlungsphase die Achse der Darstellung bildet, verblaßt in der zweiten vor der Frage nach der Macht. Die durchschnittliche Bevölkerung wird als eine schwankende Masse gezeigt. Von ihr ist keine umstürzende Aktion zu erwarten. Anders steht es dagegen mit den Vorstädtern aus St. Antoine, den „Bestien von Habenichts und Herren von Schlagzu“. Diese Schreckensgarde der Revolution hat in der ersten Szene des dritten Aktes ihren grandiosen Auftritt, dem die Kaisergardisten und die königlichen Gendarmen nichts Gleichwertiges entgegenzusetzen haben. Die aus dem sozialen Untergrund aufsteigende Masse erweist sich als die stärkste soziale Kraft Frankreichs. Dennoch findet sie in Napoleon ihren Bezwinger. Das Genie der Militärorganisation schaltet noch einmal die Revolution aus und entscheidet die Machtfrage für sich, allerdings – nach dem Urteil der im Drama zu Worte kommenden Sachkenner – auf unsicherem sozialen Boden. Der Egoist Napoleon hat sich über das ihm entgegenstehende Interesse der Massen hinweggesetzt; aber er kann es nicht vernichten, so daß es auf die Dauer gegen ihn wirken muß. Die Revolution bleibt das übergreifende historische Thema.

Die dritte Handlungsphase des Dramas ergibt sich aus einer neuartigen Geschichts- und einer darauf aufgebauten andersartigen Figurenkonstellation. Die Franzosen unter Napoleon stehen den Preußen unter Blücher und den Engländern unter Wellington gegenüber. Diese Kollision kann nur kriegerisch gelöst werden. Das soziale Geschichtsdrama entwickelt sich in ein historisches „Bataillenstück“. Nachdem in den einleitenden Szenen des vierten Aktes die Voraussetzungen der kriegerischen Aktionen des

Kaisers vor Augen geführt sind, wird das dramatische Geschehen auf die Seite der Preußen verlagert. Mit allmählicher Steigerung der pathetisch-parteinehmenden Züge ersteht die Hauptkraft der nunmehrigen Gegenpartei Napoleons. Zug um Zug werden Elemente dessen entwickelt, was als deutscher Nationalcharakter ein positives Kontrastbild gegen den Egoismus, die Eitelkeit und Volksverachtung Napoleons darstellen soll. Die Bühnenschlacht des fünften Aktes, die alle theatralischen Dimensionen sprengt, bildet den Entscheidungspunkt des historischen und dramatischen Geschehens.

Der Ausgang des Dramas stellt zweifelsfrei klar, daß seine drei Handlungsphasen nur als Etappen eines historischen Prozesses verständlich werden, in dem auch die größten Individuen bloß als Machtfaktoren eine Rolle spielen. Über die dramaturgische Funktion der Figuren entscheidet ihre Stellung in der jeweiligen historischen Kräftekonstellation. Napoleon ist nacheinander der das Ancien régime gewaltig überragende Gegenspieler der Bourbonen, der geniale Organisator der Macht, der sein Volk demagogisch dupiert und die revolutionären Massenkräfte niederzwingt, und der rücksichtslose Feldherr, der am nationalen Widerstand seiner Gegner scheitert. Er ist nicht der Beherrscher, sondern der Exponent seiner Zeit, die ihn nach ihren Gesetzen emporträgt, triumphieren und fallen läßt. Grabbes Dichtung ist keine Tragödie; sie führt als dramatisches Epos vor Augen, wie die Zeitläufe den Helden nivellieren.

Der Zeitgeist als ideeller Ausdruck des Geschichtsprozesses manifestiert sich dramaturgisch durch die Aktionen der Massen, die, sofern sie ein gemeinsames Interesse vertreten, als geschichtsbildende Kräfte erscheinen. Zwei hauptsächliche Interessenlagen der Massen treten im Napoleon-Drama hervor: das französisch-revolutionäre, das sich in der Sicht Grabbes mit dem politisch-liberalen verbindet, und das deutsch-nationale. Ersteres findet in der großen Massenszene des dritten Aktes seinen stärkstmöglichen dramatischen Ausdruck; den Ausschlag bei der Lösung der dramatischen Kollision gibt allerdings das nationale Interesse der Deutschen. Es war auch für den Autor das ideell wichtigere. Kurz vor Absendung der letzten Seiten des „Napoleon“-Manuskriptes schrieb er die für sein politisches Denken bezeichnenden Sätze: „Ich bin gewiß liberal, aber wenn uns die Franzosen die Köpfe zurecht setzen sollten, so verdienten wir selbst keine zu haben. Regierung und Volk haben in Deutschland Interessen, die der Pariser schwerlich kennt." Vor der Alternative liberal oder national stehend, entschied der Autor des „Napoleon"-Dramas für national. Daß er sich aber in seiner Geschichtsdichtung überhaupt einer solchen Entscheidung stellte, war ein bemerkenswertes Symptom seines neuen Geschichtsverständnisses.

Die Thematik des „Napoleon"-Dramas – Geschichte als Ineinander von objektiven Prozessen und subjektiven Aktionen, von Massenbewegungen und individuellen Leistungen, von Revolution und Konterrevolution, von imperatorischem Despotismus und nationalem Selbstbehauptungsdrang – stellte Grabbe vor ganz neuartige dramaturgische Aufgaben. Er bewältigte sie, indem er ohne Rücksicht auf die Bedürfnisse der zeitgenössischen Bühne durch die Auflösung der individuellen Handlung eine „dramatisch-epische Revolution" machte: „Als Drama, der Form nach, habe ich mich nach nichts geniert. Die jetzige Bühne verdient's nicht – Lumpenhunde sind ihr willkommen, dafür soll sie aber wieder zu den Dichtern kommen, so gewiß ich wieder gesund bin." Die theatralische Praktikabilität ist der Stärke und dem Reichtum des poetischen Ausdrucks geopfert. Das Regelmaß sollte die Darstellung der geschichtlichen Welt in ihrer inneren und äußeren Widersprüchlichkeit nicht hindern. Die Disparatheit der Gesellschaft, die Abgründe des Lebens, die Grausamkeit der Menschen, der Schmutz des Daseins sind mit ungemeiner, an Shakespeare erinnernder und auf Büchner vorausweisender dichterischer Energie vergegenwärtigt. Aber dennoch hat die Welt des „Napoleon"-Dramas auch ihren poetischen Glanz. Die „schmetternde" Prosa der Figurensprache steigert sich immer wieder zu kühnen Metapher-Bauten, die andeuten, daß hier Großes gedacht, gefühlt und getan wird. Die Napoleonische Ära erscheint als eine grandiose Zeit. Grabbe hatte ausdrücklich gefordert: „Im Napoleon muß alles *Moderne* einmal im Glanz der Poesie erscheinen, vom Pulverwagen bis zur Stadt Paris mit ihrem Lärm und dunklen Schrecken." Diese poetische Notwendigkeit war für Grabbe nicht zuletzt ein Erfordernis der historischen Gerechtigkeit. Denn wenn auch Napoleons Untergang zwangsläufig und gerechtfertigt war, was danach kam, erfüllte keine der politischen Hoffnungen, die im Kampf für oder gegen Napoleon aufgekommen waren.

Ein besonderes ästhetisches Problem bilden die Schlachtenszenen des „Napoleon"-Dramas. Sie markieren den Höhe- und Schlußpunkt der dramatischen Handlung. In der Doppelschlacht von Ligny und Waterloo vollzieht sich der Sieg des Zeitgeistes in Form eines ungeheuerlichen, Vernunft und Ethos übersteigenden Gemetzels. Grabbe scheute kein Mittel, das die Blutrünstigkeit des Geschehens als schreckliches und zugleich imposantes Charakteristikum eines heroischen Zeitalters vergegenwärtigte. Der Sinn der Geschichte konnte sich für ihn nur in der sinnlosen Form eines mörderischen Machtkampfes durchsetzen. Indem sein Drama, polemisierend gegen die übliche Verharmlosung der geschichtlichen Konflikte, die bestialischen Seiten des Krieges herausstellt, scheint es auch böse Affekte zu bedienen: Lust an Grausamkeit, Freude am Zynismus, Geilheit nach Größe. Dennoch ist die Feststellung, daß der Dichter bei der Gestaltung seiner Schlachtenszenen mit den Figuren umgegangen sei wie ein Feldherr spielender Knabe mit seinen Zinnsoldaten, nur ein kleiner Teil der Wahrheit über diese Dichtung. Ausschlaggebend für eine literaturhistorische Wertung von „Napoleon oder Die hundert Tage" sind weiterreichende Feststellungen. Zum ersten Male in der deutschsprachigen Literatur erfaßt Grabbes Drama einen Wendepunkt der europäischen Geschichte als objektiv historisches Faktum, hebt den Eigenwert des geschichtlichen Prozesses heraus – letzterer vermag trotz seiner Irrationalität und Brutalität im einzelnen menschheitlichen Sinn zu tragen und zu realisieren – und macht das Wechselspiel zwischen historischer Einzelpersönlichkeit und sozialen Massenbewegungen zum unmittelbaren Gegenstand der dramatischen Darstellungen; dabei führt das Drama den großen einzelnen in seiner geschichtsprägenden Kraft vor Augen und ordnet ihn zugleich der Langzeitwirkung übergreifender sozialer Bewegungen unter.

Der Gang der Geschichtsentwicklung nach der Julirevolution sowie die allmählich unerträglich werdende Verwicklung in private und berufliche Mißhelligkeiten lähmten mehrere Jahre Grabbes dichterische Produktivität und ließen ihn die mit dem „Napoleon"-Drama eingeleitete dichterische Entwicklung nicht fortführen. Der wichtigste Ansatz dazu war sein Versuch, ein Drama über den polnischen Nationalhelden Kosciuszko zu schreiben. Das Szenarium und die wenigen Szenen des ersten Aktes, die davon überliefert sind, lassen nebst einigen Briefzeugnissen vermuten, daß dem Dichter wiederum ein über den Titelhelden weit hinausgreifendes Geschichtsdrama vorschwebte. „Bühnengerecht wird das Ding ... nicht, desto sicherer aber weltgerecht." Robespierre und Danton sollten darin auftreten; auch für den „Dichter" Grabbe war eine Rolle vorgesehen, und alles, „was in Wissenschaft, Kunst und Leben bis dato passiert ist", sollte seinen Platz finden. Mit diesem Konzept hatte sich Grabbe aber wohl übernommen, so daß er sein Vorhaben aufgab.

Schon im Sommer 1831 hatte sich Grabbes Revolutionsenthusiasmus verflüchtigt. Er schrieb: „... das jetzige Revolutionsrasen ist weiter nichts als ein notwendiges Übel, welches die Menschheit durch Leiden dahin führen wird, daß jeder einsieht, es gibt nur ein Glück, und das ist sich selbst zu reformieren und klug genug zu sein, um völlig edel zu sein. Dann finden sich Staats- und Familien-Verhältnisse von selbst." Eine solche Ansicht der politischen Dinge konnte seine etwa gleichzeitig geäußerte Absicht, über alle Arten von Revolutionen zu schreiben, kaum fördern. Da Grabbes Liebe weiter dem geschichtlichen Drama gehörte, zog er sich am Ende auf die Gestaltung von historischen Stoffen zurück, die ihn nicht zur Darstellung der Beweggründe sozialer Umwälzungen und zur Vergegenwärtigung der erschreckenden Dynamik geschichtlicher Umstürze zwangen, sondern in der Darstellung herausragender historischer Persönlichkeiten die Möglichkeit gaben, seine Hoffnungen auf die Geschichte und sein Leiden an ihr gleichermaßen zu spiegeln.

Mit der Tragödie „Hannibal" beschäftigte sich Grabbe intensiv seit dem Frühjahr 1834. Er schrieb die Dichtung mehrfach um und schloß die Arbeit daran im Februar 1835 ab. Das Drama erschien im Juni desselben Jahres. Der punische Feldherr war für ihn ein „Genie", das an der Ranküne seiner politischen Konkurrenten, der mangelnden Unterstützung durch sein in Krämergesinnung erschlafftes Volk und an anmaßender Prestigesucht zugrunde geht. Grabbe gestaltete Hannibals Leben, das er im Widerspruch zu den historischen Fakten mit dem endgültigen Untergang Karthagos verknüpfte, zu einem Beispielfall für das tragische Schicksal menschlicher Größe. Die Dichtung fordert zur Identifizierung mit ihrem Haupthelden heraus, der auch nicht mehr in dem Maße wie die früheren Stücke Grabbes durch Züge übersteigerter Grausamkeit und Herrschsucht auffällt. Dagegen machen sich Tendenzen einer auf humanitäre Erwägungen gegründeten Sozialkritik an Erscheinungen des Despotismus stärker geltend. Im ganzen wirkt die Tragödie – verglichen mit früheren Werken Grabbes – sogar ein wenig konventionell. Sie hat etwas von einer dramatischen Ballade, die in ihrer Konzentration auf bedeutungsvolle Situationen der Lebensgeschichte des Helden die Entwicklung seiner widerspruchsvollen Gesellschaftsbeziehungen übersichtlich, einprägsam und bühnengerecht darstellt, damit die Erwartungsnormen nicht von vornherein sprengt und dennoch Möglichkeiten zu einer aktualisierenden Gesellschaftskritik bietet. Aber von der provokatorischen Innovation, die das Aufdecken geschichtlicher Untergründe im „Napoleon" mit sich gebracht hatte, ist wenig zu spüren. Der „Hannibal" setzt dramaturgisch eher die mit den Hohenstaufen-Dramen begonnene Schaffenslinie fort, nur daß die nationale Panegyrik zugunsten sozialer Kritik verdrängt ist.

Kurz vor seinem Tode 1836 vollendete Grabbe als sein letztes Drama „Die Hermannsschlacht", das 1838 im Druck erschien. Es ist wiederum ein „Bataillenstück", verwendet infolgedessen dramaturgische Techniken, die Grabbe im „Napoleon"-Drama erprobt hatte. Allerdings spielt die sozialgeschichtliche Dimension, die ideell und dramaturgisch den Unterbau für die Bühnenschlachten von Ligny und Waterloo abgegeben hatte, in der „Hermanns-Bataille" keine wesentliche Rolle mehr. Grabbe hat sich mit dem Stoff schon in seiner Studentenzeit zu beschäftigen begonnen. Sein späterer Schwiegervater, Archivrat Clostermeier, hatte ihm 1822 ein Exemplar seines eben erschienenen Buchs „Wo Hermann den Varus schlug" geschickt, in dem er nachzuweisen versuchte, daß die Hermannsschlacht in der Gegend des modernen Detmold stattgefunden habe. Das mußte Grabbe schon aus lokalhistorischen und patriotischen Gründen interessieren. Dementsprechend kündigte er am 8. Januar 1835 das neue dichterische Vorhaben seiner Frau an: „... der Gedanke an die Heimat ... hat mich auf etwas aufmerksam gemacht, was mir so nahe lag: nämlich ein großes Drama aus der Hermannsschlacht zu machen; alle Täler, all das Grün, alle Bäche, alle Eigentümlichkeiten der Bewohner des lippeschen Landes, das Beste der Erinnerungen aus meiner ... Kindheit und Jugend, sollen darin grünen, rauschen und sich bewegen. Und, sonderbar, ich dachte nicht daran, als mir der Stoff einfiel, mein erster Leiter wird Deines Vaters Buch sein müssen."

Wie Grabbe ankündigte, ließ er das nationale Pathos seines Dramas aus der kräftig-kantigen Ausprägung des ihm vertrauten Menschenschlages, seiner Lebens- und Denkweise, der düsteren Welt des Teutoburger Waldes erwachsen. Hermanns „Thusnelde wird wie vom Sülthof", schrieb er in einem Brief; er wollte durch seinen Hinweis auf den Meierhof in der Nähe von Lage verdeutlichen, daß er die Sozialerfahrungen, die er in seiner unmittelbaren Lebensumwelt gemacht hatte, für seine Darstellung der Ereignisse aus einer historischen Frühzeit verwertete. Man hat zu Recht festgestellt: „‚Hermannsschlacht' ist im Grund ein Stück Heimatkunst ... Grabbe lokalisiert die Schlacht bis ins einzelnste in der Umgebung seiner Vaterstadt, die Germanen sind Bauern, wie er sie aus der eigenen Anschauung kennt. Sie sind mit jener ganzen Kunst des Nahen und Volkstümlichen dargestellt, in der Grabbe von keinem deutschen Dramatiker übertroffen wird."

Deutschland gilt in dem Stück als oberster Wert. Dennoch ist der deutsche Volkscharakter einer schroffen Kritik ausgesetzt. Vor allem wird den Germanen Mangel an Gemeinsinn vorgeworfen, besonders drastisch durch eine Szene, in der Hermann zunächst vergeblich versucht, mit dem Schlachtruf „Deutschland" seine Krieger zum Kampf zu motivieren, und dann „mit geringeren, aber näheren Mitteln" sein Ziel erreicht; er erinnert nämlich die germanischen Bauern an die Ochsen, den Kohl, die Erbsen und großen Bohnen, die ihnen die Römer geraubt hatten, und entfacht auf diese Weise den Furor teutonicus. Aus brieflichen Äußerungen Grabbes geht auch hervor, daß der Dichter im Sinn hatte, das Germanenstück „mit einem Chor altdeutscher Burschen auf der Grotenburg" auszustatten und ihm so eine „närrische Folie" zu geben. Der Patriotismus des Dramas, der sich vor allem auf die Liebe zu den deutschen Landschaften und zu sprachlicher, kultureller und charakterlicher Nationaleigenart gründete, sollte von der teutomanischen Franzosenfresserei deutlich abstechen.

Das Bild der Römer, das Grabbes Drama entwirft, bedient daher auch keinen Fremdenhaß. Die Gegner der Germanen erscheinen zwar als ausländische Eroberer, die den Deutschen eine fremde Sprache, ungemäßes Recht und ein starres Systemdenken aufzwingen wollen. Sie zeigen sich aber zugleich als mutige starke Männer von bewunderungswürdiger Persönlichkeit. Das soldatische Gewicht der kämpfenden Parteien ist gegeneinander ausbalanciert;

ihre Führer, Hermann und Varus, treten als im Grunde gleichwertige Gegenspieler auf. Die Konfrontation zwischen Germanen und Römern wird daher auch nicht auf die ideell-politische Spitze getrieben. Der Parteiengegensatz ist von Anfang an ebenso fest gegründet wie seine nationale Wertung. Die Handlung des Dramas differenziert nur die objektiven Sachverhalte, wobei sie gegen Ende hin sogar der Figur des Varus und den Römern das größere menschliche Gewicht gibt, dieses Übergewicht aber in der Schlußszene dadurch wieder ausgleicht, daß Kaiser Augustus den Sieg der Germanen als Ausdruck des unbezwinglichen Zeitgeistes interpretiert und mit dem sich ankündigenden Siegeszug des Christentums historisch parallelisiert.

Grabbes „Hermannsschlacht" wird also nicht in dem Maße, wie der Stoff des Dramas eigentlich vermuten lassen könnte, durch eine politisch-ideelle Wirkungsstrategie strukturiert. Die Kämpfe in den germanischen Urwäldern gaben auch wenig Springpunkte für die Assoziation moderner Gesellschafts- und Nationalitätenproblematik. Die Anachronismen, deren sich Grabbe als Brücken zur Neuzeit immer wieder bediente, waren allein kein zureichendes Fundament ästhetischer Gegenwärtigkeit. Für den Autor der „Hermannsschlacht" war es daher ein technisches Problem von großer Schwierigkeit, wie einer Schlacht, die vor Jahrhunderten stattgefunden hatte, das Interesse seines und eines künftigen Publikums zu sichern sei. Kurz vor seinem Tode hat Grabbe in einem Brief angedeutet, auf welche Weise er mit dieser Schwierigkeit fertig zu werden versuchte und wie zwiespältig er das Ergebnis seiner dichterischen Anstrengung beurteilte: „Nie schmier ich wieder ein Genre- und Bataillenstück. Ungeheure Mühe, um Abwechslung und
allgemeine Interesse hineinzubringen! Was hab ich nicht im Hermann an Witzen, Naturschilderungen, Sentimentalitäten pp einflicken müssen, um ihn möglichst lesbar zu machen. Indes, sei es wie es sei, ein Koloß, auf durchaus neuen Wegen vorschreitend, ist das Stück."

Nach der „Hermannsschlacht" hat Grabbe kein neues Werk mehr ernsthaft in Angriff nehmen können. Er wollte noch einen „Eulenspiegel", in dem er „die aus dem tiefsten Ernst entstandene deutsche Weltironie" repräsentiert sah, „als komisches Nachspiel" hinterherschicken und erwähnte auch Pläne zu einem Lustspiel,

„in welchem das demagogische Studentenwesen lächerlich gemacht werden sollte". Über seine Gedanken zu einem weiteren historischen Drama findet sich in einem Brief der Satz: „Dann Karl XII., meine Portraitähnlichkeit, eine Tragikomödie, erschütternd und doch lustig." Er probierte an Szenen zu einem „Alexander"- und einem „Christus"-Drama, erzählte, daß er in Düsseldorf einen kleinen Roman mit Prügelszenen geschrieben habe, aber von all dem ist außer einigen Notizen nichts überliefert.

Grabbes dramatisches Werk war die dichterische Antwort auf einen Zustand sozialer Stagnation, in dem die durch Generationen hindurch in der deutschen Kultur eingebürgerte Hoffnung auf humane Evolution und gelinden Fortschritt dem Dichter wie eine billige Fata Morgana erschien. Ihr hielt er das Bild seiner Wüteriche, Despoten und Helden, gewaltsamer Massenaktionen und wilder Schlachten entgegen, von denen allein er Anstöße zur sozialkulturellen Bewegung erwartete. Gutzkow hatte recht, als er in seinem Nekrolog auf Grabbe schrieb: „Der unglückliche Dichter repräsentiert eine klassische Reaktion gegen die Literatur der Restaurations-Periode." Auch Gutzkows Wertung des Dichters hat sich als richtig erwiesen: „Grabbe konnte in der ästhetischen Agonie der Restaurations-Periode die Erinnerung an Shakespeare und Goethe wach erhalten." Von den Mitlebenden Grabbes ahnten einige – so Heine, Ruge, Menzel – dessen Rang. Doch je mehr der Liberalismus als Ideologie eines etablierten Bürgertums auf literarischem Felde geschmackbestimmend wurde, kam Grabbe im öffentlichen Bewußtsein auf den Posten des zwar genialischen, aber doch unsympathisch störenden Außenseiters. Gervinus fand schon 1842 sein Werk „sinnlos", Wilhelm Scherer nannte es 1883 „lächerlich". Auf den Theatern des Wilhelminischen Deutschlands fanden neben „Don Juan und Faust" nur die Hohenstaufen-Dramen Aufnahme, da sie geeignet erschienen, die Traditionsgrundlagen des Kaiserreiches festigen zu können.

Erst unter dem Druck der sozialen Konflikte, die nach der Jahrhundertwende die liberale Selbstsicherheit des Bürgertums mehr und mehr in Frage stellten, begann das öffentliche Interesse und Verständnis für Grabbes dichterische Eigenart wieder zu wachsen. Bedeutende Dichter wie Georg Heym und Brecht wandten ihm – wenn auch aus unterschiedlichen Motiven – ihr Interesse zu. Alfred Jarry und die Surrealisten entdeckten in Frankreich Grabbe für das moderne Theater. Erich Engel und Leopold Jessner schufen während der zwanziger Jahre auf deutschen Bühnen maßstabsetzende Aufführungen von „Scherz, Satire, Ironie und tiefere Bedeutung“ sowie vom „Napoleon“- und „Hannibal“-Drama. Ihre Inszenierungen trugen einen konfliktreichen Realismus aggressiv an das Publikum heran. Diese Tendenz der Grabbe-Aneignung hatte nach 1933 in Deutschland keine Chance mehr. Die nationalsozialistische Kulturpolitik versuchte, die öffentliche Vorstellung von Grabbe auf das Bild eines heimatgebundenen, völkischen und antisemitischen Dichters zu reduzieren und damit zu verfälschen. Das fand nach 1945 ein Ende. Aber neue Ansätze zu einer Beschäftigung mit Grabbe wurden nur vereinzelt vorgenommen und erst allmählich produktiv. In der DDR haben sich zwar während des letzten Jahrzehnts die Bemühungen verstärkt, die Dramatik dieses Dichters zu verlebendigen. Doch ist die Aufgabe noch längst nicht bewältigt, Grabbe in die deutsche Literatur- und Kulturgeschichte so zu integrieren, daß sein Werk als genuiner Ausdruck deutscher Geschichte im öffentlichen Bewußtsein besteht und als Faktor einer vernünftigen sozialen Selbstvergewisserung zur künstlerischen Wirkung kommt.

HERZOG THEODOR VON GOTHLAND

Eine Tragödie in fünf Akten

PERSONEN

OLAF, *König von Schweden*
Der alte HERZOG VON GOTHLAND
THEODOR, *Herzog von Gothland, Kronfeldherr* } *Söhne desselben*
FRIEDRICH, *Herzog von Gothland, Reichskanzler* } *Söhne desselben*
GRAF SKIOLD
CÄCILIA, *seine Tochter, Gemahlin Theodors von Gothland*
GUSTAV, *ihr Sohn*
Graf HOLM } *schwedische Große*
Graf ARBOGA } *schwedische Große*
BIÖRN, *ein schwedischer Hauptmann*
ERIK, *Burgvogt Theodors von Gothland*
ROLF, *Diener Friedrichs von Gothland*
TOCKE, *ein Verbrecher*
BERDOA, *ein Neger, Oberfeldherr und Oberpriester der Finnen*
USBEK, *Feldherr der finnischen Reiterei*
ROSSAN } *Feldherrn der finnischen Infantrie*
IRNAK } *Feldherrn der finnischen Infantrie*
Volk; schwedische Große; schwedische und finnische Hauptleute und Soldaten; russische, norwegische und deutsche Krieger usw.

Der Ort der Handlung ist Schweden

ERSTER AKT

Erste Szene

Die Ostseeküste bei Nyköping.

BIÖRN *tritt auf*:
Wie? Seh ich recht? Die Küstenwachen fliehn!

Ein Soldat kommt voller Eile.

Wohin, Soldat?
SOLDAT: Ich suche Euch.
BIÖRN: Was gibt's
Am Ostseestrand?
SOLDAT: Der Finne landet!
BIÖRN: Landet?
Hoho, hörst du das sturmgeschlagne Meer
An jenen Felsenufern branden?
Den möcht ich sehn, der jetzo wagt zu landen!
SOLDAT: Der Finne wagt's! Blickt nordwärts!
BIÖRN: Ja, fürwahr!
Dort steurt die Finnenflotte! – ha, sie scheitert!
Der Wind treibt sie zur Küste! ihre Masten,
Die sturmzerfetzten Segel schwingend, wanken
Hoch zwischen Meer und Himmel!
BERDOA *hinter der Szene*: Zieht
Die Segel ein!
SOLDAT: Hört, hört!
BIÖRN: Was war das?
SOLDAT: Die Finnenfeldherrn kommandieren!
BERDOA *hinter der Szene*: Werft über Bord die Masten!

BIÖRN: Ist
Das nicht der Ruf des blutbefleckten Negers?
SOLDAT: Er ist es; bebend hab ich oftmals in
Den Schlachten ihn vernommen!
BIÖRN: Horch! schon wieder!
BERDOA *hinter der Szene*:
Ihr Finnen! Blöcke Eises, welche sich
Vom Eismeer losgerissen, wirft die Flut
An unsrer Schiffe Bretterseiten; drum
Verlaßt die Schiffe, eh sie euch verlassen;
Nehmt eure Degen zwischen eure Zähne,
Stürzt euch ins wüt'ge Meer, erringt
Der See zum Trotz die Schwedenküste, wagt
Wie ich den Tanz im Wasser! Folgt
Mir nach!
VIELE STIMMEN *hinter der Szene*:
Wir folgen dir!
BIÖRN: Weh euch, ihr Städte Schwedens!
Weh! eure hohen Türme werden fallen!
Kein strandbewachend Heer ist aufgestellt,
Nichts dämmt den Einbruch dieser Mörderhorden!
Zu dem Soldaten:
Wirf dich aufs Pferd und nach Upsala flieg
Und meld dem Kön'ge, was du hier gesehen!
Leb wohl! – Ich rufe zur Verteidigung
Des Landes schnell die Strandbewohner auf!
Auf! laßt die Feuerglocken tosen, laßt
Die Notsignale weithin lodern, greift
Die Waffen! Bauer, Städter! zu den Waffen!
Die Finnen sind gelandet! Von den Bergen
Und von den Türmen ruft es durch das Land!
Er geht ab; Stimmen in der Ferne rufen: Die Finnen sind gelandet! die Finnen sind gelandet!

Usbek tritt sehr rasch auf, in der Hand ein finnisches Feldzeichen; Finnen folgen ihm.

USBEK: Da stehe ich, zuerst von allen Finnen,
Auf Schwedens Küste, seiner Felsenschwelle,
Und pflanze meines Volkes Schlachtpanier
Der Christenheit zum Hohn in schwed'schen Boden!
Er tut es. – Zu einem Krieger:
Bewach es mit gezücktem Schwert. – Hier standen
Zwei Schweden; sendet Reiter aus, sie zu
Verfolgen!
Zu den Finnen, die sich im Hintergrunde sammeln:
Steht!
Hinter der Szene wird gerufen:
Den Mohren rettet! Rettet ihn!
EIN FINNE *tritt auf*: Herr –
USBEK: Was bedeutet jener Auflauf?
DER FINNE: Unheil!
Dem Oberfeldherrn schleuderten die Wogen,
Als er zum Ufer schwamm, 'nen Balken
Aus einem Schiffswrack knochenbrechend an
Die Brust!
USBEK: Ist er gerettet??
DER FINNE: Glücklich ward er
Dem Meer entrissen, doch –
USBEK: Welches Doch?
DER FINNE: Jetzt droht ein Blutsturz seinem Leben.
USBEK: Fällt
Der Mohr, so ist auch Finnlands Fall nicht fern.
Die Götter hassen uns! – Wo find ich ihn?
DER FINNE: Seht,
Dort kommt er selbst, von Irnak hergeführt.
„Im Angesicht des Heers", so sprach er, „will
Ich leben oder sterben!"

*Berdoa kommt, langsam, gestützt auf Irnak –
Usbek – Finnen.*

IRNAK: Jetzt steht Ihr vor
Der weitgedehnten Fronte unsres Heers.

BERDOA: Was sagst du, Irnak?
IRNAK: Jetzt steht Ihr, sag ich, vor
Der weitgedehnten Fronte Eures Heers.
BERDOA *zu Usbek*:
Euch Reitern ist wohl manches Pferd ertrunken?
USBEK:
Auch nicht ein einziges, mein Feldherr; schaut, dort
Am Meere halten meine mutigen
Schwadrone.
BERDOA: Seh es nicht; ein dunkler Flor
Umhüllt mein Auge und raubt mir die Sonne.
IRNAK: Das kommt vom Blut; es stieg Euch ins Gesicht.
BERDOA:
Schweig! Mahn mich nicht daran; es meldet sich schon
Von selbst! – Ho, faßt mich! – Da erneuet sich
Der Blutsturz! Luft! Luft, Luft! Zerrissen sind
Mir alle Adern in der Brust! *Sehr heftig:*
Oh, welch
Erbärmlich Flickwerk ist der Menschenleib!
Jetzt fühl ich's recht, daß mich ein W e i b gebar!
IRNAK: Sprecht leis!
Ihr röchelt!
USBEK: Auf dem Boden, Feldherr, dampft
Dein Blut, – es brennt mir schmerzlich durch das Aug
Bis in die Seele!
BERDOA: Schwatzt nicht! Helfet! Helft,
Wenn ihr es könnt! Setzt diesem Blutsturz Grenzen, –
Er schwemmt mich weg, – das Eingeweide löst
Sich los, – er höhlt mir Brust und Leib aus, –
in höchster Angst, laut schreiend:
Es ist vorbei mit mir, – wer kann mich retten?
DIE FINNEN: Weh, wehe wehe!
USBEK *tieferschüttert*: Weh, nur Töten, nichts
Als Töten habe ich gelernt!
BERDOA: So klag nicht; auch
Mit deinem Töten, Freund, kannst du mir dienen!

USBEK: Wie könnt ich das?
BERDOA: Ihr weint um mich, ihr Finnen,
So rächt mich auch! –
Ein Held liebt Tränen; doch
Nicht solche, wie ein Weib sie weint; die Tränen,
Die roten Wunden, das Geseufz der Feinde
Erfreuen sein Gemüt! – – Hexerei
Der schwed'schen Christenpriester – quäl sie Gott! –
Hat mir dies Unglück angetan. Warum
Traf jener Balken grade meine Brust?
Die Pfaffen hatten ihn auf meinen Leib
Gehetzt! Rächt mich an ihnen, Finnen!
Ich, euer Oberfeldherr und eur Oberpriester,
Gebiet es euch als heil'ge Pflicht; zerschmettert
Mit ihrer Kirchen Einsturz ihre Häupter!
USBEK: Sie sollen blut'ge Buße tun, zertreten
Von meiner Pferde mordgewohnten Hufen!
IRNAK: Sie sollen winseln unter diesem Säbel!
ROSSAN *tritt auf*:
Ein schwedischer Gesandter will Gehör.
BERDOA: Wie? ein Gesandter? Laßt den Schweden kommen.
Rossan geht ab.
Der Blutsturz hat mir Leib und Seel empört;
Der Europäer mag sich hüten, mich
Zu reizen. –

Graf Holm und Rossan treten auf.

HOLM: Führt euch der Neger an?
ROSSAN: Der Pöbel schimpft
Ihn Oberfeldherr. Dort siehst du ihn stehn.
Als er nach Finnland kam, da trug er Fetzen,
Doch jetzt umhüllen Purpurmäntel ihn.
Ein Blutsturz will ihn an den Boden schmeißen.
Beliebt's, so red ihn an.
Sie treten vor.
ROSSAN *zu Berdoa*: Der Gesandte. –

BERDOA: Wer sendet dich?
HOLM: Der Schwedenkönig.
BERDOA: Reiten
Des Königs Boten auf dem Winde? Kaum
Gelandet, so sind auch Gesandte da!
HOLM:
Auch ich dacht euch in Finnland erst zu treffen,
Nicht unterwegs.
BERDOA: Ha, ich verstehe dich:
Wir haben dir die Reise übers Meer
Erspart.
HOLM: Im Namen meines großen Königs,
Des Herrn und Fürsten dieses Bodens, frag
Ich dich, das Oberhaupt
Der Finnenrepublik, was führet euch
Gerüstet, drohend und mit Heeresmacht
Zu diesen Küsten?
BERDOA: Gott hat uns geführt!
Er ging den Schiffen gnadenvoll vorauf
Und ebnete des Meeres rauhe Wege;
Es war Sein Wind, der unsre Segel schwellte,
Und als die Schiffe brachen –
Hei, da rührt
Sich mein empörtes Blut!
HOLM: Es straft dich für
Die Gotteslästerung!
BERDOA: Der Gotteslästerung, Schwede, zeihst
Du mich? Ha, dafür brennen
Noch heute abend vierzehn schwed'sche Dörfer!
Usbek, du zündest sie mir an!
USBEK *ruft aus der Szene*: Versehet euch
Mit Feuerbränden, Reiter!
HOLM: Mohr, du stehst
Am Grabesrand; der rohste Heide denkt
In seiner letzten Stunde, wo dies Leben
zu nichts, die Ewigkeit zu allem wird,

An die Vergeltung, sucht voll heißer Reue
Durch Tränen und Gebet die fürchterliche
Mit seinem Leben zu versöhnen; Neger,
Du hast genug zu büßen; Neger, tritt nicht
Von frischem Mordbrand dampfend vor sie hin!

BERDOA:
Nichtsdestowen'ger bleibt's bei vierzehn Dörfern. –
Du redest da, als wär mein Lebenslicht
Schon ausgeblasen; Schwede, sieh dich vor!
Berechne nicht auf Europäerart
Die Nähe meines Todes; denn so schnell
Und kläglich, wie ihr Europäer, denen
Das dürre Fleisch auf dürren Knochen hängt,
Als hinge es am Pranger! deren Haut
Ein Sonnenstrahl zerschindet; die im Gesicht
Die Blässe der Verwesung tragen, daß ich
Aas wittre, wo ich einen eurer Art
Erblicke, – stirbt kein Neger, welcher in
Den Wäldern Afrikas mit Löwen und
Mit turmbeladnen Elefanten
Zur Kraft aufwuchs!

HOLM: Tor, du schmähst das Volk,
Das dir gehorcht, denn auch der Finne ist
Ein Europäer.

BERDOA: Gott behüte! Das ist
Der Finne nicht; er ist verwandten Stamms
Mit mir. *Mit steigender Stimme:*
Der Finne weiß, daß seine Väter
In grauer Urzeit ausgezogen sind
Aus Asiens Steppen; jahrelang sind sie
Gereist; – sie bauten endlich ihre Hütten an
Der Ostsee ewig donnernden Gestaden.
Ihr gönntet ihnen jene Felsenfluren
Nicht: rastlos jagen schwed'sche Jäger Wild
Auf finnischen Revieren; schwedische
Korsaren steigen aus an unsren Küsten,

Um unsre Dörfer auszuplündern; – arm ist
Der Finn wie Finnlands schneebedeckter Boden –
Der Schwede jagt sein Wild, raubt seine Habe, –
Dafür verheeren jene Sechzigtausend,
Die dort am Strand des Meers die Lanzen schwingen,
Das weite schwedische Gefild! – Finnland
Und Schweden können *beide* nicht bestehn,
So soll denn eins von beiden untergehn!

DIE FINNEN *ihre Waffen aneinanderschlagend*:
Das Schwedenreich soll untergehn!

BERDOA: Ich hoff
Es zu erleben!

HOLM: Hoffe nicht so töricht!
Du wenigstens erlebst es nie! Das Meer
Erbarmte sich der Menschheit und zerbrach
Dir deine Rippen; – du hast ausgemordet; –
Dein Haupt hängt lahm auf deiner Brust,
Und diese, welche sich so oft dem Feind
Entgegenwarf, ist nun zerschmettert; – bald hat
Sie ausgeatmet; fortan riechst du nicht mehr
Den Dampf des Europäerblutes, den du
So gern mit aufgerißnen Nüstern
Einschnobst; – in wenig Stunden freuen sich
Die Guten über deinem Grabe!

BERDOA: Wohl
Geziemte Freude euch, säht ihr als Leiche mich
Am Strande liegen; gerne möchtet ihr
Mich töten; doch kein Schwede mag es wagen,
Mit mir im Schlachtgefild, Mann gegen Mann,
Auf Leben oder Tod zu kämpfen; drum
Stellt ihr mir nach mit höllischen,
Geheimen Künsten; behext
Von euren Priestern war der Balken, der
Mich traf; durch Hexereien wollt ihr mich
Bewältigen, da eure feigen Krieger
Die Furcht entnervt, sobald sie mich erblicken.

HOLM: Hochmüt'ger Neger! feig sind unsre Krieger,
Und Furcht entnervt sie, wenn sie dich erblicken?
Vergaßest du den Herzog Gothland?
BERDOA: Schweig!
HOLM: Erinnre dich, wie Herzog Theodor von Gothland
Dich in der Schlacht ergriff –
BERDOA: Hör auf!
HOLM: – er ließ
Dich peitschen!
BERDOA: Wen?
HOLM: Dich ließ er peitschen!
BERDOA: Rache!
HOLM: Und wie ein Dieb entsprangest du der Haft!
BERDOA: Ha, Gothland? Wehe ihm! Du sagst
Mir Dinge, die ich nie vergaß! Pest, Tod und Rache! –
Hört ihr es, Finnen, wie der Schwede da
Mich höhnt? Fort in den Krieg; hallo, verheert
Die Fluren seines Volks!
IRNAK *hält ihn zurück*: Herr, mäßigt Euch;
Ihr seid sehr krank; rote Ringe zirkeln sich
Um Eure Augen; Eure Wang ist angeschwellt
Vom Blut; o laßt fürerst den Krieg! Wie kann
Der Finne siegen, wenn Ihr krank seid? Nein,
Vertragt Euch mit den Schweden, wär's auch nur
Auf Wochen –
BERDOA *in wildem Zorn*: Panther und Hyänen!
Wer sagte das? Vertragen? Weil ich krank bin?
Ha, laßt mich los – *er reißt sich von Irnak und Usbek, auf die er sich bisher stützte, los* –, ich bin genesen!
Zu dem Finnenheere:
Auf, auf, Soldaten! stoßt in die Trompeten
Und feiert laut – – Vertrag? Tod und Verwesung! – –
Auf, feiert meine glückliche Genesung!
Jubelnde Trompetenstöße hinter der Szene.
Wer sich mit einem Europä'r verträgt,
Der ist mein Feind!

ROSSAN: Und auch der meinige,
Mein großer General!
BERDOA: Das sprach ein Finne!
ROSSAN *beiseite*: Und das ein schmutz'ger Neger!
IRNAK *auf Rossan losgehend*: Reißt sie ihm aus,
Die glatte Schlange, eh sie in ihr Loch
Zurückkriecht und von neuem Gift heckt!
BERDOA *für sich*:
Gepeitscht? gepeitscht!? *Laut:* Was gibt's?
IRNAK: Der Neidhart da,
Der nichts als Galle weinet, schmeichelte
Euch ins Gesicht, doch als Ihr wegsaht, streckte
Er seine Zunge vor Euch aus! *Zu Rossan:*
Aus deinem Halse reiße ich sie dir,
Neidgelbe Katze du!
ROSSAN *zieht erbost sein Schwert*: Bin ich 'ne Katz,
So krallet hier sich meine Eisentatz,
Womit ich dir den Kopf abkratz!
Meinst du vielleicht, wärst mehr als ich?
Irnak und Rossan wollen einander anfallen.
BERDOA: Halt! Haltet!
Weg mit den Schwertern! Welche Wonne wär's
Dem Schweden, wenn ihr euch erschlüget! –
Für sich, jedoch vernehmbar: Ja,
Der Herzog Gothland war es!
HOLM: Ja, der war es! Denk
An ihn und zittre!
BERDOA: Ich soll an ihn denken?
Das will ich!
Sein Weib, sein Kind, sein Vater, seine Brüder,
Ein jeder, der ihn liebt, und er vor allen,
Sie sollen dich, der mich an ihn erinnerte,
Und diesen Augenblick, in dem's geschah,
Verfluchen, sollen wünschen, du wärst nie
Geboren, weil dein Mund Schmach, Unglück und
Verderben herrief über Gothlands Haus!

Den Herzog Gothland, der mir furchtbar sein soll,
Will ich zum Kinderspott erniedrigen!
Mein Leben setz ich an das seinige; das Herz
Reiß ich ihm aus und werf's den Hunden vor,
Es zu zerfleischen, und vermag ich's nicht, so
Zersprenge Zornwut meine Brust!

HOLM: So platz denn!

BERDOA: Schweig, oder niederhauen laß ich dich!

HOLM: Völkerrecht!

BERDOA: Das kenn ich schlecht! *Aus der Szene rufend:*
Zeit ist's! das Finnenheer bricht auf!

Trompeten.

Fort, Schwede!
Du weilst schon viel zu lang, – Antwort gab ich dir:
Krieg! – Eile, deinem Kön'ge das zu melden,
Sonst meld ich's selbst! Mach fort! Wir sind
Für immer miteinander fertig!

HOLM: Neger, nein!
Das, hoff ich, sind wir nicht, – auf Wiedersehn
Im Schlachtgefild! *Er geht ab.*

BERDOA: Usbek, der Abend dämmert, –
Laß mir die ersten zwanzig Dörfer brennen
Als zwanzig Leuchten in der Nordlandsnacht! –
– Sind deine Reiterscharen in Bereitschaft?

USBEK: Ich gehe, um darnach zu sehen. *Er geht ab.*

BERDOA: Gebt
Mir meinen Damaszener!
Man überreicht ihm den Säbel.
Europa
Verehret diesen Herzog Gothland als
Den ersten ihrer Söhne; – wollen sehn,
Ob nicht ein Neger auch den Größten
Der Europäer überwält'gen wird!

Usbek kommt zurück, eine brennende Fackel in der Hand.

BERDOA: Usbek, ein Feuermeer sollst du mir brauen!
Laß Städt und Dörfer lodern, daß die Gluten

Ins Aug mir glänzen, wie die sand'gen Flammen
Der Äthioperwüste! –
Pfui, da steht
Ein Pfuhl vom Abschaum meines Blutes – bringt
Die Hunde her, daß sie es schlecken; jede Spur
Von Krankheit sei vertilgt! –
Wetzt meine Dolche!
Wo mag denn dieser Gothland hausen?

IRNAK: Seht Ihr
Nicht jene drei gewalt'gen Türme, die,
Vom blassen Abendrot beschienen,
Hoch an dem fernen Himmelsrande blinken?
Es sind die Zinnen von der Gothlandsburg,
Die sich auf dunklen, tannumrauschten Höhen,
Nicht weit von Nyköping, erhebt. Dort wohnt
Eur Feind!

BERDOA: Ich biete Fehde dir, du stolze Burg!
Die Rache soll an deinen Pfeilern rütteln,
Daß deine Türme schwanken wie
Des Kornfelds Halme, wenn der Sturmwind sie durchweht!
– Irnak,
Hat Theodor von Gothland Brüder?

IRNAK: Ja,
Er ist der älteste von dreien; Manfred,
Den zweiten, kennt Ihr als den kühnen Führer
Der schwed'schen Reiterei; der jüngste, Friedrich,
Dient seinem Herrn, dem Schwedenkönige,
Als Kanzler; – Skandinavien bewundert
Die Liebe, welche die drei Brüder stets
Umschlungen hielt.

BERDOA: Sie lieben sich? Das lieb
Ich nicht! Doch – große Liebe, großer Haß! –
Er reißt das von Usbek hineingepflanzte Panier aus der Erde und übergibt es Rossan.
Eröffnet ist der Rachekrieg!

USBEK: Schwingt eure Feuerbrände, Reiter!

BERDOA: Brav!
Es ist kalt, – an der Feuersbrunst will ich
Mich sonnen!
IRNAK: Gehn wir auf der graden Heerstraß
Nach Uppsala vor?
BERDOA: Nein, die Straße, welche
An Gothlands Burg vorbeiführt, schlagt ihr ein!
IRNAK:
Ihr seid ermattet; stützt Euch auf mich.
BERDOA *mit dem Schwerte auf den Boden stoßend*:
Nein;
Das Schwert ist meine Stütze! *Er tritt vor.*
Gothland,
Verderben schwur ich dir; um Mitternacht
Hab ich mein Wort gelöst! –
Du, mächt'ge Rachsucht,
Bezwing die Krankheit und mach mich gesund!
Ihr Arme! schwellet an zu Riesenschlangen;
Wie die den Tiger, will ich ihn umfangen!
Die Hand an die Stirn schlagend:
Kopf! sei ein Krokodilei; so wie dieses,
Gekocht in Nubias Sonnenfeuer,
Blutdürst'ge Krokodile ausgebiert,
So seien gift'ger Ränke Ungeheuer,
Zu Gothlands Qual erdacht, durch Zornesglut
Gezeitigt, deine fürchterliche Brut!
Die Hand auf die Brust schlagend:
Und du mein Herz! Peitsch mich mit wilden Schlägen
Dem, welcher mich einst peitschen ließ, entgegen!
Er winkt dem Finnenheere zum Aufbruche und eilt ab; sofort beginnt eine orientalische Kriegsmusik.
IRNAK *kommandierend; aus der Szene rufend*:
Der Vortrab rücke vor!
ROSSAN *ebenso*: Soldaten, marsch!
USBEK *ebenso*:
Bringt mir mein Pferd! Galopp, ihr Reiter! Nach

Der Gothlandsburg! Brandstätten und zerstampfte
Saaten –
Sie zeugen unsrer Rache, unsren Taten!

Irnak, Rossan und Usbek eilen mit Soldaten ab; die Kriegsmusik währt noch eine kurze Zeit fort.

Zweite Szene

Ein Saal in der Burg des Herzogs Theodor von Gothland.

Der Herzog Theodor von Gothland und der Burgvogt Erik treten auf.

ERIK: Herzog, der Finne naht, und vor ihm stürmt
Das Schrecken; flücht'ges Landvolk sammelt sich
Im Schloßhof, Dörfer gehn im Feuer auf,
Und blutrot flammt der Horizont!

GOTHLAND: Daran
Erkenne ich die Finnen; doch noch heut
Will ich mit ihrem schwarzen Häuptlinge
Mich messen. Ich erwarte jede Stunde
Die Ankunft Manfreds, meines zweiten Bruders.
Wir brechen auf, sobald er kommt. Sag das
Dem Kriegsvolk.

ERIK: Herr, es ist ein Bote da;
Vielleicht, daß er von Manfred –

GOTHLAND: Bring ihn mir.

Erik geht ab. Pause; dann fährt Gothland sehr heiter fort:

Es schwebt
Ein holder Genius über meinem Leben;
In meinen Brüdern gab er Freunde mir! –
Dich, Manfred! liebe ich vor allem! Schon in
Der ersten Morgendämmerung des Lebens,
Zusammen spielend auf dem Schoß der Mutter,
Umschlangen wir uns mit der Freundschaft Banden,
Die in den Schlachten uns umfingen, die von

Den Jahren, die den Erdkreis ändern, nicht
Zerrissen wurden! *Begeistert:*
Selig, selig, wer
Den Freund gefunden; nie wallt er einsam auf
Des Lebens Pfaden; zwiefach Leben ward
Sein schönes Los!
Die Liebe welkt dahin;
Sie ist auf Irdisches gegründet,
Gemeines ist's, wofür sie flammt;
Nur Freundschaft, die die Geister bindet,
Ist ewig wie der Geist, aus dem sie stammt;
Drum strahlt hoch auf des Himmels nächt'gem Feld
Der Freundschaft Bild und leuchtet durch die Welt!
Ich meine euch, ihre hellen Dioskuren;
Zugleich, vereinend eure Strahlengluten,
Enttauchet ihr des Meeres dunklen Fluten
Und wandelt durch der Sterne goldne Fluren,
Bis euch das ferne Westgewölk begräbt;
Ihr sterbt vereint, wie ihr vereint gelebt!

Rolf, der Bote des Kanzlers, tritt ein.

GOTHLAND: Hat Manfred dich vorausgesendet?
ROLF: Nein;
Mich schickt der Kanzler, Euer dritter Bruder.
GOTHLAND: Bei dem verweilte Manfred, wie er mir
Geschrieben; kommt er bald? mit ihm nur will
Ich siegen!
ROLF: Manfred siegt nicht mehr.
GOTHLAND: Was soll
Das heißen, Bote?
ROLF: Dieser Brief, den Euch
Der Kanzler schreibt, erkläre meine Worte.
GOTHLAND *liest*:
„Mein Bruder! Eine Stunde lehret mich, daß auch
Das Edle und das Herrliche vergeht;
Die Erde ist für beides keine Heimat.

Der Bund, den wir drei Brüder schlossen, ist
Zerrissen, und mir fiel das traur'ge Los
Zu sehn, wie Manfred in der Jahre Blüte
Starb –" –

Starb! Ha, ich verstehe euch! Ich bin
Verwaiset! *Auf den Brief blickend.*

Nein, das sind nicht Worte, das
Sind Donnerschläge! *Er tritt an das Fenster.*

Sieh, es ist Herbst, und an
Der Gelbsucht krankt die sterbende Natur;
Auf öden Feldern heult der rauhe Nord;
Laut rauscht das falbe Laub – es winselt nach
Vergänglichkeit! – Erstorben ist der Lenz,
Und seine grüne Blätterpracht verwelkte, –
Das ist zwar traurig, aber auch natürlich,
Weil es die allgemeine Plage ist;
Doch wenn des Nordlands königlicher Hochbaum,
Der Adler Haus und Zuflucht in den Stürmen,
In einer einz'gen Nacht von dem Orkan
Zerschmettert wird, das zeugt Entsetzen, macht
Verzweifeln an dem Leben!

Manfred tot,
Und – *auf Rolf zeigend* – eine Kreatur wie die da lebt!

Zu Rolf:

Entschuldige dein Dasein! – –

– Tot! dahin!
Noch fasse ich es nicht!

Wann starb er?

ROLF: Vor
Acht Tagen.

GOTHLAND: Weshalb bringst du mir so spät
Die düstre Nachricht?

ROLF: Jeder fürchtete
Sie Euch zu bringen.

GOTHLAND: Fürchtete? – Sahst du
Ihn sterben?

ROLF: Leider sah ich's. Ich und
Der Kanzler waren nur zugegen. – Manfred
Kam abends auf der Burg zu Northal
An; beide Brüder feierten bis in
Die Nacht das Wiedersehen. Manfred ging
Gesund zu Bett; am Morgen fanden wir
Im Todeskrampf ihn auf dem Lager liegen.
Ein Schlagfluß hatte ihn gerührt.
GOTHLAND *heftig auffahrend*: Schlagfluß?
Banditenstreich des Todes sag vielmehr! – Auch
Der Himmel mordet! –
Doch, sei ruhig, Zunge;
Gott schuf mein Herz, – dafür hat er das Recht,
Es zu zerreißen, wann es ihm beliebt.
Ob meine Seele blute, ich gebe mich
In seinen Willen. Klagen darf der Mensch,
Nicht rechten. –
Wo ward mein Bruder beigesetzt?
ROLF: Im Dom zu Northal ruhet seine Leiche.
GOTHLAND: So eile schnell nach Northal; sag dem Kanzler,
In dieser Nacht noch würd ich ihn besuchen
Auf seiner Burg, um an des Bruders Sarge
Mit ihm gemeinschaftlich zu trauern!
ROLF: Den Kanzler trefft Ihr dort nicht mehr; er ist
Dem Ruf des Königes gefolgt und an
Den Hof gereist.
GOTHLAND: Wie? an den Hof gereist?
Hoffeste sollen seinen Gram zerstreuen?
– Bei der Bestattung Manfreds war er doch
Zugegen?
ROLF: Nein; er ist am Todestag
Noch abgereist.
GOTHLAND: Das tadl ich! Manfred war
Sein Bruder wie der meine! Handelt so
Ein Bruder? Ihn entschuldigt seine Pflicht
Als Kanzler nicht; die höchsten Pflichten sind

Die Pflichten der Natur! Sehr ehrenwert,
Sehr ehrenwert sind mir die Toten!
Wen ich geachtet habe, da er lebte,
Den ehr ich auch, wenn er gestorben ist! –
– Sag deinem Herrn,
Er möchte lernen von den alten Heiden,
Wie man Verlorene betrauert: als
Der Erste der Hellenen
Vernommen, daß sein Freund gefallen,
Durchdrang sein Klaggeschrei die Götterhallen,
Sein sonst so grauses Auge schwamm in Tränen, –
Vergebens kam
Die hehre Mutter aus dem Meer gestiegen,
Um zu besänft'gen seinen Gram,
Vergebens suchten liebliche Najaden
Mit schönverschlungnem Tanz ihn zu vergnügen;
– Untröstlich, seufzend, schluchzend lag er an
Des Pontus tiefaufrauschenden Gestaden,
Denn sein Patroklus war dahin? *Er stürzt fort.*

Berdoa und Irnak treten auf.

BERDOA: Wir beide wären glücklich bis hieher
Gekommen.
IRNAK: Ja, hineingeschlichen in
Das Herz der Burg.
BERDOA: Still! *Er erblickt den Rolf und redet ihn an, indem er mit Hilfe der immer mehr zunehmenden Dämmerung das Gesicht verbirgt:* Guten Abend, Freund.
Rolf: Ich dank Euch.
BERDOA: Freund –
ROLF: Was noch?
BERDOA: Führ uns zum Herzog.
ROLF: Den Herzog könnt Ihr jetzt nicht sprechen.
BERDOA:
Was gibt es denn? Im ganzen Schlosse sehen wir
Geheimnisvolle Mienen.

ROLF: Pack dich fort;
Was kümmert's dich?
BERDOA: Freund, hier ist Geld.
ROLF: Geld? – Fragt!
Was wollt Ihr wissen?
BERDOA: Was hier passiert ist.
ROLF: Nu, eben habe ich dem Herzoge
Die Trauerpost von seines Bruders Tode
Gebracht.
BERDOA: Der Herzog hatte
Zwei Brüder, – welcher ist gestorben?
ROLF: Manfred.
BERDOA: Der Reitergeneral?
ROLF: Derselbe.
BERDOA: Sehr,
Sehr jählings hat der Tod ihn weggerafft!
ROLF: In der Gesundheit Blüte schied er hin!
BERDOA: Warst du dabei?
ROLF: Der Kanzler nur und ich.
BERDOA: Was? Du nur und der Kanzler?
ROLF: Ja;
Wir fanden ihn in seinem Todeskrampfe,
Und hingeschieden war er, als
Das Burggesinde kam.
BERDOA: Ihr beide ganz
Allein?
ROLF: So war es.
BERDOA: Du nur und der Kanzler?
ROLF: Was soll das wilde Fragen?
BERDOA: Schurk, dich fangen!
Canaille! ihr habt ihn erwürgt!
ROLF: Das Wort
Sollst du bereun!
BERDOA: Wär's erstemal, daß der
Berdoa was bereute!
ROLF *erkennt ihn*: O ich bin

In fürchterliche Hand gefallen! Laßt
Mich gehn, ich rufe Hülfe!

BERDOA *vertritt ihm den Weg*: Soll ich mit
Dem Dolche dir das Maul versiegeln? Laß
Dich handeln; diese einz'ge Nacht sei mir
Zu Diensten, und mit Säcken Golds beschütt
Ich dich! Du willst nicht? Gut, so lauf, doch sei
Gewiß, dem Herzog meld ich, daß du Geld
Von mir genommen und geplaudert hast; dann
Magst du mit Weib und Kind im Schnee verhungern!

ROLF *nach einer Pause*:
Nun, wenn Ihr mich so gut bezahlen werdet,
Wie Ihr versprecht, so bin ich diese Nacht
der Eurige.

BERDOA: Sei unbekümmert.
Ich geize nicht; du sollst mit mir zufrieden sein.
Leise zu Irnak, mit Verachtung auf Rolf deutend:
Das ist so 'n Schurk, der gerne mordete
Und raubte, wären nur die bösen Galgen und
Die Hölle nicht; aus Feigheit fromm! *Zu Rolf:*
Zuerst sag an,
Wer hat den Toten in den Sarg gelegt?

ROLF: Die Leichenfrau zu Northal.

BERDOA: Irnak,
Schick gleich hernach zwei Finnen hin,
Die im Geheim das Weib erdrosseln! *Zu Rolf:* Und nun
Erzähle mir, wie sich der Herzog bei
Der Trauerpost benahm?

ROLF: Wild brauste er
Empor, doch bald bezwang er seinen Schmerz
Mit christlicher Ergebung, – aber als
Er hörte, daß der Kanzler an den Hof
Gereist, bei der Bestattung Manfreds nicht
Gewesen sei, da tadelte er ihn
Voll Zorn, so daß ich fürchte, er gerät
Mit ihm in Zwist!

BERDOA: In Zwist? So ist er mein!
Ist er in Zwist? Dann, Himmel, halt ihn nur
Zurück, – ich reiße dir ihn aus den Zähnen
Und schleudre ihn dem Abgrund in den Rachen!
ROLF: Noch –
BERDOA: Rede nicht; ich weiß genug; du hast
Mir Hanf in Überfluß gegeben, um
Ein' Schicksalsstrick für ihn daraus zu flechten! –
Horch! er kommt! – Fort und lauscht! – Ich bin sein
Schicksal und
Sein Gott!

Sie ziehen sich in eine Seitenhalle zurück.

Gothland und seine Gemahlin Cäcilia treten auf.

GOTHLAND: Oh, laß das Trösten, laß
Das Trösten, du geliebtes Weib. Verwüstet
Ist meine Brust, wüst ist dies Schloß, wüst
Sind jene Fluren, eine Wüste ist
Die Erde, Wüste, Wüste ist die Welt, denn
Mein Bruder ist nicht mehr!
CÄCILIA: Geschehen ist
Das längst Gefürchtete; fast vierzig Jahre
Hast du gelebt, und glücklich warst du stets;
Des Unglücks Schuldner warest du geworden;
Du wußtest, daß es seine Rechte fodert!
GOTHLAND: Ja, Glück ist Sünde – Wehe euch, die ihr
Es wagtet, Glückliche zu sein!
CÄCILIA: O blick umher!
Es sind noch viele, die dich lieben: noch steht
Ein andrer Bruder dir im Kanzler Friedrich
Zur Seite; auch der Vater lebt dir noch,
Der edle Greis; ein Sohn blüht dir am Hof
Des Königs auf, und ewig liebend hängt
An deiner Brust dein Weib! Verzweifle nicht!
Wir alle trauern jetzt mit dir, und mit
Uns allen wirst du einst dich wieder freuen!

GOTHLAND: Mich freuen? Niemals, bei dem ew'gen Licht!
Der Frühling kehrt zurück und seine Lieder,
Doch Manfred ging, er kehret nicht,
Und nimmer kehret meine Freude wieder.
CÄCILIA: Sie kehret! glaube mir! hast du gedacht
Ans Wiedersehen?
GOTHLAND: An das Wiedersehen?
Dank dir! Ein Funke aus den Sternenhöhen
Fällt dieses Wort in meiner Seele Nacht! –
Ja, manches Auge, feucht von Zähren, blickt aus
Der Winternacht des Lebens hoffend zu
Den Sternen – und die Träne rollt nicht mehr!
Betrügt ihr uns um unsre Tränen, oder
Seid ihr es, Sterne! was die Ahnung sagt?
Die lichten Ufer eines beßren Landes?
Und finden über euch sich die
Getrennten wieder? Oh,
Dann selig all ihr Millionen, die
Ihr unterm Sternenzelte wandelt, selig ihr
Betrübten, welche ihr an Grabeshügeln um
Verlorne weinet!
CÄCILIA: Preis sie selig und
Auch dich! Es lebt in jeder edlen Brust
Ein Bürge der Unsterblichkeit: die Tugend!
Sie ist ewig, und wäre sie es nicht,
So geht sie unter mit dem Hochgefühle,
Daß sie verdienet, es zu sein.
GOTHLAND: Ja, so
Gewiß in Manfreds Brust die Tugend wohnte,
So sicher werde ich ihn wiedersehn! –
Sieh! es wird Nacht; das Abendrot
Verlischt; die Nebelsäulen steigen auf
Wie Traumgestalten; schwermutsvoll und dumpf,
Wie Geisterlispel, singt der Abendwind
Der Flur und dem entlaubten Wald das Schlaflied;
Mich dünket, Manfreds Geist umschwebet mich.

Laß mich allein, o laß mich träumen!
Das Träumen ist ja süßer als das Leben!

CÄCILIA *beiseit*:
Du Geist des Bruders, steig hernieder aus
Des Himmels sel'gen Höhen; schirm die Deinen;
Schweb schützend über diesem Hause, wehr
Dem Unglück, das ich ahne, senke Ruh – *auf den Herzog deutend* – In jene schmerzbewegte Brust!
Sie geht ab, noch einmal mit der Miene des Mitgefühls auf den Herzog blickend.

GOTHLAND: So muß
Ich denn verdorren in der Väter Hallen,
Wie eine Pflanze, der die Sonne fehlt.
Ich werde keine Taten mehr
Vollenden, in der Brust nur kochet mir
Ein gärend Leben.

BERDOA *tritt hervor; für sich*: Jetzt wird's Zeit,
Den Feuerbrand in seine Seel zu schleudern. *Laut:*
Ein irrgegangner Wandrer flehet um
Eur gastlich Dach.

GOTHLAND: Wie? täusch ich mich? Der Neger? –
Fort, eil, daß du zu deinen Finnen kommst,
Du bist in deines Feindes Burg.

BERDOA: Das Recht
Des Gastes, welches man im Nordland wie
In Lybias Palmenhainen ehret, schirmt mich.

GOTHLAND: Die Schurken haben keins. Drum fort von hier,
Du Schandfleck deines schnöden Stammes!

BERDOA *wie gereizt*: Freund,
An Schande haben unsre Stämme sich
Nichts vorzuwerfen –

GOTHLAND: Kühner Lästerer!

BERDOA: – in meinem Stamm ist noch – *halblaut und unverständlich* – kein Brudermord
Geschehn.

GOTHLAND: Was murmelst du?

BERDOA: Ja, Herzog, ich
Beklage Euch.
GOTHLAND: Schlimm, wenn Berdoa mich
Beklagt.
BERDOA: Der Pöbel lästert Gothlands Namen.
GOTHLAND: Das kann der Pöbel nicht.
BERDOA: Es gehn von Ohr
Zu Ohr gar fürchterliche Worte.
GOTHLAND: Sprich sie aus!
BERDOA: Eur Bruder Manfred, heißt es, sei erschlagen!
GOTHLAND: Erschlagen?
Hui, meine Faust rollt sich zusammen? Arme,
Wonach zuckt ihr? nach einem Messer! Seele,
Freu dich? nun kann ich wenigstens ihn rächen!
Süß ist die Rach, – hinaus, den Mörder mit
Der Hände Schlingen einzufangen und ihn
Zu opfern, Bruder, dir!
– O wohin irrt
Mein Geist? Ich Tor! ich blinder Tor! Der Neger
Lügt! Manfred starb in Friedrichs Armen!
BERDOA: In?
Durch!
GOTHLAND: Weltempörung! Was sagst du?
BERDOA: Durch!!
GOTHLAND: Sprichst du von Friedrich, meinem Bruder?
BERDOA: Der Kanzler Friedrich, Euer jüngster Bruder,
Hat Euren andren Bruder Manfred
Ermordet auf der Burg zu Northal!
GOTHLAND: Entsetzlich! das wär Brudermord! – – Hoho,
Ich lache! Brudermord ist ja unmöglich! Mohr,
Du lügst! Die Hölle hat dich schwarz gebrannt.
– – Und doch! – Wär es geschehen? – Erik! Erik!
Erik tritt herein.
Wo ist des Kanzlers Bote?
ERIK: Nirgend find
Ich ihn; er muß das Schloß verlassen haben.

GOTHLAND: Verdächtig ist mir diese Eile. Sucht ihn auf;
Schickt Reiter aus, ihn einzuholen!

Erik geht ab.

Wär es geschehen? – Manfred
Stirbt plötzlich; abends ist er noch gesund –
Der Kanzler ist mit einem Diener nur
Zugegen, – reist dann ab, als trieben ihn
Die Furien! – – seit er Kanzler ward,
Vergaß er oft der Bruderpflicht, – kalt schlug
Sein Herz von Jugend auf, – er liebt das Geld –
Und Manfred war sehr reich, besaß
Auch viele Schlösser, viele Dörfer; – wir
Zwei hinterbliebnen Brüder
Sind seine einz'gen Erben – sollte Friedrich, wahn-
Betört, liebäugelnd mit des Goldes Stücken, ihn –

BERDOA: Begreift Ihr's nun?

GOTHLAND: Hyänenwitz mag es
Begreifen, ich begreif es nicht! Bei dir
Zu Haus, am Strand des Senegal,
Dort mag das Brudermorden
'ne Sitte sein, doch nicht in diesem Norden,
Wo schon der Mensch zum Menschen ist geworden! –
Eil fort von hier! Obwohl ich dich nicht Gast
Kann nennen, so will ich doch selbst den Schatten
Des Gastrechts ehren und dir Zeit gestatten,
Daß du entfliehst, eh ich gerechte Rache
Für Friedrich, meinen Bruder, nehme,
Den du mit gift'gem Mund verleumdet hast!

BERDOA: Ob er ihn würgt', ob nicht, ist Eure Sache;
Mir gilt es gleich! – Doch denket meiner, käme
Es aus! – Wähnt Menschen edel, straft mich Lügen!
Gern duld ich's! Möcht Eur Wahn Euch nie betrügen,
Ihr würdet ewig glücklich sein! Lebt wohl!

Er geht auf den Haupteingang zu; als er aber bemerkt, daß Gothland ihm nicht weiter nachblickt, schleicht er sich in die Seitenhalle zurück.

GOTHLAND:

Sein Lebewohl kommt mir zu spät! Ich war
Ein Glücklicher, als ich noch seine Stimme nicht
Gehört, er selber hat mich aus dem Wahn
Geweckt! Was sprech ich da vom Wahn? Hoffnung auf
Den Menschen und Vertrauen auf den Bruder
Soll Wahn gewesen sein? Dann, Himmel! fleh ich:
Wahnwitzig laß mich bleiben immerdar!
Wohl weiß ich es: Nichts steht auf Erden fest;
Der Mensch lehnt sich auf seine Türme,
Und seine Türme stürzen krachend ein –
Doch wer am Busen seines Bruders liegt,
Der fand die heil'ge Stätte auf, an der
Er sicher ruhet im Gewühl des Lebens! –
Ein Haus der Freundschaft wölbt sich meine Brust,
Und an mir selbst müßt ich verzweifeln,
Wenn ich den Brudermord mir denken könnte!
Ihn denken? Wehe! das vermag ich nur
Zu wohl: 'nen Bruder rächend, kann
Ich einen Bruder töten! – Oh, wer schafft
Gewißheit mir in dieser Angst? Natur,
Ich frage dich! Erschlug er ihn? – Gottlob,
Er tat es nicht! Ich sehe, wie
Die Wölfe ihre Häupter schütteln! – –
– Und wär's doch
Geschehen? Oh, dann brauset racheknirschend auf,
Ihr Höllenpforten! werde schwarz vor Zorn,
Du sonnenhelle Ätherwölbung! Satan,
Bäum riesig dich empor vom Feuerpfuhl,
Und wirf die Sternenkuppel aus den Angeln!
Brecht los, ihr Stürme, deckt die Gräber auf,
Worin der Mord sein blutig Werk verscharrt hat!
Das Weltgericht ist um Jahrtausende
Gezeitigt, und es kommt mit Blitzesschwingen,
Denn „Brudermord", sein Stichwort, ist
erschollen!

Die Erde ist von heil'gem Blut gerötet,
Und ein geschminkter Tiger ist der Mensch!
Weh! Weh! zu welchem Ziele wird dies führen?
Ich bete! Höret mich, ihr obern Mächte!
Hört mich, den Wurm, dem man sein einzig Gut
Will rauben! Nehmt Gesundheit mir und Habe, – doch
Den Glauben an die Menschheit, diesen Trost
Des Menschen in den Nöten, ohne den
Es keine Liebe, ew'gen Haß nur gibt,
Der mich vertrauen lehret auf mich selbst,
Der mich beglückt, wenn ich mein Weib
Umfasse, der den Menschen menschlich macht,
Den Glauben an die Menschheit raubt mir nicht!
– Gib meine Ruh mir wieder, Neger, und wenn
Du mich in ehrne Banden schlagen müßtest;
Nur meine Ruhe gib mir wieder! –
– Ob es
Geschah, ob nicht, kann ich in Northals Dom
An Manfreds Sarg erfahren; also hin,
Mit eignem Aug den Leichnam anzusehn!
Er ruft zum Fenster hinaus:
Auf, Erik, sattle mir mein schnellstes Roß!
Die Zügel sind nicht nötig! *Vom Fenster wegtretend.*
Tod und Qual
Dem Neger, wenn er log!

ERIK *tritt auf*: Herzog, Eure
Gemahlin bittet Euch –

GOTHLAND *wieder am Fenster*:
Ha, was erblicke ich?
Sieh, drüben über Northals Bergen steht
Blutäugig-funkelnd, flammenhaarumweht
Gleich dem Medusenhaupte ein Komet!

ERIK:
Mit Grausen sehe ich die Nachterscheinung.

GOTHLAND:
Sie hat Bedeutung! weißt du ihre Meinung?

ERIK: Wer weiß nicht, was Kometen künden! Weh
Dem Nordland, über dem er aufgegangen,
Und wehe uns, wir werden Schreckliches erleben!
GOTHLAND:
Du fürchtest dich vor Kindermärchen, Graukopf!
ERIK: O spottet nicht! Solang ich denke, ist
Noch kein Komet erschienen, welcher nicht
Der Welt Entsetzliches verkündet hätte;
Bald großes Blutvergießen, bald geheim
Verübte, unbestrafte Frevel, wie
Vergiftung, Brudermord und –
GOTHLAND: Brudermord!
Schweig, Lügner, schweig!
ERIK: Ihr werdet es erfahren!
GOTHLAND: Was werde ich erfahren, Schurke? Was?
ERIK: Herr, nie bin ich ein Schurk gewesen,
Ich hab Euch dreißig Jahre treu gedient.
GOTHLAND *sich mäßigend*:
Es war nicht bös gemeint. Was wollte meine
Gemahlin doch?
ERIK: Sie bittet Euch, heut nacht
Das Schloß nicht zu verlassen.
GOTHLAND: Sag du ihr,
Ich bäte sie, zu Bett zu gehen.
Erik geht ab.
Licht
Muß ich in diesen nächt'gen Zweifeln haben,
Und sollt ich zu der Hölle wandern, um
An ihrer Flamme es mir anzuzünden!
Er tritt schnell an das Fenster und ruft in den Schloßhof:
He! sind die Pferde aus dem Stall? Der Sättel
Bedarf es nicht!

Er will abgehn; Erik tritt aber wieder auf.

ERIK: Die Herzogin beschwöret nochmals
Bei ihrer Liebe Euch, ihr warnend Wort

Zu hören und die Burg heut nacht
Nicht zu verlassen!

GOTHLAND: Sag du ihr, ich hätte sie
Gefreiet, um mir Kinder zu gebären,
Nicht aber, mich zu warnen, mich zu lehren!

Erik geht ab.

Nach Northals Dom, wo Manfreds Leiche liegt!
Ob er erschlagen ward, das schau ich dort!
Ist es – *mit heftigem Schauder* –,
dann: Brudermord will Brudermord!

Er eilt ab.

Berdoa, Irnak und Rolf kommen aus der Seitenhalle.

BERDOA: Hussah! begonnen hat die wilde Jagd!
Nach Northals Dom durch Sturm und Nacht!
Wir folgen ihm! –
Liegt Northal auf
Der Straße nach Upsala?

ROLF: Dicht daran.

BERDOA: So eilt mit mir, daß wir dem Herzoge
'nen tücht'gen Vorsprung abgewinnen, denn
Viel früher muß ich drüben sein als er.
– Was zögerst du?

ROLF: Ich folg Euch nicht! Was
Soll ich in Northal? Ich hab Euch gedient,
Nun gebt mir meinen Lohn!

BERDOA: Du sollst ihn unterwegs
Erhalten! Folg mir!

ROLF: Nimmer!

BERDOA: Ho, daß du
Mir folgst, des sei gewiß, folgst du nun auch
Lebendig oder tot!

ROLF: O wie entrinn
Ich ihm!

BERDOA: Still, Schurk, sonst schleife ich dich hin!

Sie gehen ab.

Dritte Szene

Das Innere des Domes zu Northal. Im Hintergrunde ist die Eingangstür; rechts führt eine andere Tür in das Stammbegräbnis der Herzoge von Gothland.

Die Eingangstüre wird aufgeschlossen; Berdoa, welcher eine Axt in der Hand hält, Irnak und Rolf treten ein.

ROLF: Wir sind im Dome.
BERDOA: Leise, wie die Schlangen!
ROLF: Horcht! horcht!
BERDOA: Was bebst du?
ROLF: Greulich heult der Wolf
Im Waldgebirge!
BERDOA: Passende Musik
Zum greulichen Geschäfte! – Zeige mir
Das Grabgewölb.
ROLF: O bleibt davon! Es schlug
Schon zwölf; die Toten steigen aus den Särgen
Und wandern durch die Erde, eingehüllt
In Mitternacht!
BERDOA: In Mitternacht? So ist
Die düstre Stunde wieder da, worin
Ich mein Gelübd erneuere. – –
Der Glanz
Des Mondes und der Sterne ist erloschen,
Und Finsternis bedeckt die weiten Räume,
Als hätte sich der Satan aufgerichtet
Und würfe seinen Schatten durch das All! –
Die Hand zum Schwur ausstreckend.
Nie will ich mich erfreun, nie will ich lachen,
Als wenn ich Europäer leiden sehe!
Kein Schlaf soll mir am Abend jenes Tages nahn,
An welchem ich nicht einen dieser Brut
Erwürgte! Auf jedes, jedes Glück
Des Himmels und der Erde leiste ich

Verzicht, Ermordung nur der Europäer
Sei meine Seligkeit! Ihr Wimmern sei
Mir Wonnelaut; ihr Blut mein Wein; ihr Tod
Mein Leben, ihre Freude meine Hölle!

IRNAK: Ein schreckenvoller Schwur; schwer müssen Euch
Die Europä'r beleidigt haben!

BERDOA: Ja,
Das haben sie! – Um meine Wut zu stacheln
Und sie von neuem anzufrischen, will ich
Die schändliche Geschichte dir erzählen!
Ich war von Afrika, dem Land der Sonne,
Gen Asien geschifft; es griffen uns
Italische Korsaren, – (es war grad
Um Mitternacht, wie jetzt, nur schien damals
Der Mond dazu;) sie schlugen uns in Ketten
Und hießen mich 'nen Sklaven! – Da begann ich
Mit meinen Zähnen Zorngesang zu singen;
Mit meiner Kette schlug ich den zu Boden,
Der sich zu meinem Herrn aufwarf, und mit ihm
Seine Gesellen! – Leider ward ich nur
Zu bald durch vieler Übermacht bezwungen, –
Nun marterten und geißelten
Die weißen Teufel mich bis auf das Blut;
Ich bat, ich schrie, ich wimmerte
Um Menschlichkeit! Umsonst! Ich wand mich vor
Dem Abschaum unseres Geschlechts im Staube, rief:
Erbarmet euch! ich bin ein Mensch! „Du wärst
Ein Mensch?" (hohnlachten sie mich an) „du bist nur
Ein Neger!", und wüt'ger als zuvor
Verdoppelten sie meine Qual! Vor Schmerz,
Vor Angst, vor Zorn quoll feuersprühnd der Schaum
Aus meinen Lippen, und
Wie kochend Wasser sprudelte der Schweiß
Aus meinen Poren! Als sie das bemerkten,
Statt Mitleid zu empfinden, jauchzten sie
Und trieben meine Qual ins Ungeheure,

Damit ich nur noch mehr, noch wilder geifre!
Und als ich's tat, da fingen sie den Geifer
In ihren Schalen lechzend auf, um nun aus ihm,
Den die Erbosung eines Menschen würzte,
Das tödlichste von allen Giften, die
Erfunden sind, Aqua toffana zu
Bereiten! – Wäre ich ein Teufel,
So hätte diese Stunde mich dazu gemacht! –
Die Weißen haben mich für keinen Menschen
Erkannt, sie haben mich behandelt wie
Ein wildes Tier; wohlan, so sei's denn so!
Ich will 'ne Bestie sein! die Schuld
Auf ihre Häupter, wenn ich sie nun auch
Nach meiner Bestienart behandle! – – –
  Kurz sag ich, wie's mir später ging. Ich ward
Verkauft an einen Griechen, der mit mir
Durch seine Heimat und nach Rußland zog –
Er hatte seinen Tod gekauft! er erfuhr's,
Als wir bei Moskau einsam durch die Heide ritten! –
Zu Irnak: – Jetzo hast du den Grund von meinem Haß
Auf Europä'r gehört – *Zu Rolf:*
Wer sträubt sich, wenn
Ich diesen höchst gerechten Haß vollstrecken will?
Zeig mir das Grabgewölb!

ROLF *auf die Tür rechter Hand deutend*: Die Tür führt Euch
Hinein.

BERDOA: Schließ sie auf. *Rolf tut es.*

BERDOA *zu Irnak*: Wach indessen an
Des Domes Eingang. *Zu Rolf:* Geh voraus und zeig
Mir Manfreds Leichnam.

Rolf, vor Furcht zitternd, geht mit Berdoa ins Grabgewölbe. Eine bedeutende Pause tritt ein; dann stürzt Rolf voller Schrecken wieder hervor.

ROLF: Totenschlächter! Grauser,
Entsetzenvoller Totenschlächter!

BERDOA *auf einen Augenblick an der Tür des Grabgewölbes erscheinend*: Laß
Den Buben nicht entwischen, Irnak!
ROLF: Hinweg!
Die Leichen röcheln!
IRNAK: Halt! zurück! Was gibt's?
ROLF: Wahnsinn ergriffe mich, wenn ich's erzählte! –
O zürnt nicht mir, entweihte Toten!
IRNAK *ruft*: Feldherr,
Ich höre Rosseshufen! Gothland kommt!
BERDOA *kommt aus dem Gewölbe*:
Er naht zur rechten Zeit! – Die Türen in
Das Schloß geworfen! Wissen darf er nicht,
Daß jemand vor ihm hier gewesen!
Herauf, du Hölle! steh mir bei und hauch
Ihn an! umneble ihn mit deinem Dampfe!
Fort!

Er geht mit Irnak und Rolf ab; die Eingangstür wirft er hinter sich ins Schloß. Pause.

GOTHLAND *hinter der Szene, an die Eingangstür schlagend*:
Sprengt die widerspenst'gen Pforten!

Die Tür fliegt auf, Gothland tritt rasch ein; hinter ihm Diener mit Fackeln, unter denen man auch den Erik bemerkt.

GOTHLAND *auf die Tür des Grabgewölbes zeigend*: Dort ist
Das Stammbegräbnis meines Hauses! Gebt mir
'ne Fackel! – Sollt ich's finden, wie ich fürchte,
Dann, Blitze, tötet mich noch jetzt, bevor
Ich es gesehen habe! –

Gothland geht in das Grabgewölbe; Erik folgt ihm; nach einer kurzen Pause kehren beide zurück; Gothland, ohne Fackel, hat ein bloßes Schwert in der Hand, sein Gesicht ist vor Schrecken und Zorn entstellt, seine Augen rollen.

GOTHLAND:
Flucht eurem Lose, daß ihr Brüder habt!
Ihr habt sie, daß ihr Brudermord erlebt!
Preist selig euch, ihr Blindgebornen! euch

Verschonte eine güt'ge Gottheit mit
Dem Anblick menschlicher Verruchtheit!

Trompetenstöße hinter der Szene.

Was
Bedeutet diese Kriegsmusik?

ERIK *der an den Eingang des Domes getreten ist*:
Der Vortrab
Der finn'schen Reiterei, begriffen auf
Dem Marsche nach Uppsala, sprengt in Northal
Ein.

GOTHLAND: Geh, frag, ob der Mohr dabei ist; ist er's,
So ruf ihn her zu mir!

ERIK: Wie, Herr?

GOTHLAND: Fürcht dich nicht!
Geh und ruf ihn!

Erik geht.

Das tat ein Bruder! Was mag
Nun einer, der kein Bruder ist, erst tun?
Ich fange an, mich vor mir selbst zu fürchten!

Berdoa, Irnak, Rolf und Erik.

BERDOA *beiseit; den Herzog betrachtend*:
Ha, dieses ist ein anderes Gesicht
Als das, mit welchem er hineingegangen!
Dies aufgerißne Auge lechzt nach Mord! *Heimlich zu Irnak:* Ist mein Befehl vollzogen? Ist das Leichenweib
Erdrosselt?

IRNAK: Ihre hagre Kehle ward
Auf ewig zugeschnürt.

BERDOA: Gut; das
Soll späterhin noch seinen Nutzen stiften!

Er tritt vor; Irnak bleibt mit Rolf im Hintergrunde.

GOTHLAND *erblickt den Berdoa*:
Mohr, lach mich aus; ich war ein Dummkopf in
Der Wissenschaft der Menschenbosheit.

BERDOA: Herzog,

Ich habe mich bedacht. Jetzt glaub ich selbst
Nicht mehr die Sage, die ich Euch erzählte!
GOTHLAND: Wie? Haben wir die Rollen umgetauscht? Nun
Muß ich dich überzeugen?
Auf die Tür des Grabgewölbes deutend.
Geh hinein
Und sieh's mit eignen Augen!
Berdoa geht hinein.
GOTHLAND: Wäre ich
Doch nie geboren!
BERDOA *kommt zurück*: Schauer-schauer-voll!
Sah ich die Leiche Manfreds, Eures Bruders?
Gothland bejaht es stumm.
Ihr seid der Unglückseligste der Brüder!
GOTHLAND: Auch er, unmenschlich stets genannt, erzittert!
BERDOA: Die Felsen selber würden hier erschüttert!
GOTHLAND: Ein Bruder tat's an einem Bruder!
BERDOA: Oh,
Das glaub ich nie! Es ist getan, allein
Ein Bruder tat es nimmer!
GOTHLAND: Wie? war er nicht
Mit einem einz'gen Knechte nur zugegen?
– Mein jüngster Bruder hat's getan!
BERODA: Des Jammers! *Beiseit:*
Wie ich jetzo, so greint, im Schilf des Nils
Versteckt, der Krokodil und ahmet nach
Des Kindes unschuldvolle Klagetöne,
Um den arglosen Wandrer zu betören! –
GOTHLAND: Nicht wahr? Die Löwen, welche als Charybden
Der Wüste alles, was sich ihnen naht,
Lautheulend niederschlingen,
Verschlingen dennoch nie verwandtes Fleisch, – sie
Zerreißen ihre Brüder nicht?
BERDOA: Das tun
Sie nicht!
GOTHLAND: Mein Bruder tat's!

BERDOA: Der Eisbär wimmert!
GOTHLAND: Sahst ihn auch?
BERDOA: Wen?
GOTHLAND: Dort den Erschlagnen!
BERDOA: Sah ihn! *Beiseit:*
Jetzt, Herzog, heiz ich dir so lange ein, bis daß
Der Rache Flamm dir aus den Augen schlägt! *Laut:*
Wohl sah ich ihn: aschfarb sein ganzer Leib –
Von dem Gewürme der Verwesung wimmelnd –
Sein Aug –
GOTHLAND: O seine Augen! sie, die mir
So oft gelächelt, meines Lebens Sterne,
Sie starren mich aus ihren tiefen Höhlen
Blind, ohne Glanz und Regung an!
BERDOA: – sein Haupt –
GOTHLAND: Sei still davon!
BERDOA: – sein Haupt!
GOTHLAND: Bei deiner Zunge,
Sprich eins nicht aus!
BERDOA: – an seinem nackten Haupte,
Das seine Locken schon verlor, die Spur von –
GOTHLAND: Hör auf mir zu erzählen, was ich weiß!
Ich sah ja selbst, wie ihm –
BERDOA: – das stolze Haupt
Zerschmettert ist vom Mörderbeil!
GOTHLAND *aufschreiend:*
Du mächt'ger Rücken dieses Domes brich
Zusammen und, begrabend diesen Anblick
Des Entsetzens, begrabe mich mit ihm!
Berdoa scheint sehr bewegt.
O seht den Mohren, seht! –
Du weinst?
BERDOA *schluchzend:* Es ist
Das erste Mal in meinem Leben; ich weiß,
Es ist 'ne Schande für den tapfren Mann,
Und dennoch laß ich's nicht!

GOTHLAND: O schäme dich
Des nassen Auges nicht! Es ist die Spur
Von einem Menschenherzen, das empfindet;
Du wirst verleumdet, wenn man dich verkündet
Als einen Bösewicht, – du bist nur roh und wild,
Ein kräft'ger Sohn der kräftigen Natur,
Allein dein Herz fühlt kindlich und schlägt mild!
O Mohr, ich habe dich verkannt;
Zum Bunde reich ich dir die Hand,
Wir wollen uns versöhnen!

BERDOA *ihn wild umarmend*:
Wohlan denn, diese nächt'ge Stunde
Vereine uns zum ew'gen Bunde!
Während der Umarmung einen Dolch zuckend; beiseit:
Ich könnt mein Werk jetzt krönen:
An meines Dolches Spitze hängt sein Leben;
Doch brauch ich's noch, drum sei ihm Frist
gegeben!

ROLF *der alles von ferne mit angesehen hat, ruft ziemlich vernehmbar aus*:
So mögen gift'ge Schlangen sich umschlingen!

BERDOA *sich umblickend*: Wer redet da?

GOTHLAND: Wer ist's?

BERDOA *ist in den Hintergrund gegangen und kommt mit Rolf zurück*: Ich kenn ihn nicht.

GOTHLAND: Ha,
Ich kenne ihn! – Was hast du hier zu schaffen, Bote?
Stehst du auf deines Herrn Befehl
Schildwache hier?

BERDOA *dem Rolf ins Ohr*: Bejahe das, wenn du
Dein Leben liebst!

ROLF *verlegen*: Der Kanzler schickte mich
Hieher, damit –

GOTHLAND: Schon gut! – Du sagtest mir,
Du wärst bei Manfreds Tod gewesen;
Nicht?

ROLF: Ja, Herr.
GOTHLAND: So bekenne, ob ihn
Der Kanzler mordete! Bekenne! Oder,
Gott sei dir gnädig, hast du selbst vielleicht
Geholfen?
BERDOA *zu Rolf, ihm zunickend*:
Sprich! Was du auch weißt, – kein Haar
Wird dir gekrümmt! *Zum Herzoge:*
Ich mache ihn nur kühn!
GOTHLAND *zu Rolf*: Hör auf zu zaudern, Schurk!
ROLF *gereizt*: Ihr schimpft
Mich einen Schurken? Ho! nehmt Euch in acht!
BERDOA *für sich, verwundert auf Rolf sehend*:
Ei, wie der Kerl gereizt tut! Ha, der ist
So einer von den Wichten, welche sich
Bloß dann beleidigt fühlen,
Wenn sie sich rächen können;
Von mir nahm er
Geduldig jedes Schimpfwort an!
ROLF *boshaft*: Wenn ich
Ein Schurke bin, so sollen's andre werden!
Ja, Herzog! wißt, Eur Bruder Manfred ward
Von Bruderhand, vom Kanzler Friedrich, auf
Das grausamste ermordet!
GOTHLAND: Ward ermordet!
ROLF: Nein, er ward nicht ermordet!
GOTHLAND *froh*: Nicht?
ROLF *mit Schadenfreude*: Er ward geschlachtet!
GOTHLAND: Ward geschlachtet!
ROLF: Soll ich's erzählen?
GOTHLAND: Sprich; ich bin gefaßt.
ROLF: Der Kanzler hielt des Tags, als Manfred auf
Dem Schloß zu Northal angekommen war,
Bis in die Nacht 'nen königlichen Schmaus.
In Strömen floß der heiße Wein,
Die Becher schäumten rastlos über –

BERDOA: Merkt
Ihr auch, warum der Wein in Strömen floß?
ROLF: Erzähl ich weiter?
GOTHLAND: Weiter! weiter!
ROLF: Herzog,
Ich warne Euch! Laßt mich nicht weiter
Erzählen!
GOTHLAND *ungeduldig*: Weiter! weiter! Oder
Ich lasse dich foltern, bis daß dir
Die Glieder brechen!
ROLF: Foltern bis
Daß mir die Glieder brechen?
Ei! dazu sind mir meine Knochen doch
Zu lieb! Gut! gut! Ich will's Euch schon erzählen!
Ihr sollt Eur Gnüge daran haben! Hört
Nur zu! –
Weinberauscht
Sank mancher Gast von seinem Stuhl; bald wachte
Im weiten Schlosse niemand mehr. Da, um
Die zwölfte Stunde, weckte mich der Kanzler;
In einen schwarzen Mantel eingehüllt
Stand er am Eingang meiner Kammer;
Er winkte mir, ich folgte ihm. Wir gingen
Lautlos zu dem Rüstsaal; – hier mußt ich ihm
Dreifach die Brust mit Erz umschnallen; darauf
Ergriff er eine Axt und wetzte sie beim Licht
Des Monds, und wetzte stundenlang; –
Endlich, als schon die Nacht zerfloß, sah er
Vom Werk empor und starrte finstren Blicks
Den grau'nden Morgen an, als wollt er ihn
Verscheuchen. Dann forteilend, in der Hand
Die scharfgewetzte Axt, durchschritt er wie
Ein Geist die öden Hallen; an der Schwelle
Von Manfreds Schlafgemache angekommen,
Befahl er mir zu harren, – er selber ging
Hinein. Ich blickte schreckenahnend durch

Den Ritz der Tür: Nachdem der Kanzler scheu
Umhergesehn, tritt er zu Manfreds Bett, –
Prüft mit dem Daum des Beiles Schneide –
Ein kurzes Lächeln überschattet sein
Gesicht – und hochgeschwungen fliegt die Axt
In seines Bruders Haupt!

GOTHLAND: O hätte er doch mich
Getroffen!

BERDOA *leise und dringend zu Rolf*:
Bravo! fahr so fort!

ROLF *mit immer mehr erhobener Stimme*: Manfred
Erwacht, kreischt auf und fährt
Schlaftrunken mit der Rechten
Nach dem gespaltnen Haupt, – greift krampfhaft in
Die eigne, offenstehnde Hirnschal
Und reißt die Faust geballt, befleckt mit Blut,
Voll von Gehirn, daraus zurück!

GOTHLAND: Halt ein,
Halt ein! Mein Blut beginnt zu sieden,
Und alle meine Adern blähn sich wie
Getretne Nattern!

BERDOA *heimlich zu Rolf*:
Nun gilt es! Mach's noch ärger! ärger!

ROLF *gleichfalls heimlich*: Könnt Ihr's
Noch ärger denken?

BERDOA: O ja! Fahr fort!
Ich will's dir fürstlich lohnen! Fahr fort!

ROLF *laut*: Der Kanzler
Erhebt zum zweitenmal das Beil,
Doch der Verwundete stürzt sich,
Von Todesangst getrieben, aus dem Bette
Und streckt, halb drohend und halb flehend,
Die Hände ihm entgegen,
Der Kanzler haut sie ab –

Gothland macht eine Bewegung der höchsten Wut.

ROLF *springt entsetzt zurück*: Hu! Ihr zerreißt mich!

GOTHLAND: Hinweg von mir, was Bruderliebe heißt!
Verdammt sei das Erbarmen! Kanzler,
Wie du die Fehde botest allem,
Was menschlich ist und brüderlich, so werf
Ich dir den Fehdehandschuh hin.
Und fortan steh ich dir nur mit
Gezücktem Schwerte gegenüber!
Zu Rolf, indem er ihn ergreift:
Du selber hast mir in die Brust
Zehntausend Tiger eingebettet, –
Du bist der erste, welchen sie erwürgen!
Die Tür des Grabgewölbes reißet auf!
Es geschieht.
Hinein mit dir!
ROLF *sich sträubend*: Herr Gott, da drinnen muß
Ich ja verhungern!
GOTHLAND: Ei, das sollst du auch!
ROLF: Jetzt, Neger! halt, was du versprachst! Errett mich!
BERDOA: Herzog, werft doch den Hund hinein, daß ihm
Die Zähne klappern!
ROLF: Ha, gemartert müßt
Ich werden, weil ich einer Natter traute! *Zu Berdoa:*
Wart, Satan! wart! noch hab ich eine Zunge!
Hört, Herzog! höret, hört mich an! *Zu Berdoa:* Erbose
Dich nur!
BERDOA *grimmig; zu Gothland*:
Erlaubt mir, daß ich ihn durchstoße!
GOTHLAND: Mir kommt die Rache zu, nicht dir! *Zu Rolf:*
Willst du
Jetzt leugnen, was du mir erzählt hast, um
Dein Leben zu erretten?
ROLF: Nein! ja! Gott!
Hört mich nur! Gönnt mir einen Augenblick!
Ich flehe Euch bei Eurem ew'gen Heil!
GOTHLAND *sehr streng*:
Du flehst umsonst! Des Frevels Stunde ist

Vorbei, nun schlägt die Stunde der Vergeltung;
Das ist die stete Ordnung der Natur!
  Sag nichts; dein eignes Wort hat dich gerichtet;
Du warst vereinet mit dem Brudermörder;
Du hast gefrevelt, weil du ihm nicht wehrtest,
Du hast gefrevelt, weil du ihm geholfen,
Du hast gefrevelt, weil du es so lang verschwiegst;
Erbarme Gott sich deiner, – ich bin
Ein Mensch, bei meiner Seligkeit, ich kann
Es nicht! *Er reißt den Rolf an die Tür des Gewölbes.*

ROLF: Ihr hört mich nicht! ich schweige! und wenn
Ihr nun auch bittet, doch will ich nicht reden!
Und nur dies Schweigen ist es, was mich tötet;
Doch solcher Tod erträgt sich, da ich weiß,
Daß mein starrsinniges Verstummen
Mich schrecklich rächen und
Euch mehr als Tod verderben wird!

BERDOA: Herzog,
Macht mit dem Schufte doch kein Federlesen!

ROLF *zu Gothland; sehr laut*:
Schlaf nur! wenn einstens Donner dich erwecken,
Dann wird die Höll an deiner Seele lecken,
Und wünschen wirst du, daß du nie gewesen!

GOTHLAND *ihn in das Grabgewölbe stoßend und die Tür hinter ihm zuwerfend*:
Es komme über mich dein Blut!

BERDOA: Dem schien's
Gar sehr zu reuen, daß er Wahrheit Euch
Verkündet hatte, weil Ihr sie
Mit seinem Leben ihm bezahltet!

GOTHLAND: – Schwer
Und traurig ist das Amt, das mir geworden:
Den Bruder soll ich an dem Bruder rächen!
Rächen?? Nein, das ist Frevel! Rächen nicht!
Er ist mein Bruder auch! –
Allein die Untat,

Die auf die heiligsten Gesetze trat,
Muß sein bestraft mit dem verdienten Lohne!
Kurze Pause.
Ich eile zu des Königs Throne,
Den König und die schwedischen Barone
Aufrufend zu 'nem Blutgericht;
Als Kläger tret ich vor die Schranken,
Und jammert auch mein Herz, ich darf's nicht achten!
Gerechtigkeit, und wenn der Weltbau bricht!
Ist alles abgebüßt –
Ja dann empfange mich, du Nacht der Schlachten!
Er stürzt fort, seine Diener folgen ihm.

BERDOA *aufjauchzend*:
Mit seiner Seele, Höll! will ich dir danken!
Er eilt dem Herzoge nach; Irnak folgt ihm.

ZWEITER AKT

Erste Szene

Eine Halle im königlichen Schlosse zu Uppsala. – Es ist noch früher Morgen.

Der Kanzler Friedrich von Gothland und der Graf von Arboga begegnen einander.

ARBOGA: Herr Kanzler!
KANZLER: Was soll ich?
ARBOGA: Bin ich im Ernst
Verurteilt, tausend Goldstück Strafe zu
Erlegen?
KANZLER: Ja, im vollsten Ernste. Freut Euch,
Daß Ihr auch diesmal gut davongekommen!
ARBOGA: Ei! gut davongekommen!
KANZLER: Gnade ist für Recht
Ergangen! dankt es Euren milden Richtern!

ARBOGA: Mein Dank soll sein wie ihr Geschenk!
KANZLER: Sacht, Herr, sacht!
Tobt nicht zu laut; erweckt nicht das
Gedächtnis Eurer Taten!
ARBOGA: Was wüßtet Ihr von meinen Taten?
KANZLER: Neun Jahre sind es nun, daß der Graf Sture
Erschlagen ward im Föhrenwalde bei
Stockholm!
ARBOGA *mit grinsendem Lächeln*:
Ja, dort biß er ins Gras! – – Was soll
Der mir?
KANZLER: Fluch seinem Mörder!
ARBOGA: Kennt Ihr den?
KANZLER *faßt ihn bei der Schulter*: Ja, Graf, wir kennen ihn!
Da Arboga ruhig stehen bleibt.
O deine Seele
Ist dumpf, und dein Gewissen ist an Blut
Gewöhnt! – Zahl ohne Murren deine Strafe,
Und freu dich, daß des Königs Gnade dir
Die Regimenter ließ!
ARBOGA: Des Königs Gnade!
Des Königs Not! – Da sich der Herzog Gothland,
Eur Bruder, nicht zu rühren scheint, so bin ich
Der einz'ge, der die Finnen hemmen kann;
Das zwang Euch, mir den Feldherrnstab zu lassen;
Drum neckt mich nicht, sonst möcht ich ihn Euch vor
Die Füße werfen, und ich fürchte, daß
Sich niemand finden würde, der ihn aufnähm!
Bedenkt das!
Er geht ab.

Der Kanzler bleibt nachsinnend im Vordergrunde stehn; der Herzog Gothland tritt im Hintergrunde auf.

GOTHLAND: Bruder!
DER KANZLER *aufblickend*: Theodor! Sei mir
Willkommen!

GOTHLAND *des Kanzlers Umarmung abwehrend; halblaut*:
Schwerlich bin ich das. – – Warum
Erschrakest du, als du mich sahst! Scheu ist
Die Sünde!
KANZLER: O es war der Freude Schrecken! –
Dich hatt ich nicht erwartet! – Sieh, noch ist's
Nicht Tag; woher kommst du so früh?
GOTHLAND:
Ich komme – – – Still davon! – – Gedenkst du auch
Noch oft der feierlichen Stunde, als wir
Drei Brüder, Manfred, du und ich, auf
Der Morawiese, unter Denkmälern
Der Urzeit stehend, hochbegeistert,
Im Angesichte der gestirnten Nacht,
Uns Freundschaft schwuren für die Ewigkeit?
Wir streckten betend unsre Hände zu
Dem großen Vater aller Liebe aus,
Ihm dankend, daß er uns zu Brüdern schuf!
Er hält ihn fixiert.
KANZLER:
Es war 'ne schöne Stunde!
GOTHLAND: 'ne schöne Stunde!
'ne schöne Hure! Mehr war es
Dir nicht? Also 'ne schöne Stunde nur?
Ha, wo ist Manfred?
KANZLER: O frage nicht!
Er ist dahin!
GOTHLAND: O Friedrich, Friedrich, wo
Ist Manfred, unser Bruder?
KANZLER: Tröste dich;
Er harrt auf uns im beßren Lande.
GOTHLAND: Sahst du
Ihn sterben?
KANZLER: Leider sah ich's!
GOTHLAND: Und du lebst?
KANZLER: Im Traurgewande!

GOTHLAND: Manfred hatte Geld;
Wo ist sein Geld geblieben?
KANZLER: Geld?
GOTHLAND: Wo blieb
Sein Geld?
KANZLER: Ich weiß von keinem Gelde.
GOTHLAND: Was
Geschieht mit seinen Schlössern? seinen Gütern?
KANZLER:
Vorläufig habe ich sie in Besitz
Genommen.
GOTHLAND: Ei, da hast du sehr geeilt;
Du scheinst nach ihnen große Gier
Zu haben!
KANZLER: Bruder!
GOTHLAND: O verzeihe; – gib
Mir deine Hand! *Des Kanzlers Hand betrachtend:*
Daß manche Wölfe
Doch so zarte Klauen haben!
KANZLER: Ich versteh
Dich nicht!
GOTHLAND: Ich frage dich, wo Manfred blieb;
Gib ihn mir wieder!
KANZLER: Kann ich
Die Toten auferwecken?
GOTHLAND: Nein! –
Das solltet Ihr bedenken, wenn
Ihr mordet!
KANZLER: Mordet?
GOTHLAND: Fürchte mich,
Denn ich bin Manfreds Bruder!
KANZLER: Und ich auch!
– – Ich habe stets gewähnt,
Der große Gothland, der die Völker all
Besiegte, könne auch sich selbst,
Das eigne Herz besiegen!

GOTHLAND: Freilich, du hast
Das dein'ge bald besiegt! –
– – Wehrt' er sich lange?
KANZLER: Wer?
GOTHLAND:
Ich hätt es wenigstens schnell abgemacht;
Doch langsam töten alle Katzen!
KANZLER: Jetzt will ich wissen, was du meinst!
Wird endlich die Erklärung dir belieben?
GOTHLAND: Fragst
Du mich? Du magst
Die Wände deiner Burg zu Northal fragen,
Wo du mit Manfreds Blute angeschrieben,
Daß Bruder durch den Bruder ward erschlagen!
KANZLER *hochentrüstet*: Ein Bösewicht hat das gesagt,
Ein Bösewicht hat's ihm geglaubt!
GOTHLAND: Die Schmähungen verzeih ich – *mit abgewandtem Gesicht* –; nur rat ich dir,
Flieh fort, eh sich die Morgenwolken röten;
Besteig dein Roß – Mir grauet, dich zu töten!
KANZLER: Mich töten?
GOTHLAND: Flieh!
KANZLER: Vor 'nem Verrückten?
GOTHLAND: Flieh!
KANZLER: Weshalb?
GOTHLAND: Weil ich dich drum beschwöre!
– – Du weilst? –
Wohlan denn, hör mich, Schweden, höre!
Auf, Schwedenkönig, komm mit deinen Grafen!

Der König Olaf, Holm, Arboga, Skiold und andere treten auf.

KÖNIG: Was gibt's?
GOTHLAND: Es gilt die schwärzste Untat zu bestrafen!
KÖNIG: Ihr, Gothland, seid's? Willkommner ist mir

Niemand. Nehmt ein den Platz, der Euch gebührt,
Dem ersten Feldherrn meines Reiches.

GOTHLAND: Nicht
Als Feldherr, – als ein Kläger steh ich jetzt
Vor dir. Der Kön'ge höchste Ehre
Ist die Gerechtigkeit; Gerechtigkeit
Ist's, die ich von dir fodre!

KÖNIG: Fodre sie.

GOTHLAND: Im Namen Manfreds, des Ermordeten –

ALLE: Ermordeten?

GOTHLAND: Entsetzt euch nicht zu früh,
Denn das Entsetzliche ist noch zurück!
Auf den Kanzler deutend:
Der da, mein Bruder und der seinige,
Doch in der Tat
Ein Eingeweidewurm im Herzen der Natur,
Hat ihn um Mitternacht
In Gier nach Ländern, Geld und Gütern
Auf seiner Burg zu Northal mit der Axt
Erschlagen!

KÖNIG: Was? der Kanzler?
Er hätte –!

GOTHLAND: Ich klag – – – Ich klag
Ihn an auf Brudermord!

KANZLER: Er ist toll
Geworden! Sperrt ihn ein, damit er keinen
Beißt!

GOTHLAND: Hört ihr seine kecke Zunge?
Erkennt ihr nicht die Frechheit des Verbrechers?
– Gebt mir Gericht!

KÖNIG *nach kurzem Nachdenken*: Das weigre ich fürerst.

GOTHLAND: Du weigerst es? Du weigerst mir, was man
Dem Bettler nicht versagt? Denk, Herrscher, denk
An deine Pflicht! Ihr Könige seid die
Gewaffneten Erklärer der Gesetze, –
Ihr habt das Schwert, um sie mit ihm zu schützen, –

Mißbraucht es nicht, um die Bedürftigen
Von ihnen abzuwehren!

SKIOLD: O mein Sohn!
Gedenke deines Weibes, meiner Tochter;
Du stürzest sie und dich in das Verderben!

GOTHLAND *zu Skiold*:
Gerechtigkeit, stürzt auch der Weltbau ein!
– Gebt mir Gericht!

KÖNIG: Ich weigere dein Unglück!

GOTHLAND:
Unsel'ges Schwedenland! sein König hat
Mit Brudermördern sich verbunden,
Und schweigend stehen seine Großen da
Und dulden es!

HOLM *zum Könige*: Herr, diesen Vorwurf
Kann ich nicht tragen, drum gewährt ihm sein Begehr.

KÖNIG *zum Kanzler*: Ihr schweigt?

KANZLER *düster*: Ich fürchte kein Gericht.
Gebt ihm, was er verlangt.

KÖNIG *zu Gothland*: Ihr wollt es noch?

GOTHLAND: Ich kann nicht anders! ja!

KÖNIG: So habt es denn!
– Doch nochmals warn ich Euch;
Denn ungeheur ist Eur Beginnen,
Und meistens ist das Ungeheure
Zugleich auch s ü n d l i c h!

GOTHLAND: Nur nicht hier!
Er hat den Bruder mir erschlagen,
Damit hat er auf Bruderrecht verzichtet!
Wie ich jetzt handle, werde ich gerichtet!

KÖNIG: Es ehrt der Mensch des Blutes heil'ge Bande!

GOTHLAND: Die Freveltat zerreißt ein jedes Band!

KÖNIG: Ihr stürmet aus dem Gleise der Natur!

GOTHLAND: Dein Kanzler ging vorauf, ich folg ihm nur!

KÖNIG: Genug! *Zu den schwedischen Großen:*
Seid Richter! Schwört, gerecht zu richten,

Soweit es schwache Sterbliche vermögen!
Ich schwöre es bei meiner Königspflicht!
HOLM, ARBOGA, SKIOLD UND ANDERE: Wir
schwören es!
KÖNIG: Beginne, Kläger.
GOTHLAND: Ihr kennt doch des Orestes traurig Los?
Es ist das meine! –
Laßt mich
Mein unglückseliges Geschäft so schnell
Vollenden, als mir möglich ist; ich will
Die vielen Anzeigen verschweigen,
Die nach und nach in mir Verdacht erregten,
Und gleich zu der Entscheidung eilen. –
– Der Kanzler war mit einem einz'gen Knechte,
Mit Rolfen nur bei Manfreds Tod zugegen –
KÖNIG: Ist's so?
KANZLER: Ja.
GOTHLAND: Manfred muß also von ihnen
Ermordet sein, wenn er wirklich ermordet ist,
Und daß er's ist, hab ich gesehn.
Denn hört: als ich – –
KÖNIG: Was zauderst du?
GOTHLAND: O könnt ich hier doch ewig zaudern!
KÖNIG: Jetzo kommt das zu spät; fahr fort!
GOTHLAND: An den beeisten Nordpol stellt
Mich hin, wo nichts mehr grünet, nichts mehr lebt,
Wo Meer und Menschenherzen, welche sonst
Sich stets bewegen, aufgehört zu schlagen;
Dort, wo Erdteile von Eisfeldern
Jetzt allgewaltig ineinander wachsen,
Als wollten sie auf Ewigkeiten sich
Vereinen, und im nächsten Augenblicke
Sich wieder voneinander donnernd trennen
Und wechselseitig sich zermalmen, ganz
Wie Menschenherzen, dort nur möcht es
sein, wo

Ich für die grause Mär, die ich erzählen
Soll, Glauben fände bei des Eismeers Schrecken! –
Gegen die Tür gewendet:
Erik!

Erik tritt ein.

GOTHLAND *zum Könige*:
Gewiegt von Zweifeln zwischen Höll und Himmel
Mach ich mich gestern abends auf
Und reite bei Kometenschein nach Northal,
Um selber Manfreds Leichnam anzuschaun.
Mich griff Entsetzen, als ich ihn erblickte!
Vom Mörderbeil sah ich sein Haupt zerschmettert!
Mein Zweifel schwand, der Brudermord ward mir
Gewiß, mein Glaube an das Heiligste
Verließ mich – und der Neger weinte!
HOLM: Was für ein Neger?
GOTHLAND: Der Berdoa.
HOLM: Du bist betrogen; dieser Neger schwur
In meiner Gegenwart, dich zu verderben!
GOTHLAND:
Ich weiß! – Doch bin ich jetzt mit ihm versöhnt;
Er ist ein edler Mann. – – Hört weiter!
Im Dom zu Northal ward ein Kerl ertappt,
Verdächtig durch sein scheu Betragen.
Rolf war's, derselbe Diener, der
Bei Manfreds Tod mit gegenwärtig war.
Nachdem er kurze Zeit gezaudert, hob er
Die Felsen von dem Abgrund seines Herzens,
Und so wie aus der Hölle ihre Geister,
So stiegen furchtbare Geschichten daraus auf;
Da hörte ich, – *auf den Kanzler deutend* –,
daß dieser Schreckliche
'ne ganze Nacht hindurch zum Brudermord
Die Axt gewetzt, daß er –
Ihr starrt euch an? – Entscheidet!

Leise Donner eines nahenden Gewitters.

KÖNIG *zum Kanzler*:
Ihr schweiget noch?
KANZLER: Was soll ich sprechen? – Alles,
Von meinem Bruder bis zu meinem Knechte, selbst
Der Zufall ist verbündet wider mich,
Und die Beweise, welche mich verdammen, sind
So schlau und wunderbar gestellt, daß ich
Sie schwerlich werde widerlegen können –
Ich kann nur schwören, daß ich schuldlos bin!
Lautere Donner.
GOTHLAND: Hört, hört! sogar der Donner straft ihn Lügen!
KANZLER: Wer lehrte dich des Donners Laut erklären?
KÖNIG *zu den Großen*:
Was meint ihr von des Herzogs Klage?
HOLM: Man muß die Leichenfrau vernehmen,
Von welcher Manfred in den Sarg gelegt ist;
Sie nur kann sicher wissen, ob er auch
Schon damals so verstümmelt war,
Wie ihn der Herzog jetzt gefunden hat.
Den andren, welche außer ihr ihn vor
Der Grablegung gesehen haben, hätte man
Es leicht verbergen können.
KANZLER: O ich erkenne immer deutlicher,
Daß mich ein wütendes Geschick verfolgt!
Die Leichenfrau – die einzige, die mich
Von der abscheulichen Beschuldigung
Erretten könnte – sie ist
Vergangne Nacht erdrosselt worden; vor
Zwei Stunden meldete es mir ein Bote!
GOTHLAND, HOLM UND SKIOLD:
Sie ist erdrosselt worden?
KÖNIG: Ha! durch wen?
KANZLER: Man kennt
Die Täter nicht!
KÖNIG: O Kanzler! Kanzler! wenn
Ich glauben müßte –

KANZLER: Glaubt, daß ich aus Furcht,
Sie möchte mich verraten, sie
Erwürgen ließ! Zwar ist es das Unwahrste,
Allein es ist das Schlimmste, und das Schlimmste
Ist immer das Wahrscheinlichste! –

KÖNIG *nach einer kurzen Pause, schnell zum Herzog*: Wo ist
Der Diener Rolf?

GOTHLAND: Ja, der wird auch wohl tot
Sein!

KÖNIG: Wie?

GOTHLAND: Er hatte mich durch seine furchtbare
Erzählung auf das Äußerste gebracht;
Ich fühlte durch mein eignes Haupt
Des Beiles Schneide zucken –
Die Sanftmut selber hätte sich
Nicht länger zähmen können –
Ich schleuderte ihn in das Grab-
Gewölbe!

KÖNIG: Dennoch war das eigenmächtig
Gehandelt!

GOTHLAND: Eigenmächtig nicht!
Rolf war Leibeigner unsres Hauses,
Und ihn zu richten hatte ich das Recht!

KÖNIG: Habt
Ihr andre Zeugen?

GOTHLAND: Ja; hier ist mein Burgvogt Erik;
Er war mit mir im Dome
Und kann beschwören, was ich sprach.

KÖNIG: Dein Burgvogt kann für dich nicht zeugen.

GOTHLAND: So zeuge denn mein Feind für mich! – Berdoa!

Berdoa tritt herein.

ALLE *außer Arboga und dem Kanzler*:
Der Mohr? Ergreift ihn!

GOTHLAND: Als mein Zeuge, nicht
Als Oberhaupt der Finnen steht er hier.

Ich habe für sein Leben ihm gebürgt,
Mit meinem Leben werd ich ihn beschützen.
– Zeug mir!

BERDOA: Ich kann bezeugen –

KÖNIG: Was? Daß du
Ein Bube bist? Das weiß ich ohnedem! *Zum Herzoge:*
Ho,
Ihr macht mit Euren Zeugen Eure Sache
Schlecht!

GOTHLAND: Meine Zeugen gelten nicht? – Sei's denn!
Auch ohne sie bleibt meine Klage deutlich;
Entscheidet nur!

KÖNIG: Sagt euer Urteil, Grafen!

HOLM:
Der Kanzler hat nichts leugnen können – schuldig scheint
Er mir zu sein.

ARBOGA: Ich halte ihn für schuldig.

DIE ÜBRIGEN SCHWEDISCHEN GROSSEN *außer Skiold*: Er
Ist schuldig!

KÖNIG: Schuldig? – Denkt Ihr ebenso,
Skiold?

SKIOLD: O laßt mich lieber schweigen!

KÖNIG: Ihr alle sprecht ihn schuldig;
Ich aber sprech ihn frei!

GOTHLAND: Weswegen?

KÖNIG: Weil
Der Mohr dein Zeuge ist!

Zeichen des Unwillens unter den Großen.

Was
Begehret ihr, Vasallen?

GOTHLAND: Also hier-
Zuland ist der Brudermord erlaubt? Wohlan,
Ich nutze die Erlaubnis!

Er eilt auf seinen Bruder zu.

KÖNIG: Fallt ihm in den Arm!

Man fällt dem Herzog in den Arm und hält ihn auf, aber
DER KANZLER *stürzt vor ihn hin und ruft*:
Nein, laßt ihn, laßt ihn mich erwürgen! Hier
Ist meine nackte Brust! Durchbohr sie! reiß
Sie auf! saug ihre Wunden! Bruderblut
Ist Nektartrank! Schlürf es! Hier strömt es dir!
Mit Freuden geb ich's, wenn es dich
Beglückt! Berausche dich darin,
Bis daß du dich davon erbrichst!
Der Herzog tritt schaudernd zurück.
Weich nicht zurück; erschlag den Bruder, – wehrlos
Steht er da! töte ihn, du großer Held,
Vollende jetzt die größte deiner Taten:
Zerfleisch dies Herz, das seit der Kindheit Tagen,
Solang es fühlen kann, für dich geschlagen!
KÖNIG: Mäßigt Euch!
KANZLER *zum Könige*: Könnet Ihr die Qual erfassen,
Wenn die uns, die wir lieben, tödlich hassen?
GOTHLAND *zu Berdoa*:
Mohr! Mohr! er weinet! mich erschüttert Grausen!
BERDOA *raunt ihm zu*:
Sind Krokodilestränen!
GOTHLAND *fährt empor*: Wie hieß das?
BERDOA:
Er weint nicht! macht sich bloß das Auge naß!
GOTHLAND: Du meinst, wer mordet, heuchelt auch?
BERDOA: Das meine ich!
GOTHLAND *wendet sich wieder zu den Umstehenden und zeigt auf den Kanzler*: Seht diese Memme an!
Sie tötet andre, wenn sie schlafen,
Doch soll sie selbst nun sterben,
Dann greint sie wie 'ne Metze um ihr Leben!
KANZLER: Das wird zuviel! ich kann's nicht länger dulden!
Er greift an das Schwert.
GOTHLAND *ihn starr betrachtend*:
Die Larve fällt, sein Herz wird sein Gesicht!

SKIOLD:
Hemmt sie! die Schwerter stürzen aus den Scheiden!
Donner und Blitz; das Gewitter kommt näher.
KANZLER: Wildzürnend klopft mein Busen dir entgegen!
GOTHLAND: Nach einem Aderlaß wird das sich legen!
Sie dringen aufeinander ein.
KÖNIG: Arboga! jetzt seid Ihr der rechte Mann!
Haut beide nieder! das ist besser,
Als wenn der eine durch den andren fällt,
Denn Ihr spart ihnen Bruderwechselmord!
Arboga greift nach dem Schwerte; aber Holm, Skiold und andere haben die Brüder schon auseinandergerissen.
GOTHLAND:
Du bist es, Holm, der mich von ihm zurückhält?
Du warest der ja, der ihn schuldig sprach!
HOLM: Wenn er auch schuldig sein mag, so geziemt's
Doch dir nicht, ihn zu strafen; ewig würd
Ich dich verfolgen, wenn durch deine Hand
Dein Bruder fiele.
GOTHLAND: Ihn zu strafen ziemt
Dem Könige; allein wenn der nicht will,
So ziemt es meinem Vater oder mir!
– Noch einmal, König! fodre ich sein Haupt!
Verweigere es dem Gesetze nicht,
Dem es verfallen!
KÖNIG: Ketten, Ketten sollst
Du haben!
KANZLER: Ja ja! kettet's, kettet's an,
Das Ungetüm, das seine Brüder frißt!
GOTHLAND: Die gift'ge Schlange! Wie sie hohnlächelt!
KANZLER: Du hast
Mich eben, als ich weinte, ausgelacht – *laut lachend* –,
Jetzt lache ich!
GOTHLAND: O seht ihn, seht ihn, wie
Er triumphieret, daß sein König seine
Mordtat schützt! – Triumphiere nicht zu früh! –

Ein Wort noch, König! eh du gehst! Du nimmst
Partei, denn deinen Kanzler willst du nicht
Verlieren, – deshalben zürne ich dir nicht;
Ich kann euch Erdenkön'ge nur bedauern;
Ihr sollt der Götter Rolle spielen und
Seid Menschen! – Aber eins ist da, was ihr
Stets üben könnt und sollt: Gerechtigkeit!
Sie ist es ja, die euren Thron erbaute, –
Hat sie im Lande aufgehört, so hat auch
Der König aufgehört, und jeder sucht
Auf eignem Weg sein eignes Recht!
Ich hab es dir gesagt!

KÖNIG: Bringt Ketten!

Ein Soldat tritt mit denselben auf.

Ha, da kommen sie! – ihn und
Den Neger schlagt an eine; beide sind
Einander würdige Gesellen!

KANZLER: Gerechtigkeit, die du verlangtest, sollst
Du haben: Morgen werf ich deine Klage
Dir auf das Haupt zurück und klag dich an
Auf Brudermord, weil du mir unterm Schein
Des Rechtes nach dem Leben hast getrachtet!

KÖNIG: Und ich verklage dich auf Hochverrat,
Weil du dich mit dem größten Feind
Des Schwedenreichs, dem Mohren, hast verbunden!

Der König gibt dem Kanzler die Hand und geht mit ihm ab; die andren folgen; der Herzog Gothland, Berdoa, Erik und ein Hauptmann, der mit Soldaten im Hintergrunde verweilt, bleiben zurück.

SKIOLD *tritt noch einmal vor Gothland hin*:
Was du auch tun wirst, – meine Tochter mach
Nicht unglücklich! sie ist mein einz'ges Kind! *Geht ab.*

GOTHLAND *zu Erik*:
Geh zu dem alten, großen Herzoge
Von Gothland, meinem Vater; sage ihm,
Er würde schon vernommen haben,

Was sich ereignet; statt des Königs, welcher schlecht
Geurteilt, möge er das Richtschwert nehmen und
Dann handeln, wie es ihm als Stammeshaupt
Gezieme!

Erik geht.

DER HAUPTMANN *tritt vor*:
Herr, gefangen Euch
Zu nehmen hat der König mir geboten.

GOTHLAND: Den Herzog Theodor von Gothland willst
Du fesseln? *Den Arm ausstreckend.*
Feßle ihn!

Der Hauptmann weicht scheu aus. – Erik kommt wieder.

GOTHLAND: Was spricht mein Vater?

ERIK: Wenn er das Richtschwert nähm, so würd es sein,
Um Euch zu zücht'gen, wie Ihr es verdientet!

GOTHLAND: Mein Vater ist der vor'ge Held nicht mehr,
Sonst hätt er also nicht gesprochen. –
Geh,
Ruf meinen Sohn mir her!

Erik geht ab.

BERDOA: Was tut man nun?

GOTHLAND *ohne auf Berdoa zu achten*:
Es ist
Der fürchterlichste Brudermord geschehn, –
Der König hat ihn wider sein Gewissen
Und wider das Gesetz verziehn, vor ihm
Und seinem Richterstuhl find ich kein Recht, –
So appellier ich laut und feierlich
An euch, ihr ewigen Gesetze,
Auf die die Welt gegründet ist, die ihr
Mit Feuerzügen flammet, welche kein
Vorübersausendes Jahrtausend ausweht,
Die selbst das Raubtier schaudernd ahnt,
Wenn es im Blute seinen Hunger stillt, die ihr
Der unterdrückten Menschheit Zuflucht botet

Für und für! – Zeuge eurer Wahrheit ist
Die Himmelsscheibe, die euch widerspiegelt,
Der Ozean ist euer Spiegel, in
Des Heklas Flammen leuchtet ihr, und wo
Ein Herz schlägt, zittert man vor euch!
Die menschlichen Geschlechter sterben; sie
Sind Flocken, ausgesäet in den Sturm;
Spurlos, wie Schatten über eine Wand,
Ziehn ihre Scharen über diese Erde;
Ihr aber werdet rastlos mit den neu
Entstehenden Geschlechtern neu geboren!
– Die Blutsfreundschaft ist irdisch und vergänglich,
Drum greif ich kühn zu euch, Unsterbliche!
– Ich habe keinen ird'schen König mehr; ihr
Gesetze! seid mein König! –
„Blut sühnt Blut,
Und die Vergeltung ist das Recht!" so heißt
Eur Ausspruch; – der Hebräer las ihn schon
Am Sinai, und heut noch les ich ihn
In meiner Brust; er soll mich leiten! *Will abgehn.*

DER HAUPTMANN *tritt ihm in den Weg*: Bleibt!

GOTHLAND *wirft ihn auf die Seite*:
Mach Platz für die Vergeltung!

Er geht mit Berdoa ab.

DER HAUPTMANN: Greifet! haltet ihn!

Skiold und Holm treten auf.

SKIOLD: Was fällt hier vor?

HOLM: Wo ist der Herzog?

DER HAUPTMANN: Fort! – Mit
Gewalt brach er sich Bahn!

SKIOLD: Folgt, folgt
Ihm eilends nach! Er sucht den Kanzler auf!

HOLM: Er wird doch nicht – ? –

SKIOLD: Er wird, er wird!

HOLM *schreit*: Dann rufet Mord und alarmiert das Schloß!

KÖNIG *stürzt herein*: Welch ein Tumult! Was gibt's?
SKIOLD *unter den Donnern des jetzt völlig heraufgestiegenen Gewitters*: Hört Ihr's denn nicht?
Die finstren Mächte läuten hoch im Dom der Welt,
In seiner düstren wolkumflorten Runde,
Mit Donnerschlägen ein die Schreckensstunde,
In der der Bruder durch den Bruder fällt!
Er eilt fort, dem Herzoge nach; alle folgen ihm.

Zweite Szene

Großer Saal des Kanzlers.

Der Kanzler tritt ein; kurz darauf der Herzog mit Berdoa.

GOTHLAND: Du selber wirst wissen, daß der König falsch
Gerichtet hat – jetzt halte ich Gericht –
Wehr dich!
KANZLER *das Schwert ziehend*:
Das will ich, und der Himmel wird's
Verzeihn, wenn ich aus meinem eignen Fleisch
Den Krebsschaden, der mir Verderben droht,
Ausschneide!
Gefecht beider Brüder.
BERDOA *beiseit, als wenn er Hunde hetzte*:
Packt euch! faßt euch! faßt!
GOTHLAND: Halt ein! du bist verwundet!
KANZLER *fortfechtend*: Nur geritzt! Jetzt lehr
Ich dich, was angeschoßne Eber sind!
GOTHLAND: Was soll das Degenspiel?
Hier ist das Ziel! *Er schlägt dem Kanzler das Schwert aus der Hand und durchsticht ihn.*
BERDOA:
Brav, Herzog Gothland! das war brav gestochen!
GOTHLAND:
Dir, Manfred! fließt dies Blut! Du bist gerochen!

KANZLER: Mit meinen Fäusten kämpf ich fort! *Er stürzt wütend auf seinen Bruder los; aber plötzlich fühlt er seine Wunde; er taumelt, und statt mit dem Herzoge zu ringen, hängt er sich um seinen Hals und wimmert wie ein Kind:*

O Gott!
O Gott! – mich greifen ungeheure Wehen!
Verband! Verband! Wer du auch seist, wenn du
Ein Mensch bist, so verbinde meine Wunden!
Verband! Verband!

GOTHLAND: Verband! Verband! –
Entsetzlich! – Macht mich los von ihm!

KANZLER: Verband!

BERDOA *ihn vom Herzog losreißend und von sich stoßend*:
Verbluten sollst du!

KANZLER *stürzt da, wo sein Schwert liegt, zusammenbrechend ins Knie; zu Berdoa*: Hund, verdammter Hund! *Er ergreift zürnend das Schwert, will es mehrmals erheben, aber seine Hand ist zu schwach.*

BERDOA: Fort, Herzog, fort! Hier ist kein längres Bleiben!
Das Finnenheer ist kaum noch stundenweit
Von dieser Stadt entfernt – die Tore stehn
Noch auf – eilt, daß wir seinen Schutz erreichen!

Erik kommt mit Gustav.

GOTHLAND:
Da ist mein Sohn! Komm, Gustav, komm mit mir!

KANZLER: Ich armer, armer schmerzdurchzuckter Wurm!

GUSTAV:
Was fehlt dem Oheim!

GOTHLAND: Komm mit mir!

GUSTAV: Was fehlt dem Oheim?

GOTHLAND: Laß ihn! laß ihn!

GUSTAV: Dein Schwert ist dunkelrot –
O Vater! Vater! was hast du getan?

GOTHLAND:
Nichts, als was ich dereinst vertreten kann –

Donner und Blitz.

Der Donner über unsren Häuptern gilt nicht mir! –
– Sein Blut komm über mich und meine Kinder! –
Er faßt Gustavs Hand.
Geh mit!

GUSTAV: Nein, Vater, nein, dir folg ich nicht!

GOTHLAND: Du sollst!

Er eilt ab und reißt seinen Sohn mit sich fort; Erik ihnen nach.

SKIOLD *rasch eintretend*: He, Herzog! Neger! Neger! Was
Habt ihr gemacht?

BERDOA *auf den Kanzler deutend*: Ein Aas! *Er eilt fort.*

SKIOLD: O Kanzler! Kanzler!

KANZLER *matt*: Nenn mich nicht Kanzler, – ich bin Staub!
Er sinkt wie leblos hin.

Der König, Holm, Hauptleute, Soldaten und andere stürzen atemlos herein.

SKIOLD *zu ihnen*: Ihr seid
Zu spät gekommen! *Eilt hinweg.*

KÖNIG: Ha! – – Zieht!
Die Glocken! betet! trauert! hüllet euch
In Asche ein, daß der gerechte Gott
In der Vergeltung Grimm uns mit
Dem Brudermörder nicht zugleich vertilge!
Man hört es draußen regnen.
Ström auf das Pflaster nieder, Regen! wasch
Es rein vom Bruderblut! Umnachtet uns,
Ihr Wolken! und verberget diese Tat! – Holt Ärzte! –
Auf auf! dem Herzog und dem Neger nach!
Tot oder lebend fangt sie ein!

BIÖRN *auftretend*: Sie sind
Im stürmenden Galopp zum Südtore
Hinausgesprengt, dem Finnenheer entgegen!

VOLK AUF DER STRASSE: Weh! Bruder-Bruder-Mord!
Weh über uns
Und unsre Stadt!

KÖNIG *zu dem eintretenden Arboga*:
Was ist das für ein Lärm?
ARBOGA: Lautheulend läuft das Volk zusammen!
KÖNIG *zu Biörn und andren Hauptleuten*:
Jagt durch die Straßen, sperret sie
Mit Ketten, laßt die Tore schließen, laßt
Die Regimenter unter Waffen treten und
Bereitet sie zur Schlacht!
Biörn mit Hauptleuten fort.
KÖNIG: Ruft mir
Den grauen Vater beider Brüder, des
Erschlagnen und des Mörders,
Den alten Gothland ruft mir her!
HOLM *am Fenster*: Dort irrt er klagend durch die Gassen!
DIE STIMME DES ALTEN HERZOGES VON GOTHLAND:
Weh! meine Söhne haben mich verlassen!
KÖNIG *am Fenster; mit dem Schwerte winkend*:
Komm, Herzog! folg dem Winke meines Degens!
Ich rufe dich, und deines Sohnes Wunde
Ruft dich mit blut'gen Lippen!
DER ALTE HERZOG VON GOTHLAND *tritt auf und umklammert eine Säule*: Stützt mich, Säulen!
Denn meine Söhne stützen mich nicht mehr!
HOLM: Beweinenswerter Greis!
DER ALTE GOTHLAND: Wo ist mein jüngster Sohn?
KÖNIG: Getroffen von dem Bruderschwerte liegt
Er hier zu deinen Füßen,
Und seine feuerroten Wunden dampfen!
DER ALTE GOTHLAND:
Wie? diese starre, rotgefleckte Leiche, mit
Dem dunklen, blutdurchflochtnen Haare, mit
Dem weißen, todverzerrten Antlitz, mit
Den kalten, qualgekrampften Händen – –
Dies Scheusal wär mein Sohn? *Indem er auf ihn niederstürzt:* Er ist's! er ist's! und wer
Ist unglückseliger als ich?

Vom Aufgang bis zum Niedergange schweift
Mein Blick, und unglückseliger als ich
Ist niemand! – Da liegt
Ein Haufe schwertzerrißner Lumpen – und
Es ist mein Sohn!
Hallo, Zerstörung, reiß
Das Firmament zu Fetzen,
Ich lache drob und tanze vor Ergötzen! –
– – – O wohl dir, wohl dir, die du ihn
Gebarest, du,
O Leonore! bist nicht mehr! – Hättest du's
Erlebet, sähest du ihn liegen, du
Zerrauftest jammernd deine greisen Locken
Und schlügest dumpf die Mutterbrust, das Haus
Des Schmerzes und der Qual, – und tränkest nicht
Und äßest nicht und schwändest hin vor Gram,
Vor Gram! – –
Legt mir
Sein Haupt an meine Brust. *Man tut es.*
Blut aus,
Blut aus am Vaterbusen, teurer Sohn!
Blut aus! blut aus! – Ein Leichenweib, will ich
Mit meinen Tränen deine Wunden waschen,
Am Morgen und am Abend wach, – und wenn
Die Sterne mit den goldnen Füßen leis
Und still, um nicht der Erde Schlaf zu stören,
Des Nachts dahinziehn über unsren Häuptern,
Will ich – der einz'ge Wache auf der Erde –
An dieser Leiche trauernd stehen und
Nicht früher mit dem müden Haupte nicken,
Als bis es einnickt zu dem ew'gen Schlaf!

KÖNIG: Arboga! Niegerührter! rühret dies
Dich nicht?

DER ALTE GOTHLAND:
– Ha! – wär's möglich? – oder trügt mich
Mein Ohr? Hört ihr das leise Pulsgewimmer

In dieser toten Brust? Er lebt! er schlägt
Das Auge auf! er lebt!

KANZLER *noch einmal das Auge aufschlagend*:
O furchtbar! furchtbar, nie
Empfunden, nie begriffen sind
Die Schauer des Todes! Schwarz ist die Sonne!
Dunkel der Tag! – O furchtbar ist das Sterben!

DER ALTE GOTHLAND:
Wohl weiß ich das – ich sterbe schon seit Jahren! –

KANZLER: Mein trübes Aug sieht einen edeln Kreis,
Der trauernd um mich her steht. – Wo ist Holm?

Holm tritt zu ihm.

Du warst der erste, der mich schuldig sprach,
Und tatest es mit Recht, denn alles schien
Mich zu verdammen, – doch ich schwöre dir
Bei dieser meiner Todesstunde, daß
Ich schuldlos bin!

HOLM: Wir alle glauben es;
Euch an dem Mörder rächend, büßen wir!

KANZLER: Was
Hilft mir die Rache? – Lindert lieber meine Qualen. –
– Die Brust, an der ich ruh, klopft schwer und bang, –
Schlägt sie um mich so schmerzbewegt?

DER ALTE GOTHLAND: Um dich –
Ich bin dein Vater –

KANZLER: Vater! Vater! Oh,
Am Vaterbusen stirbt's sich leicht!

DER ALTE GOTHLAND: Du schlummerst ein am
Vaterbusen, ich
Entschlafe einstens einsam auf der bloßen Erde, –
Wenn mich der eine Sohn, der mir geblieben,
Nicht auch ermorden sollte! – –

Des Kanzlers Haupt sinkt nieder.

Ich
War es, der dich zuerst
Begrüßte, als du in das Leben tratest,

Ich bin's, der Lebewohl dir sagt, da du
Nun scheidest aus dem Lichte! Lebe wohl!
KANZLER: Die Schmerzen lindern sich – doch auch
Die Freuden hören auf – ich genese! –
Leb wohl, mein Vater! lebet wohl ihr alle! –
ALLE *außer dem alten Gothland und Arboga*:
Fahr wohl, du treuer Bruder, fahre wohl,
Auf Wiedersehen!
Der Kanzler stirbt.
DER ALTE GOTHLAND: Was ich zeuge, stirbt,
Und was mir nahe ist, vergeht, – ich bin
Ein Giftbaum, welcher Pest aushaucht – *sein Haar ausraufend* –, darum,
Ergraute Haare! rettet schleunig euch
Aus meiner Näh! –
Und dich, Gewand,
Will ich wie – *Er reißt sich sein prächtiges Gewand ab.*
HOLM: Was beginnest du
Mit deinem herrlichen Gewande?
DER ALTE GOTHLAND *es zerreißend*: Ich
Zerreiß es, wie mein Herz zerrissen ist!
KÖNIG *auf die Leiche deutend*:
Dies Blut schreit Rache –
Der Mörder sei verurteilt!
ARBOGA: Unverteidigt?
KÖNIG: Wer ist's, der ihn verteid'gen kann? – Reißt Tür
Und Fenster auf! – Dort wogt Uppsalas Volk! *Durchs Fenster:*
Ist einer unter euch, ihr Tausende, der
Den Herzog Theodor von Gothland
Verteid'gen will?
Pause.
Der Herzog Gothland hat
Sein Haupt mit schwerem Brudermord belastet;
Wer ihn verteid'gen will, der trete auf!
Pause.

Erscheinet niemand? –
So entkleide ich
Hiemit den Schwedenherzog Theodor
Von Gothland aller seiner Würden, ächte ihn
Um Brudermord und breche über ihn
Den Stab! *Zu den Umherstehenden:*
Zieht eure Schwerter, um an ihm
Die Acht des Königs zu vollstrecken!
Sie ziehen die Schwerter.
Fortan, verstoßen
Von dem heimatlichen Herde,
Wandl er unstet durch die Erde,
Verderben zeichne seine Bahn!
Wenn des Waldes Blätter rauschen,
Donnre ihm sein Blutgericht;
In den Klüften soll er lauschen,
Wie die Eule scheue er das Licht!
Sieht er, naß von Sturm und Regen,
Einer stillen Hütte Tür,
Klopfe er vergebens an,
Denn auf seinen nächt'gen Wegen
Soll er kämpfend wandern für und für!
Frei ist sein Haupt! Wer's kann,
Der darf ihn töten, –
Wie er auch ihn quäle,
Ich, der König, will's vertreten, –
– Betet jetzt für seine Seele!
Tiefe, feierliche Pause.

HOLM *unterbricht sie zuerst*:
Ich war einmal sein Freund – dreifach verflucht
Sei jede Stunde, die ich ihn geliebt!
Ich schwöre Rache, schwöret sie mit mir!
ALLE *außer dem alten Gothland*: Wir schwören sie!
KÖNIG: Du schwörst sie nicht?
DER ALTE GOTHLAND: Kann ich es denn?
Auch Theodor von Gothland ist mein Sohn!

KÖNIG: Und was ist der Erschlagne da?
DER ALTE GOTHLAND: Mach mich
Nicht wild!
KÖNIG: Und deinem einen Sohn verzeihest du
Des andren Sohns Ermordung?
DER ALTE GOTHLAND: Wie? Verzeihen?
Auf die Leiche zeigend: Dies? – Ihr, des Himmels Feuerkatarakten,
Strömt nieder auf des Brudermörders Haupt;
Pocht, pocht am Himmelsdache an, ihr Donner,
Und weckt die Rache aus dem Schlafe; auf,
Ihr Stürme, brüllet Mord und widerhallt
In des Verfluchten ehrner Brust! Ich selbst will –
Er schaudert zurück.
Ich will den bösen Sohn, will mich, der ihn gezeugt,
Verfluchen, doch mit diesen Händen, die
Sich im Gebet zu Gott so oft für ihn
Gefaltet, ihn erschlagen, – nein! das kann ich nicht!
KÖNIG:
Das kannst du nicht? Was kannst du denn? Nur greinen?
Ha, wir, die Fremden, wagen unser Blut, um
Zu rächen deinen Sohn, und du, der Vater,
Regst dich nicht?
Zürnend bebt die Erde, daß sie
Gesäugt ward mit dem Blute deines Sohnes,
Allein dein Vaterherz erbebet nicht!
Dort die Gebirge schüttelten die eis-
Umlockten Häupter, als der Bruder fiel
Durch seines Bruders gottverfluchte Hand,
Du aber, Vater, schüttelst deines nicht!
DER ALTE GOTHLAND: Was soll
Das alles?
KÖNIG: Reizen soll es deinen Grimm,
Den diese Blitze, welche Rache glühn,
Den diese Windsbraut, welche Rache heult,
Nicht wecken können! Wütend bellen dich

Die Donner an und hetzen dich zur Rache,
Die Wunden deines Sohns, dein Schmerz, die Völker,
Die Elemente rufen dich zur Rache –
Zeig, daß der Tote einen Vater hatte,
Daß du der Leu noch bist, der du gewesen!

DER ALTE GOTHLAND:
Laß ab! laß ab, du furchtbarer Beschwörer!
Auch Theodor, der Mörder, ist mein Sohn!

KÖNIG:
Er ist's nicht mehr! Als er der Bruderpflicht
Vergaß, entband er dich der Vaterpflicht!

DER ALTE GOTHLAND:
Wär's so?

KÖNIG: Und wär's so nicht, so weißt du doch,
Daß es der Vaterpflichten höchste ist,
Ruchlose Kinder zu bestrafen!

DER ALTE GOTHLAND: Glaub ich es?

KÖNIG:
Du bist das Oberhaupt des Stamms; dir ziemt's,
In deinem Stamm zu richten!

DER ALTE GOTHLAND: Meinst du's auch?

KÖNIG:
Laß dir nicht greifen in dein Amt; duld nicht,
Daß fremde Hände deinen Sohn bestrafen!

DER ALTE GOTHLAND:
Das duld ich nimmermehr, – ein Gothland kann
Durch eines Gothlands Hand nur würdig fallen!
Indem er sich kräftig vom Boden emporhebt:
Ich habe ihn gezeugt, und dafür darf
Ich ihn vernichten!
Wehe, weh dem, der
Ihn außer mir mit frevler Hand verletzt! –
So flackre denn noch einmal leuchtend auf,
Mein alter Stern, eh du versinkest in
Die Nacht! *Er steht groß, in einer drohenden Stellung da.*

KÖNIG: Seht ihn, wie er sich riesengleich

Emporgehoben hat, ein Heldenbild
Vergangner Tage, – einst war dieser Greis
Der Erste in des Nordlands Heldenscharen!

DER ALTE GOTHLAND:
Bringt mir 'nen Panzer und ein Schwert!
Ein Diener bietet ihm ein Schwert von mäßiger Größe an.
Das ist
Ein Kinderschwert. Meinst du, ich wär ein Knabe?
– Hol aus der Hall das Schlachtschwert, welches ich
In meiner Jugend führte!
Diener ab.
Da schwang ich's in
Den Finnenschlachten, nimmer dachte ich
Es einst zu schwingen gegen meinen Sohn!
Der Diener bringt ihm das Schwert.

DER ALTE GOTHLAND *zieht es aus der Scheide und betrachtet es mit funkelnden Augen*:
Da ist es! Wie es blitzt, – 'ne Sonne aus
Der Jugendzeit! In ihrem Strahl
Durchglühet mich ein neues Frühlingsleben! –
– Wie oft hab ich gewaltig dich geschwungen,
Du ehrne Geißel, in dem Schlachtgefild,
Als ich noch stand, der Angelstern der Heere,
Des Feindes Schreck, des Schwedenreiches Schild;
Die Völker stürzten, ringsum ward gerungen, –
Das Blut der Toten strömte gleich 'nem Meere, –
Ich wankte nicht! – O flieht, Erinnerungen,
Die Zeit ist hin, und meine Pulse hinken,
Mein Aug ist trüb, die alten Arme sinken, –
Allein noch immer hab ich Kraft genug,
Zu strafen den, der diesen da erschlug, –
Mit ihm zu fechten, ziehe ich jetzt aus, –
Euch, Geir und Raben, lade ich zum Schmaus, –
Ich tische meines Kindes Fleisch, das Beste,
Was ich besitz, euch auf, ihr traur'gen Gäste!
Er will gehen.

KÖNIG:
Geh nicht, eh du uns hast gesegnet, Vater,
Zu der Verfolgung deines blut'gen Sohns!

DER ALTE GOTHLAND:
Weh über mich! Es ist mein Sohn, den ihr
Verfolgen wollt, und dennoch strecke ich
Die Hände über euch, ihr Rächer, aus
Und segne euch!

KÖNIG: Dein Segen soll uns wuchern!

Man hört Trommeln hinter der Szene.
Biörn tritt schnell auf.

KÖNIG: Was gibt's, Biörn?

BIÖRN: Der Finnen Vortrab rückt
Heran!

KÖNIG: Schlagt an den Boden ihn, Soldaten!

BIÖRN: Erfahren, König! sollst du unsre Taten!

Er eilt mit einem Soldatenhaufen ab; bald darauf hört man hinter der Szene

DAS JAMMERGESCHREI DER VERWUNDETEN FINNEN:
Wir sinken! Gnad uns Gott!

KÖNIG *zu dem alten Gothland*: Jetzt, du Schwer-
Verletzter, gehe tötend uns vorauf,
Wir folgen deiner Spur mit Siegerlauf!

DER ALTE GOTHLAND:
Sehr, König, muß ich deinen Eifer loben!
Er schwingt sein Schwert.
Wie Eumeniden ihre Schlangenhaare,
Soldaten! schwingt zur Rache eure Degen, –
Der alte Gothland hat vor seiner Bahre
Mit aller Kraft noch einmal sich erhoben,
Und seinem Sohne führt er euch entgegen!

Er geht ab; alle folgen ihm.

DRITTER AKT

Erste Szene

Küste der Ostsee. – Sturm und Gewitter.
Auf der linken Seite stehen die Zelte des finnischen Lagers.

ROLF *blaß und entstellt, führt den Herzog Gothland auf die andre Seite der Bühne.*

GOTHLAND: Wer bist du? Was willst du mir sagen?
ROLF: Jetzo stehn
Wir an des Meeres lauten Ufern, von
Den Finnenzelten fern genug, – hier kann
Uns niemand stören.
GOTHLAND: Was du mir
Zu sagen hast, sag kurz; – ich habe Eile,
Denn heute noch geh ich zu Schiff und fliehe
Dies Schwedenland auf immerdar.
ROLF: Kennt Ihr mich
Nicht mehr?
GOTHLAND: Fremd ist mir dein Gesicht.
ROLF: Im Dom
Zu Northal sprach ich Euch zuletzt.
GOTHLAND: Zu Northal?
Ho! bist du nicht der Bube, welchen ich
Ins Grabgewölb geworfen? – wie entrannst du? –
Der Himmel, der die Untat strafen will,
Betörte deinen Sinn und liefert dich
Nochmals in meine Hände!
ROLF: Schweigt vom Himmel!
GOTHLAND: Er ist gerecht!
ROLF: O schweigt vom Himmel!
GOTHLAND: Bete,
Denn du mußt sterben!
ROLF: Bloßes Sterben schreckt
Mich nicht. – Als ich, von Eurer Hand hinein-

Geworfen, in dem Grabgewölbe lag,
Erfuhr ich andre Angst! – Ein Einsamer,
Der einzige Lebend'ge unter Toten,
Ergriff mich unbezwinglich Geistergraun, und
Voll heißer Sehnsucht weint ich nach
Dem süßen, goldnen Licht der Sonne. – Doch
Die Kräfte meines Arms erschlafften an
Des Eisengitters Festigkeit, – mein Ruf
Verhallte in den unterird'schen Klüften;
Verzweiflung gab mir neue Stärke,
Und mit dem Kopfe rannt ich wütend an
Die Tür, – mein Schädel ward zerschmettert, doch
Die Türe nicht! – Betäubt lag ich nun da,
Bis mich der Hunger schrecklich weckte! –
Schaudernd naht
Ich mich den würmdurchnagten Leichen, sie
Zu speisen – Grabesmoder dampfte mir
Entgegen und trieb mich zurück; – da schlug
Ich endlich meine gier'gen Zähne in
Das eigne Fleisch und nagte meine Finger –
Indem er den Mantel etwas lüftet und dem Herzoge verstohlen seine Hand zeigt, mit leiserer Stimme:
Hier sehet Ihr die angefreßnen Knochen!

GOTHLAND: Scheußlich!

ROLF: Was ich verdiente, litt ich nur! – Als ich
Nun lange Zeit, mit dumpfem Starrsinne,
Die Finger in dem Munde, auf
Dem Deckel eines Sargs gesessen, – als
Nun alles grabesstill geworden war –
Da blickten Schlangenköpfe aus
Den Löchern des zerbröckelten Gemäuers,
Und als sie nichts gewahrt, arbeiteten
Sich schwarzgefleckte Nattern an
Die Dämmrung des Gewölbs hervor
und glitschten auf die Särge zu, um die
Gewohnte Leichenkost

Zu fressen; – furchtsam wich ich ihnen aus –
Auf einmal halten sie in ihrem Lauf –
Sie riechen was Lebendiges!
Vor Freude zittern sie mit ihren Schwänzen, –
Sie wenden sich vom Fleisch der Toten weg
Und kriechen auf mich zu! – O Angst der Ängste!
Ich flieh, schrei Hülfe! Niemand hört's – sie folgen
Mit Blitzesschnelle meinen Fersen, –
Es mehrt sich hundertfältig ihre Zahl,
Aus allen Ritzen kommen sie heraus, –
Ich tret im Fliehen einer auf den auf-
Geschwollnen Rücken, daß sie wimmernd zischt –
Da zischt das ganze giftige Gezücht,
Das ganze Grabgewölbe zischt, als wie
Zur Rache! – an der Wand klettr ich empor,
Sie mir nach! Jetzt war ich verloren – –
Doch
Da ward die Tür geöffnet, und ein Mönch,
Der in der Kirche meinen Ruf
Vernommen hatte, trat mit einem Windlichte
Herein!

GOTHLAND: Du littest viel! –
Was willst du noch
Von mir?

ROLF: Ich bin hiehergekommen, um
Zur Reue und zur Buße Euch zu mahnen!

GOTHLAND: Zur Reu?

ROLF: Verblendeter, was tatest du?
Um nichts erschlugst du deinen Bruder!

GOTHLAND: Wie?
Manfreds Ermordung ist dir nichts? – Noch hallt
Im Ohr mir deine gräßliche Erzählung,
Wie Manfred fiel durch seines Bruders Hand!

ROLF: Du wolltest Brudermord bestrafen und
Begingst ihn selbst, denn die Erzählung war
Erlogen!

GOTHLAND: Nimmermehr!
ROLF: Mir hatte sie
Der Neger eingegeben!
GOTHLAND *in großer Angst*: Nein, ruf ich, nein!
Bei meiner Seele, nein! Hab ich doch selbst
Gesehn, wie Manfreds Haupt vom Mörderbeil
Zerschmettert war!
ROLF: Wohl sahst du das, – allein
Du irrtest furchtbar, als du glaubtest, daß
Von Friedrichs Hand das Beil geschwungen sei, –
Der Mohr, der kurz vor dir im Grabgewölb
Gewesen, hatte Manfreds Leichnam so
Abscheulich zugerichtet!
GOTHLAND *ergreift sich an der Brust*:
Bin ich Gothland oder bin ich
Ein Brudermörder? *Zu Rolf:*
Ew'ger Lügner, wie prüf
Ich dich? – Ha, unterm Dolche redet man
Die Wahrheit – *Er setzt ihm den Dolch an die Kehle.*
Dies ist deine letzte Stunde, –
Logst du in Northal oder lügst du jetzt?
ROLF: Sei Gott mir gnädig, wie ich Wahrheit spreche!
Dein Bruder Friedrich, welchen du so rasch
Erschlagen hast, war schuldlos; ich war dabei,
Als Manfred, von 'nem Schlagfluß schwer getroffen,
In seinen treuen Armen sanft verschied!
GOTHLAND *verhüllt mit dem Mantel sein Haupt*:
O der Schande!
Wo berge ich mein Antlitz? – Höchst gerecht
Glaubt ich zu handeln und ermordete
Den frevelfreien Bruder!
Fressen sollen
Des Himmels Vögel diese Augen, an
Dem offnen Weg verfaule dieses Fleisch,
Am Rabensteine soll mein Blut verdampfen,
Und Pferde sollen dies Gehirn zerstampfen!

– Wohin ich blicke, – Brudermörder stiert's
Mich an! –
– Ein irrgegangner, müder Wandrer
Entschläft beim Strahl der Abendsonne sorglos
Am Fuße schneebedeckter Alpen; – es
Wird Mitternacht, – – da, auf einmal, erwacht
Er voll Entsetzen unter dem
Gedonner niederstürzender Lauwinen, –
Der Boden bebt, die Felsen klingen, – und er
Erkennt das fürchterliche Lager, das
Er sich gebettet hat, und starret in
Die trostes –, sternenleere Nacht hinaus, und
Die steilen Bergeswände schleudern un-
Ablässig auf ihn das Verderben!
Er schlägt die Hände über dem Haupte zusammen.

ROLF: Ich,
Ich war's, der ihn zum Brudermorde trieb!
Bestrafet mich, gerechte Mächte! und
Verschonet diesen einst so Großen!

GOTHLAND: Oh,
Die Kammern meines Busens stehen auf, und
Ein Lavastrom von Reueschmerzen stürzt
In ihre Tiefen! *Er deutet auf das Meer.*
Diese Wellen, die
Am schwed'schen Ufer branden, lecken die
Gestade Rußlands, Deutschlands, Schottlands
In einem unermeßnen Raum, doch un-
Ermeßner ist mein Schmerz um meine Tat! –
– Um meine Tat? – Um meine Tat?
Auf Rolf zeigend:
Der und der Neger, welche mich betrogen,
Der Zufall, der mit Blendwerken mich täuschte,
Der Himmel, der es litt, der Himmel, der
Mich werden ließ, – die haben sie begangen!

ROLF:
Häuf Sünde nicht auf Sünde! Bete!

GOTHLAND: Beten
Ist Betteln!
ROLF: Büße, Gothland, büße!
GOTHLAND: Büßen?
Soll ich dem Könige mich überliefern,
Daß sie mich köpfen wie 'nen Straßenräuber?
ROLF: Ja! tu es! deiner Seele willen!
GOTHLAND: Oder
Soll ich mich selbst ermorden, damit ich
Sofort zur Hölle fahre? – Nein! ich schlug
Den Bruder tot! Reu um Geschehnes ist
Verlorne Arbeit!
ROLF: Nur der Reue wird
Verziehen!
GOTHLAND: Das Verzeihen ist an mir!
Die Mächte meines Lebens haben sich
Herabgewürdigt, mich auf böse Wege zu
Verlocken – Ich gehorche ihrem Willen
Und wandle darauf fort! Hier stehe ich
An meiner Sonnenwende! –
Du begreifst,
Daß du nicht leben darfst, wenn ich
Soll ruhig sein; stets müßt
Ich fürchten, daß du meine Schuld verrietest!
ROLF: Der Tod ist mir willkommne Buße.
Ich flehe kein Erbarmen.
GOTHLAND: Flehtest auch
Umsonst! So gnädig wie der Himmel will
Ich sein, der Freudenpsalmen jubelt und
Die Sünder ewig brennen läßt!
Stirb zweifach:
Der Ostsee deinen Leichnam, damit sie
An ihren Klippen ihn zerschmettere, –
Dem Teufel deine Seele!

Er wirft den Rolf in das Meer.
Dann kommt er in den Vorgrund zurück.

– – Hin ist hin!
Geschehen ist geschehn – ich bin einmal
Ein ungerechter Brudermörder worden
Und werd es bleiben müssen, was ich auch
Beginne!
*Ja, jetzt seh ich's ein: beschränkt
An Geist und Sinn, beherrscht durchs kranke Herz,
Nicht einmal klug genug, um Tugend von
Dem Laster klar zu unterscheiden, scheint
Der Mensch gemacht zu sein,
Daß über ihn die Hölle triumphiere, –
Drum, wie sich auch der Edle wehrt, um nicht
Zu fallen – fehlen, fallen muß er doch,
Denn selbst die Taten seiner Tugend werden
Zu Freveltaten durch des Schicksals Fügung! –
Ich hab es an mir selbst erfahren! Ich
War kriegerischen Sinnes, aber edel!
Mein Herz schlug leidenschaftlich für
Die Freundschaft und die Bruderliebe – (gibt
Es reinere Empfindungen? und doch
Sind sie es, welche mich zum Abgrund rissen!)
Mein Höchstes war Gerechtigkeit, und nichts
Verhaßtres kannt ich als den Brudermord –
Das wußt das Schicksal, grade damit fing
Es mich: Es ließ den einen Bruder sterben, – rief
Den Neger her aus Äthiopien und
Verband sich mit dem Buben wider mich, –
Es gab ihm Macht, mich zu umstricken, – ließ
Kometen leuchten, mich zu täuschen, – ließ.
Als ich dem Bruder gegenüberstand,
Ihn selbst, die Gegenwärtigen,
Die Donner zeugen wider ihn, – trieb so
Unwiderstehlich mich zum Brudermord

* Anmerkung. Die dritte Szene des fünften Aktes und in gegenwärtigem Auftritt die Zwischenreden Berdoas zeigen, daß der Dichter, nachdem er zwar die Flammen des Abgrunds auflodern ließ, er sie auch durch ihre eigne Kraft (selbst durch Berdoa) zu schwächen, ja zu vernichten versteht.

Und häufte seine Bosheit auf das höchste,
Indem es mit dem Trost der Reue mir
Die Hoffnung auf die Umkehr und
Die Beßrung nahm; denn nimmer kann
Ich eine Tat bereun, die durch
Mein feindliches Geschick und nicht durch mich
vollbracht ist! –
– So liege ich nun da, gescheitert an
Dem Strand der Hölle, – rettungslos auf ewig!
Gleich einem Schiffer, welcher von
Dem Malstrom unaufhaltsam aus
Der heißen Zone hingeschleudert ward
An Islands Eisgebirge! –
Wie das Meer,
So wird das All von einem Malstrome
Durchströmt, – einmal muß jedes, was da ist,
Ihn kreuzen, aber keins vermag es, – so
Gehn denn die Millionen in ihm unter!
Jedoch vor allen wehe uns, die uns
Der Mutterschoß an diesen Erdball aus-
Geworfen hat,
An diese Klippe in dem Ozean
Der Welten! Wer ihr naht, der ist verloren!
Zum Brandmale für ew'ge Zeit hat ihr
Die Sonne die Sahara eingebrannt! – –
– Der Mensch erklärt das Gute sich hinein,
Wenn er die Weltgeschichte liest, weil er
Zu feig ist, ihre graue Wahrheit kühn
Sich selber zu gestehn!

Berdoa erscheint, von Gothland unbemerkt, mit einigen Finnen im Hintergrunde.

GOTHLAND: Nein, nein!
Es ist kein Gott; zu seiner Ehre
Will ich das glauben!

Donnerschläge.

Ei, wie
Die Ohrwürmer rumoren!
– Wär ein Gott,
So wären keine Brudermörder! –
Ich glaube, daß es Panther gibt,
Ich glaube, daß es Bären gibt,
Ich glaube, daß die Klapperschlange giftig ist,
Allein an Gottes Dasein glaub ich nicht!
Donnerschläge.
Verdammte Ohrwürmer! –
Still,
Der Mensch
Trägt Adler in dem Haupte
Und steckt mit seinen Füßen in dem Kote!
Wer war so toll, daß er ihn schuf?
Wer würfelte aus Eselsohren und
Aus Löwenzähnen ihn zusammen? Was
Ist toller als das Leben? Was
Ist toller als die Welt?
Allmächt'ger Wahnsinn ist's,
Der sie erschaffen hat!

BERDOA: Hört doch den Wurm!
Wie er sich gegen Gott zu bäumen meint!
Als ob ein Wurm sich bäumen könnt!
Ein Wurm, auch wenn er zürnt, kann sich
Nur winden!

GOTHLAND: Wahnsinn? Nein!
So gräßlich wär der Wahnsinn nicht!
Donnerschläge.
Horcht! horcht!
Das sind die Fußtritte des Schicksals! –
Oh,
Jetzt erst, jetzt erst begreif ich euch,
Ihr himmelstürmenden Giganten!
– Zerstörend, unerbittlich, Tod
Und Leben, Glück und Unglück an-

Einander kettend, herrscht
Mit alles niederdrückender Gewalt
Das ungeheure Schicksal über unsren Häuptern!
  Aus den Orkanen flicht
Es seine Geißeln sich zusammen
Und peitscht damit die Rosse seines Wagens durch
Die Zeit und schleppet, wie
Der Reiter an des Pferdes Schweife den
Gefangnen mit sich fortreißt,
Das Weltall hinterdrein!
Die Himmelsbogen sind gekrümmte Würmer,
Und krampfhaft ringeln sie
Sich unter seinen Füßen!
Die Menschenherzen sind der Staub,
Worauf es geht! –
                                        O immer, immer mehr
Begreif ich euch, Giganten!
Was ist natürlicher als Himmelssturm? –
– „Geschick!", so zischt es, wenn der Pfeil,
Der auf den Todesfeind geschossen war,
Ins Herz des Bruders fliegt! „Geschick!", so zischt
Das Blut, das aus der Wunde sprützt! – „Geschick" nur?
Nichts weiter? – Oh, der Glaube an
Ein Schicksal ist nicht furchtbar, – hold und tröstlich
Ist dieser Kinderglaube aus der Zeit
Der Griechen, welche noch nichts Schlimmres ahnten!
                                                                                                    Das
Geschick ist grausam und entsetzlich,
Doch planvoll, tückisch, listig ist es nicht!
Scheu, leise und unter heftigem Zittern:
Allmächt'ge Bosheit also ist es, die
Den Weltkreis lenkt und ihn zerstört!

BERDOA: Ha,
Was sprach er da?

GOTHLAND: Was zittre ich?
Weswegen flüstre ich's so leise?

– Ei, darf der Hund in seine Kette beißen,
So darf es auch der Mensch! *Sehr laut:* Ja, Gott
Ist boshaft, und Verzweiflung ist
Der wahre Gottesdienst!
Donnerschläge.
Hu! wie
Die Nachtigallen zwitschern!

Der Sturm heult lauter, das Meer braust auf, die Kriegsmusik der anrückenden schwedischen Armee schallt aus der Ferne, und

BERDOA *erhebt die Stimme:* Schweigt! schweigt,
Ihr schwed'schen Kriegestöne! Laßt
Das Atmen, Stürme! Wälder, unterbrecht eur Rauschen!
Verstumme, Ostsee! Höret, höret, höret!
Hört schaudernd, wie der Gotteslästrer rast,
Damit ihr einstens alle, Wälder, Meer
Und Stürme, zeugen könnet wider ihn!

GOTHLAND: Weil es
Verderben soll, ist das Erschaffene
Erschaffen!

BERDOA: Schreit nicht auf,
Ihr Donner, vor Entsetzen, stört
Ihn nicht in seiner Lästerung, laßt ihn
Die Langmut Gottes zerrn und necken, bis daß
Sie endlich, aufgereizt zu Zorn und Grimm,
Sich selbst vergißt und zur Hyäne wird
Und ihn zerstückt!

GOTHLAND: Weil es verderben soll,
Ist das Erschaffene erschaffen!
Deshalb ist unsers Leibes kleinster Nerv so
Empfänglich für den ungeheursten Schmerz,
Deshalb sind unsre Glieder so gebrechlich,
Deshalb sind wir so fasernackt geboren!
Daß die Verführung sichrer uns
Beliste, wurden wir
Mit Dummheit reichlich ausgestattet, und
Unsterblich sind wir für – – die Höllenstrafen!

– Weil es verderben soll, ist das Erschaffene
Erschaffen! Wie ein ries'ges Henkerrad
Kreist dort der sogenannte Himmelsbogen;
Die Tage und die Nächte, Sonne, Mond
Und Sterne sind
Wie arme Delinquenten draufgeflochten, und
Mit ausgesparten Gnadenstößen
Zerrädert und zermalmt er sie!

BERDOA: Hoho! ich weiß, weshalb er allenthalben Rad und Galgen nur und arme Sünder sieht!

GOTHLAND: Pfui, pfui! wie ekelt mich die Schöpfung an!
Der Jahreszeiten wechselnde
Erscheinungen, die immer wiederkehrenden
Verwandlungen an dem
Gestirnten Firmament – was sind sie anders, als
Ein ew'ges Fratzenschneiden der Natur?
Er blickt mit suchenden Augen umher, – seine Stimme wird bewegt:
Weh! Weh! Wie hat sich alles doch verändert!
Wie labte gestern noch der Anblick der
Natur mein krankes Herz! Wie lächelte
Die Sonne!

BERDOA: O des Toren! die Natur
Ist noch so herrlich, wie sie war, allein
Sein Busen ist der gestrige nicht mehr!

GOTHLAND: – Zwar habe ich gemordet, doch – *er fährt auf und sieht die Sonne –* wie mich
Die Sonne angrinst! – Was will sie? Meint sie,
Ich wär ein Brudermörder? Oder lacht sie
Mich aus? Sie lacht und lacht, bei Freud und Leid,
Sie kennet keinen Schmerz! – Ha, Sonne! könnt
Ich dich einmal bei deinem Strahlenhaare packen –
Am Felsen wollt ich dein Gehirn zerschmettern
Und dich, was Schmerz heißt, fühlen lassen!

Die Sonne tritt wieder hinter die Wolken; Gothland beginnt abermals:

– Zwar habe ich gemordet, doch –

Donner und Blitz.

wem drohet ihr,
Ihr Blitze? Etwa mir? Oh, ich
Bin nur ein Mörder, aber
Mordbrenner seid ihr!
– Zwar habe ich gemordet, doch –

Kriegsmusik der anrückenden schwedischen Armee; aber Gothland fährt, ohne sich zum dritten Mal unterbrechen zu lassen, fort:

doch Morden ist
So schlimm nun grade nicht!
Vom Morden lebt ja alles Leben; wenn
Du atmest, mordest du! – Ein Ding, das nichts
Ist, einen Menschen, machte ich zu etwas, sei's
Auch nur zu Mist! Bei einem Mastschwein
Bedenk ich mich, eh ich das Messer zücke
(Sein Dasein hat 'nen Zweck – es wird
Gefressen –), doch bei einem Menschen
Bedenke ich mich nicht; sein Leben
Nützt weder anderen noch ihm, und dazu – *indem er unwillkürlich an Berdoa und an sich denkt* –
Ist er so negerartig – oder auch so weiß,
Und so verderbt, daß es unmöglich ist,
Sich an 'nem Menschen zu versünd'gen: Was
Für Leid ich auch ihm antu – er hat es
Verdient!

BERDOA: Wart, damit will ich mich
Entschuld'gen, wenn ich dir den Hals umdrehe!
Ich werde –

Laute, nahe, schwedische Kriegsmusik.

Ha, die Schweden sind schon nah!

Er geht mit seinem Gefolge schnell ab.

GOTHLAND: Vor wem sollt ich erröten?
Ei! mordet jene schwärende, gift-
Geschwollne, aufgebrochne, eiternde
Pestbeule, die ihr Sonne nennt und als
Das Ebenbild der Gottheit ehrt, nicht auch?

Wie an der Amme Brust das Kind, so liegt
An ihr das durst'ge All, – boshaft tränkt
Sie es mit ihrer fieberheißen Milch;
Daß sie zum Mord aufgären mögen, tropft
Sie Feur in unsre Adern,
Und zärtlich, wie 'ne Mutter, brütet sie
Die lieben Krokodile aus den Eiern!
– Vor wem sollt ich mich fürchten?
Du Himmel! darfst mich nicht verdammen;
Du selber schmiedest aus des Sommers Flammen,
Dicht unter deinem blaugewölbten Sitz,
Den schwefelsprühnden Blitz!
Du tust ihn an mit rotem Prachtgefieder,
Du lehrst ihn seine Donnerlieder,
Du leihst ihm turmeinschmetternde Gewalt,
Räumst ihm das Weltrund zum Versengen ein:
– Da flammt die Stadt! die Feuerglocke schallt!
Und lachend jauchzt der Donner hinterdrein!

Schwedische Kriegsmusik; die Finnen erwidern sie mit der ihrigen; Schlachtgeschrei; Gothland fährt empor:

Ha, was ist das?

ERIK *kommt atemlos*: Herr, rettet Euch, wenn Ihr's
Noch könnt! Die Finnen fliehn, die Rächer nahn,
Und Euer eigner Vater führt sie an!

GOTHLAND: Scheu fliehe ich dem Vatermorde aus
Dem Wege und entrinne übers Meer!
Er wirft sein Schwert von sich und stürzt auf die Ostseeküste zu; – auf einmal taumelt er zurück: Ha!

ERIK: Dort kreuzt die königliche Flotte und
Versperret Euch die See!

GOTHLAND: Die Hölle hält
Mit festen Stricken mich gefangen, – nicht
Einmal der Weg der Flucht ist mir vergönnt!
So muß ich denn aus Notwehr sünd'gen! Um
Sein Leben wehrt sich auch das Lamm!
Horch!

ERIK: Was?

GOTHLAND: Bist du denn taub? Der Satan wiehert!

ERIK:
Die Ostsee hört Ihr um die Klippen brausen.

GOTHLAND *für sich*:
– Sieh! ringsum wird's mir Nacht – ausgelöscht
Sind mir die Leuchttürme des Lebens:
Die Liebe, die die Gegenwart umglänzt,
Die Hoffnung, die die Fernen rosig schmückt,
Des Ruhmes Kränze, welche funkelnd an
Den Sternen hangen, Tugend, die
Den Märtyrer im Sterben noch verklärt,
Die Sonnenberge der Unsterblichkeit,
Auf die der Erdenwandrer blickt
Im Unglückssturm – – sie alle leuchten mir nicht
mehr! – – Und
Ich weine nicht? So stürzet euch,
Ihr Felsen, die ihr um mich her steht,
Zermalmend auf mein ehrnes Herz,
Bis daß es Weh empfindet!
Zerschmelzet es, ihr Flammen des Gewissens,
Und läutert es zu einer Träne!
Hilf du mir weinen, Meer! – Wenn Liebe, Seligkeit
Und Tugend je der Träne wert gewesen,
So muß ich jetzo weinen – *Nach einer Pause:*
Sie sind es
Nicht wert gewesen! –

IRNAK *kommt*: Herzog,
Der Neger läßt Euch sagen, daß
Der Schwedenkönig mit 'nem Heer
Von achtzigtausend Mann uns angefallen hat;
Wenn Ihr der große Feldherr wirklich wäret,
Als welchen man Euch rühmt, so möchtet Ihr
Nicht länger als ein Feigling zaudern, sondern
Den Finnen beistehn in den Drangsalen
Der Schlacht.

GOTHLAND *beiseit*: Wie tückisch mich der schwarze Bube
Durch seines Dieners Mund verhöhnt! Die Schafsseel,
Die das vergeben kann! *Zu Irnak:* Verkünde laut
Dem Finnenheer, nie würd ich es verlassen,
Und kommen würd ich, wenn die Schlacht
In meiner Brust geschlagen ist.

Irnak ab.

– Mein Vater
Will mich ermorden. Meine Freunde sind
Nun meine Feinde. Zum Schafotte hat
Mein König mich verdammt. Mein Vaterland
Verstößt mich. Mit dem Blut des Bruders
Ist diese Hand befleckt – die Freude kann
Mich nie erfreun! – – Ich selbst verachte mich und
Deshalb auch das, was außer mir noch da ist –
Glück, Freundschaft, Vaterliebe, Vaterland
Sind hin –
Was bleibt mir noch? Was anders, als
Die Wollust, an dem Neger, welcher mich
Verderbt hat, volle Rache mir
Zu nehmen, jede Höllenpein zwiefach
Mit Höllenpein ihm zu bezahlen, mich
Zu sättigen in seinem Blute, Glied
Vor Glied von unten auf mit eigner Hand
Ihm zu zerbrechen, und mit gier'gem Ohr
Sein Winseln einzusaugen!

Rossan kommt.

– Der kommt mir
Gelegen. –
– Hab ich keine innre Größe mehr,
So muß ich sie mit äußerer ersetzen;
Weil ich mich selbst verachte, müssen mich
Die Völker achten: Wenn die Königskronen
Finnlands und Schwedens um mein Haupt sich
schlingen,

So duld ich's schon, daß um mein Herz sich Nattern
ringen.
ERIK: O teurer Herr! der innre Seelenfrieden
Bedarf der Kronen nicht zu seinem Glück,
Doch jede Kron ist ohne Frieden nichts
Als eine goldne Last!
GOTHLAND: Wie du, so denkt
Ein Knecht, wie ich, so denkt ein König. –
Zu Rossan: Nun,
Was bringst du mir, mein lieber Rossan?
ROSSAN: Wann Ihr denn endlich kommen wolltet,
fragt
Der Neger, der mich schickt.
GOTHLAND: Ei, das laß mich
Nicht glauben, Rossan!
ROSSAN: Was nicht?
GOTHLAND: Daß der Neger
Dich schicken soll! Des Negers Botenläufer
Ist Rossan nicht!
ROSSAN: Höhnst du mich, Schwede?
GOTHLAND: Wie? Bist
Du nicht der älteste der Finnenfeldherrn?
Bist du der klügste nicht und mutigste
Von ihnen? Und du kannst es dulden, daß der
Verlaufne Afrikaner dich hochmütig
Wie seinen Knecht behandelt? Wem gebührt
Denn eigentlich das finnische Kommando?
ROSSAN: Mir, mir, mir! mir! Der Teufel mag es wissen,
Wie dieser Mohr aus seinem Afrika
Nach Finnland kam!
GOTHLAND: Sprich nicht so ungerecht;
Der Teufel weiß es nicht, der Himmel, der
Allwissend ist, hat es gewußt!
ROSSAN: Was Himmel?
Den Neger haß ich wie die Höll! Er stahl
Mir meine Rechte!

GOTHLAND: Rossan, nimm sie ihm
Doch wieder ab!
ROSSAN: Kann ich's? Der Pöbel ist
In ihn vernarrt! – Mich frißt die Galle, er
Wird fett und mästet sich!
GOTHLAND: Ich wüßte wohl
Den Weg, ihn zu verderben.
ROSSAN: Zeig ihn mir!
GOTHLAND: Rings haben euch die Schweden eingeschlossen –
Das Finnenheer ist in Gefahr – Wählt mich
In dieser Not zum Könige –
ROSSAN: Bist du verrückt?
GOTHLAND: Dann mach ich dich zum Obergeneral
Der finnischen Armee, den Neger setz
Ich ab, und als Gemeiner dien er unter dir!
ROSSAN: Ei,
Das wär so übel nicht! Dann könnte ich
Ihn necken, wie er mich geneckt hat, und
Ihn Galle schmecken lassen?
GOTHLAND: Und dabei
Würd ich mit meiner Königsmacht dich schützen!
ROSSAN:
Und dürft ich ihm und Usbek, seinem Lieblinge,
Zuletzt auch noch die Häls abschneiden?
GOTHLAND: Mit Golde würd ich deine Tat belohnen!
ROSSAN:
Herzog, Ihr seid mein König! Ich eile
Zu meiner Schar und spreche dort für Euch! *Geht ab.*
GOTHLAND *ihm nachsehend*:
Tor, aus dem Regen kommst du in die Traufe –
Ein Schlimmrer werd ich sein als dieser Neger!
– So ist der Mensch; die Gegenwart beherrscht ihn,
Und schon das bloße Wechseln hat für ihn
Was Reizendes! Die kleinre Qual, die für

Den Augenblick ihn quält, vertauscht er gern,
Um sie nur loszuwerden, mit der größren;
Wer Zahnweh hat, wünscht, daß es Kopfweh wär,
Und wär es Kopfweh, würd er Zahnweh wünschen;
Demjenigen, den ein Despot bedrückt,
Scheint Anarchie etwas Willkommenes,
Und wer gehenkt wird, wünscht, daß man
Ihn rädre! –
Irr ich mich? Erbebte nicht
Der Boden?

ERIK: Wie
Von fernem Hufschlag dröhnt die Heide.

GOTHLAND: Ha,
Gewiß versucht die schwed'sche Reiterei
'nen Ansturm auf die Finnen!
Ja! so ist's!
Dort stäuben schon die lückenvollen Reihen
Des Finnenheeres durch das Feld!

FINNEN *hinter der Szene*: Flieht! flieht!
Wir sind geschlagen! Fluch dem Mohren, der
Uns hergeführt!

GOTHLAND: So höre ich es gern!

Von der rechten Seite der Bühne kommen flüchtige Finnen; gleich darauf Irnak, Usbek und andere.

USBEK: Wohin, ihr Memmen?
Noch schwankt der Sieg! Stellt euch in Reih
Und Glied!

FLÜCHTIGE *trotzig*: Erst wolln wir ruhn!

IRNAK: Dort kommt
Der Oberfeldherr!

BERDOA *tritt auf*: Panther und Hyänen!
Wir sind zurückgedrängt! Von Europäern!

GOTHLAND *für sich*: Auf Europäer hast du lang genug
Geschmäht!

BERDOA: Noch einmal drauf und dran!

EIN FINNE: Wir haben keine Waffen mehr!
BERDOA: Erkämpft
Euch welche von dem Feinde! *Zu Gothland:*
Schlecht, Herzog! ziemt's Euch, müßig hier
Zu stehen und das Maul weit aufzusperren
Wie 'n Gassenjunge! Wisset Ihr nichts Beßres
Zu tun? Seid dankbar gegen Eure Retter
Und helft den Finnen, wenn Ihr's könnt!
Gothland hat ihn mit zurückgehaltenem Grolle lächelnd angehört. – Berdoa wendet sich zu den Finnen:
Ihr steht
Auf einem Schlachtfelde: Hier ist der Mord
Ein Ruhm und wird belohnt! Ihr habt die Wahl,
Selbst umzubringen oder umgebracht
Zu werden! – Wollt
Ihr von des Feindes Rossen euch
Zertreten lassen, oder wollt ihr ihn zertreten?
Wenn ihr das letztere wünscht, so streitet brav;
Der Tapfre lebt am längsten!
Die blassen Schweden fürchtet ihr doch nicht?
Wie Hunde werdet toll von ihren Hieben!
Stoßt sparsam zu, doch wenn ihr stoßt, so trefft auch!
Bauch, Brust, Gesicht, das sind die Stellen,
Wonach ihr zielen müßt!
Ist euer Schwert zerbrochen,
So habt ihr Nägel an den Fäusten; hat
Der Gegner euch die Hände abgehackt,
So habt ihr Zähne in dem Maule;
Auf! „Europäerblut" das Feldgeschrei!
Er geht mit den Finnen auf die rechte Seite der Bühne zu.
ROSSAN *kommt ihnen eilends entgegen:*
Zurück! die schwed'schen Reiter kommen!
Hier auf der offnen Heide können wir
Nicht widerstehn!
BERDOA: Das ist verdammt! *Zu den Finnen:*
Zieht bis an jene Höhen euch zurück

Und ordnet dort von neuem euch zur Schlacht!
In zehn Minuten sind wir wieder hier!
Die Finnen ziehen linker Hand ab.

IRNAK: Herr, auf dem Meere schifft
Die Schwedenflotte, und sie droht zu landen!

BERDOA: Still!
Schon seit 'ner Stunde hab ich sie im Auge!
Mich freut, daß sie das Volk noch nicht bemerkte;
Solang es gehn will, wollen wir's
Verhehlen!
Berdoa, Irnak und die letzten Nachzügler des Finnenheeres ab.

GOTHLAND *deutet rechts hin*: Erik, siehst du dort
Den Graugelockten auf dem Hügel stehn?

ERIK: Es ist der Herzog, Euer Vater.

GOTHLAND: Sieh!
Der Wind weht ihm das Haar wie Sturmgewölk
Ums Haupt, und wie ein Geier, welcher hoch
Von seiner Felsenwarte Beute späht,
Blickt er mit rollnden Augen durch die Heide –
– Erik! nach wem sieht er wohl so umher?
Weh! er erblickt mich! Weh, er kommt! er kommt!
Verbirg dich, Antlitz! *Er zieht eine Kappe übers Gesicht.*

DER ALTE GOTHLAND *tritt auf, laut rufend*:
Meinen ältsten Sohn
Ruf ich zum Zweikampfe!

GOTHLAND *mit verstellter Stimme*:
Gereut's dich, daß
Du ihn gezeugt?

DER ALTE GOTHLAND: Wohl reut' es mich, – er sei
verflucht!

GOTHLAND: Den Fluch auf dich! Wer hatte dir das Recht
Verliehn, das Leben ihm zu geben?! Fluch der Geilheit,
Die dich antrieb!

DER ALTE GOTHLAND:
Gut mach ich meinen Fehler, indem ich ihn vertilge!

GOTHLAND: Darfst du das?

DER ALTE GOTHLAND:
Hab ich ihn nicht erzeugt, ernährt, erzogen?

GOTHLAND:
Ho, dafür braucht dein Sohn dir nicht einmal zu danken!
Verdammte Schuldigkeit ist's, daß
Ihr die Geschöpfe, welche ihr zu eurer Lust
In diese Welt der Qual setzt, auch ernährt!

DER ALTE GOTHLAND:
Wes ist die Zunge, die hier leugnet, daß
Der Vater richten darf den Sohn?

GOTHLAND: Und wenn
Du ihn vertilgen darfst, kannst du es auch?

DER ALTE GOTHLAND:
Verspottest du mein graues Haar? Wer du
Auch bist, wahr dich vor meiner Faust! Noch fühlt
Sie ihre alte Kraft!

GOTHLAND: So raffe denn
Die alte Kraft zusammen, und versuch es doch,
Vertilge seine Seele, du Gewaltiger!
– Ohnmächtiger, vermagst du's nicht? – Wer einmal
Geboren ist, muß ewig leben, er
Mag wollen oder nicht, denn von
Dem ersten Augenblicke seines Seins
Gehöret er der Hölle zu!
Drum Fluch der Welt, wo jeder Bauerlümmel
Mit Hülfe einer Viehmagd
Etwas Unsterbliches verfert'gen kann!
Drum Fluch den Vätern! Jammer und
Unfruchtbarkeit den Müttern! Wehe den
Geboren!

DER ALTE GOTHLAND: Lästrer! Hochverräter!
Verschworen, scheint's, bist du
Mit meinem Sohne, um
Zu rebellieren wider mich! Ist denn
Die Erde seit der vor'gen Nacht

Aus ihrem tausendjähr'gen Gleis geworfen?
Und nehmen unsre Kinder jetzt
Die Rute in die Hand? Nein, ehe ich das dulde,
Fall ich im Kampfe für das älteste
Der Rechte, für das Vaterrecht! *Er geht auf Gothland los.*

GOTHLAND *weicht rasch zurück*: Ich will
Mit dir nicht kämpfen, retten will ich dich!

Kriegerische Musik; Berdoa, Rossan, Usbek und andere ziehen im Hintergrunde mit Heerhaufen vorbei. Die Schlacht beginnt von neuem und scheint sich zu entfernen.

GOTHLAND: Siehst du's?
Der Finne ist verstärkt zurückgekehrt;
Willst du nicht abgeschnitten sein, so eile fort
Von hier; – dort durch den Hohlweg schleich; er wird
Dich vor des Feindes Blick bedecken
Und führt auf einem Umwege zum Heer
Des Königs.

DER ALTE GOTHLAND: Ich begreif dich nicht, – indes
Du machst dein Reden gut durch deine Tat. *Geht ab.*

GOTHLAND *zieht die Kappe vom Gesicht*:
Mit meinem Vater bin ich wett; er gab
Ein Leben mir, ich rettete ihm eins; –
Begegne ich ihm noch einmal, so weich
Ich vor ihm nicht! –
Keinen Vater mehr?
Schmerzlich, die Hand auf die Brust: O hier
Sind traurige Ruinen!

Die Schlacht kommt wieder näher; abermalige Flucht der Finnen; waffenlose Soldaten stürzen herein; dann kommt Usbek; Gothland tritt auf die Seite und beobachtet das Vorfallende.

USBEK *verzweiflungsvoll*: Alles ist
Verloren! Unsre Erschlagnen decken das
Gefild! Geh unter, Sonne! und beschein
Es nicht!

Irnak kommt, den Arm in einer Binde.

USBEK: Verwundet?
IRNAK: Kaum gestreift. *Ihm ins Ohr:* 's ist aus
Mit uns! –
Wo ist Berdoa?
USBEK: Im Schlachtreihn, –
Fruchtlos sah ich ihn Sturm auf Sturm versuchen, –
Der Widerstand verdoppelt seine Kraft!

Berdoa, Rossan und Finnen.

BERDOA: Trompeter, blast den Kampf zu neuen Flammen,
Den Mut der Finnen blaset wieder an!
ROSSAN: Das hilft Euch nichts. Das Volk ist zu verzagt.
Zweimal ward's nun an diesem Tag geschlagen.
BERDOA: So will ich denn zum letzten Mittel greifen:
Ich lasse sie verzweifeln!
Finnen! Wir
Sind hoffnungslos verloren!

Wehgeheul.

Nimmer seht
Ihr eurer Heimat Küsten, nimmer seht
Ihr eure Weiber, eure Kinder wieder;
Auf dieser fremden Erd, wo heute schon
So viele Kameraden fielen, werdet
Ihr unbeweint verwesen!
DIE FINNEN: Rette uns!
Errette uns!
BERDOA: Die Schweden treiben uns
Wie 'n Rudel Wild zusammen, – rings sind wir
Umzingelt; auf dem Meere (länger darf
Ich's nicht verschweigen) kreuzt die Feindesflotte
Und droht mit einer Landung unsren Rücken; auf
Dem Lande dringen, wie vier fürchterliche
Schnitter,
Der König Olaf, der Graf Holm, der Graf
Arboga, dem der Pferdeschweif den Helm

Umflattert, und der alte Herzog Gothland,
Mit ihren Schwertern Finnlands Jugend un-
Barmherzig niedermähend, auf uns ein!
Schon harren über uns die Krähn
Auf unsren Tod
– *nahende Trommeln und Geschrei* –,
schon nahn mit Siegesjauchz
Die Schweden –

DIE FINNEN: Rette! rette uns!

BERDOA: – und nichts
Als nur Verzweiflung kann uns retten!

EIN FINNISCHER HAUPTMANN *tritt ein*:
Ein schwed'scher Herold ruft, sein König sichre
Den Finnen einen freien Abzug zu, wenn
Sie das verfemte Haupt des Herzogs Gothland
Freiwillig überliefern würden.

BERDOA *boshaft*: Was
Verhindert uns, es auszuliefern? *Zu Usbek:*
Schlag's
Ihm ab!

ERIK: O Gott! mein armer Herr!

GOTHLAND *leise und dringend zu Rossan*: Hast du
Getan, was du versprachest?

ROSSAN: Meine Scharen
Sind Euch gewonnen.

GOTHLAND: Kann ich mich darauf
Verlassen?

ROSSAN: Als wär's auf Euch selbst!

GOTHLAND: So sei
Gewärtig!

USBEK *zu Gothland, das Schwert erhebend*: Bück dich!

BERDOA *zu Usbek*: Haue doch nur zu!

GOTHLAND:
Mohr, mäß'ge dich! Gefallen ist der Trug,
Der mir das Haupt umfing; ich weiß es, wie
Du mich betört!

BERDOA *mit unmäßigem Hohn*:
Weißt du's, Dummkopf? Das freut mich!
Was ich befohlen, hast du wohl erfüllt:
Den Bruder, welcher dir noch lebte, hast
Du totgeschlagen, – schade, daß ich dich nun nicht
Mehr brauchen kann – du hast ja keine Brüder mehr!
Merkt, Finnen! so bestraf ich die, die mich
Verhöhnen; dieser Schwede wollte einst
In seinem Übermut mich peitschen lassen –
Heut lasse ich den armen Sünder köpfen!
– Beinah erbarmt mich sein; der Tropf erwürgte
Den Bruder, weil ich –
Seht, wie er vor Furcht
Erbleicht!

GOTHLAND *mit dem schrecklichsten Ausbruche seiner Wut*:
Du irrst dich! er erbleicht vor Zorn!
– Zurück, du Hund, und knurre nicht!

Er stößt ihn von sich weg; große Bewegung unter den Finnen.

USBEK *mit Finnen auf Gothland eindringend*: Erschlagt ihn!

ROSSAN *mit andren Finnen dem Usbek entgegentretend*:
Wir schützen ihn!

USBEK: Das ist Empörung!

GOTHLAND *zu Berdoa*: Plaudre
Kein Wort von dem, was zwischen mir und dir
Geschehn ist! Schweig, schweig! Du bist bös,
Doch dreifach bös bin ich, denn vorher war
Ich gut; drum hüt dich!

BERDOA *wütend auf ihn eindringend*:
Hüte du dich selber;
Sehr blutbegierig sind die Tiger!

USBEK: Ich bin
In Tod und Leben dir zur Seite!

Rossan hält mit seinen Leuten den Anhang der beiden auf.

GOTHLAND: Haltet; hört
Mich erst, eh fruchtlos Blut vergossen wird!

Womit hat dieser Schwarze eure Liebe
Verdient?

BERDOA: Schlagt doch die Trommeln!

GOTHLAND: – vielleicht, weil er
Die Ersten eures Volks hinrichten ließ,
Um ihre häupterlosen Rümpfe zu
Den Stufen seiner Macht zu machen?

BERDOA: Trommeln!

EINZELNE STIMMEN:
Nein, hört ihn, hört!

BERDOA: Verdammtes Finnenpack!

GOTHLAND:
Vernehmet ihr sein Schmähn? So lohnt er's jetzt,
Daß ihr ihn, als er barfuß, bettelnd in
Eur Land kam, wie 'nen König aufnahmt und
Mit Purpur seine Blöße decktet!

EIN FINNE: Ja, er
Kam barfuß in das Land; ich weiß es noch.

GOTHLAND *zu Berdoa*:
All diese vielen tausend Finnen, die
Hier stehn, die, sich auf deinen Mut und Witz
Verlassend, dich zum Feldherrn wählten und
Dir folgten, hast du hergeführt auf dieses
Schlachtfeld wie auf 'ne Schlachtbank, hast sie prahlrisch
Mit Siegsverheißungen getäuscht und nun
Durch deine Einfalt sie im Garn des Tods
Verstrickt! – Wo bleibt jetzt deine Kriegskunst?
Hast du
Schon ihren ganzen Vorrat aufgebraucht? *Auf die Finnen deutend:* Errett sie doch!
Zweimal hast du's bereits
Versucht, und zweimal haben dich die Schweden
Wie 'nen begoßnen Pudel wieder
Zurückgejagt; nicht wert bist du, ein Feldherr
Zu sein; ich setz dich ab, und fortan dienst

Du als Gemeiner unter Rossans
Bataillonen!

BERDOA: Gift und Hölle! *Er geht auf Gothland los.*

ROSSAN UND FINNEN *ihn abhaltend*: Nieder mit
Dem Neger!

USBEK UND FINNEN: Nieder mit dem Gothland!

GOTHLAND: Usbek! hör noch ein einzig Wort! Du kennst
Die Sitte deines Volks, die Blutrache?

USBEK: Wie ich mich selbst!

GOTHLAND: Ward nicht dein Vater meuchlings
Erschlagen?

BERDOA *schnell und heftig einfallend*:
Rührt die Trommeln!

GOTHLAND:
Dieser Mohr
Erwürgte ihn!

USBEK: Das lügst du!

ROSSAN *gibt dem Usbek ein Papier*: Hier ist der
Beweis.

USBEK *in das Papier blickend*:
O Mörder! Teufel! Teufel!
Gothland,
Ich bin der Dein'ge! Nieder mit dem Neger!

ALLE FINNEN *indem nun auch die letzten dem Beispiele Usbeks folgen*: Nieder, nieder mit dem Neger!

Irnak, der bisher schweigend auf Berdoas Seite gestanden hat, verläßt ihn jetzt ebenfalls. – Berdoa, da er sich von allen verlassen sieht, will racheglühend auf Gothland zuspringen, aber plötzlich stürzt er besinnungslos, niedergeworfen von seiner inneren Erschütterung, an den Boden.

USBEK *zu Gothland*:
Wenn du ihn willst getötet haben, so
Trag mir es auf – laß mich den Vater rächen!

ROSSAN *leise zu Gothland*:
Treibt es fürs erste nicht zu weit; schon wird
Der Pöbel nach der alten Weise wieder

Mitleidig, – immer hält er es mit dem,
Der unterliegt!
GOTHLAND: Wie wahr das ist, mein lieber
Rossan! *Für sich:*
– Erst Grausamkeit zur Folie und dann
Ein bißchen Großmut draufgeflickt – das wirkt,
Das muß zu Tränen rühren – Jetzt
Die Großmut! *Laut:* Usbek, wie mich dünkt, ist er
Für jetzt genug bestraft; bewahr mich Gott,
Daß ich an dem Ohnmächtigen mich räche! – Wenn
Er wieder sich erholt hat, dann soll
Dich niemand hindern, es mit ihm
In offnem Kampfe auszufechten. –
Irnak,
Berdoa ward von dir am wenigsten
Beleidigt; beim Erwachen, denk ich, sieht er
Dich lieber als uns andre; bringe ihn
In Sicherheit, und wenn dir meine Gnade auch
Nur etwas gilt, so pfleg ihn wie 'nen Freund.
Irnak und Soldaten bringen den Neger von der Bühne.
ROSSAN: Ist das nicht edel?
DIE FINNEN: Ja, großmütig ist's
Gehandelt!
GOTHLAND *schnell ein flüchtiges Lächeln unterdrückend:*
Lobt mich nicht; ich tat ja nur,
Was jeder Mensch tun würde. –
Wie es mit
Euch steht, das wißt ihr selbst; Berdoa hat's
Euch schon gesagt; – die schwed'sche Landarmee
Umzieht uns enger stets und enger, –
Die schwed'sche Flotte macht sehr drohende
Bewegungen – Neunhundert Reiter könnten euch
Bequem zusammenhaun! –
Was gebt
Ihr mir, wenn ich eur Leben rette?
– Daß ich es kann, das glaubt ihr schon; ihr kennt

Den Herzog Theodor von Gothland aus
Den Schlachten, die er siegreich gegen euch
Gefochten hat!

ROSSAN: Sehr billig ist es, für
Das Höchste auch das Höchste dir zu bieten:
Rett uns, und Finnlands Krone sei dein Lohn!

DIE FINNEN: Errett uns und sei König!

GOTHLAND: Ist
Das euer Ernst?

DIE FINNEN: Ja, du bist unser König!

GOTHLAND: Ist's so?

ROSSAN, USBEK UND FINNEN:
Wir alle sind dir untertänig!

GOTHLAND:
So schwört, mir treu zu sein in Glück und Not!

ROSSAN, USBEK UND FINNEN:
Wir schwören, dir zu folgen in den Tod!

GOTHLAND:
Den straf ich Hochverrats, der dieses log!

ROSSAN, USBEK UND FINNEN:
Der König Finnlands, Gothland, lebe hoch!

Tusch.

GOTHLAND *laut gebietend*:
Wohlan, so reißet aus die finnischen Paniere
Und pflanzet auf die Banner meines Hauses!

Es geschieht.

– Fortan ist Rossan euer Obergeneral,
Usbek bleibt Kommandeur der Reiterei! –
– Der schwed'sche König hat 'nen Preis
Von tausend Stücken Goldes auf mein Haupt
Gesetzt, – ich setze funfzigtausend auf
Das seinige! – Herold, sitz auf und ruf's
Den Feinden zu – *indem er in seine Brieftasche schreibt* –,
mach dich zugleich
An ihren Oberfeldherrn, an
Den Grafen von Arboga, grüße ihn

Von Gothland, laß ihn dieses lesen und
Meld mir, was er darauf beginnt!

Der Herold geht ab.

Wo ist
Mein Sohn?

EIN FINNE: Ich sah ihn bei der Vorhut.

GOTHLAND: Ruf ihn.

Der Finne geht; Gothland streckt die Hände gen Himmel:

Gebt
Mir langes Leben! –
Erik, hurtig hol
Mir Panzer, Helm und Schild!

Erik ab.

– – Begraben von den Wolken ist die Sonne,
Und tiefes Dunkel bricht herein, als wär's
Schon Nacht!

Die Gegend verfinstert sich.

– Die Windsbraut hat
Den Ozean entwurzelt!
Wie ein Gigant stürmt er empor
Mit hunderttausend Häuptern, holt
Den Adler auf dem Flug ein und zerschellt
Mit gräßlichem Gebrülle an
Der Sternenfeste! – Möwenscharen fliegen auf –
Turmhohe Wasserhosen saugen an den Wellen –
Die Uferfelsen werden losgerissen – Alles ist
Mir günstig! –
Wissen sie dort auf
Der schwed'schen Flotte, daß die Finnen hier
Am Ufer stehen?

ROSSAN: Ja; doch grad an dieser Stelle
Vermuten sie uns nicht, denn vor
'ner Stunde noch stand eben hier
Der schwed'sche Oberst Torst samt einem
Erlesnen Regimente, um damit
Die Landung zu bedecken. Schleunig und

Behutsam ließ ich ihn umzingeln,
Auf Gnad und Ungnad mußte er sich mir
Ergeben; – auf den Schiffen hat
Man schwerlich davon etwas wahrgenommen.

GOTHLAND: Der Oberst Torst? Mit dem soll ich, wie man
Mir stets gesagt, viel Ähnlichkeit in Wuchs
Und Stimme haben.

ROSSAN: Wahrlich,
Ihr habt viel Ähnliches mit ihm,
Besonders in der Stimme.

GOTHLAND: Denkst du? Nun,
Das bringt der Flotte ihren Untergang!
– Holt mir Torsts Uniform!

Ein Finne geht ab.

ROSSAN: Ha, ich ahne!

DER FINNE *mit einem schwedischen Offiziershute und Mantel zurückkommend*:
Hier ist die Uniform.

GOTHLAND *sich damit bekleidend*:
Brennt mir
'ne Fackel an!

Man tut es und übergibt sie ihm.

Wo ist
Die klippenvollste Stelle dieses Strandes?

ROSSAN *zeigt auf einen Felsen, der im Hintergrunde am Seegestade steht*:
Die seht Ihr dort; auf sechzig Klaftern weit
Geht jedes Schiff in ihren Strudeln unter.

GOTHLAND *befiehlt den Finnen durch eine Bewegung seiner Hand, sich ruhig zu verhalten, und ersteigt den Felsen; wie er oben ist, winkt er der schwedischen Flotte mit der Fackel und ruft ihr zu*:

Heran, heran, ihr Schiffskamraden!
Jetzt ist es hohe Zeit! Der König hat
Das Finnenheer von vorne an-
Gefallen, landet schnell und fallet es
Von hinten an!

STIMMEN VON DEM MEERE HER *aus der Ferne*:
Wer bist du?
GOTHLAND: Donner und
Das Wetter! Kennt ihr mich nicht mehr?
Ich bin der Oberst Torst und soll,
Wie ihr ja wisset, eure Landung decken –
Wie lange soll ich auf euch warten?
STIMMEN VON DEM MEERE HER: Es
Ist dunkel, und es stürmt!
Wir wissen keinen sichren Landungsplatz!
GOTHLAND: Herr Gott,
So steurt doch nur dem Wink der Fackel nach!
Hier, wo ich stehe, ist der schönste Ankergrund,
Den ich noch je gesehn! Kein Fels! kein Strudel!
Ein treues Wasser führet von
Den Schiffen bis hieher! *Mit der Fackel winkend:*
Heran! heran! *Beiseit:*
Empfangt sie, Riffe! *Laut:*
Rudert, rudert! kommt!
STIMMEN VON DEM MEERE HER:
Wir kommen schon! Wir kommen schon!
GOTHLAND *beiseit*:
Sie kommen! Fackel ködre, angelt sie,
Ihr Klippen!
STIMMEN VON DEM MEERE HER *näher kommend*:
Ha, Betrüger du! In Strömungen
Und Felsgehege hast du uns gelockt!
GOTHLAND *plötzlich ein lautes Hohnlachen aufschlagend*:
Ja, ja!
Dem Haifisch in die Meersupp eingebrockt!
STIMMEN VON DEM MEERE HER:
Weh! Weh! wir scheitern!
GOTHLAND: Da geschieht
Euch euer Recht! Wie konntet ihr
So blind und töricht sein, den König Gothland
Für einen schwed'schen Obersten zu halten?

Er wirft die Fackel in die See und reißt sich die schwedische Uniform ab.

STIMMEN VON DEM MEERE HER:
Ha, warte nur! Wir stürzen häuptlings dich
Ins Meer, sobald wir an das Land geschwommen!

GOTHLAND: Es ist mir lieb, daß ihr's im voraus sagt,
Nun kann ich es beizeiten noch
Verhüten!
Finnen!
Besetzt die Küste, zieht die Säbel
Und haut den Schweden ihre Finger ab,
Wenn sie damit sich an das Ufer klammern!

EINER DER SCHIFFBRÜCHIGEN *welcher die Küste grade da, wo Gothland steht, so weit erklettert hat, daß er mit dem Kopfe über sie hinwegragt*: Gott
Sei Dank! ich hab den Strand erklimmt!

GOTHLAND *stößt ihn mit dem Fuß zurück*:
Noch nicht! Verfluch
Die Mutter, welche dich gebar, daß du
Ersöffst!

STIMMEN VON DEM MEERE HER *dicht am Strande*:
Sind von den Unsren ein'ge oben,
Die hülfreich uns die Hände reichen können?

GOTHLAND *heimlich zu den Finnen*:
Reicht ihnen eure scharfen Säbel!

FINNEN *tun es*: Hier
Sind unsre Hände!

STIMMEN VON DEM MEERE HER:
Wir ergreifen sie
Mit Dank und – *auf einmal jammernd* –
Weh, geschliffne Schwerter sind's!
Die Finnen sind's! O die Barbaren!
Barbar'scher als die See, die uns verschlingt!

GOTHLAND *fängt an zu singen*:
„Es stehet ein Fischer am Ostseestrand – Hoho!
Hat Felsennetze ausgespannt, – Hoho!

Er lockt mit blendendem Fackelschein
Die Fisch in seine Netz hinein! Hoho, Hoho!
  Es kommen die Toren gezogen, – Hoho!
Er schmücket mit Scharlach die Wogen, – Hoho!
Der Fischfang ist gut –“ *Seinen Gesang unterbrechend:*
  Hu, alles still! ich sang noch! – Tausend Leben
Sind ausgelöscht, – der Sturm läßt nach, die Wolken
Verziehen sich, das Meer hört auf zu wüten,
Besänftigt durch die ihm Geopferten, –
Die Sonne tritt auf einen Augenblick
Aus dem Gewölk, beleuchtet, blutigrot
Die mit Schiffstrümmern übersäte Ostsee
Und ihre leichenüberschwemmten Küsten,
Zeigt mir, was ich begangen, und verhüllt
Ihr Haupt! – –

Pause. Die Gegend hat sich wieder aufgehellt.

Sind sie denn alle schon ertrunken? –
Ha, dort hängt noch ein einz’ger zappelnd an
Dem Felsenvorsprunge, – ein Jüngling ist’s! –
Im Meer, dicht unter seinen Füßen, lauert
Ein ries’ger Mantelroch auf seinen Sturz, –
– Wie mich der Arme rührt! Könnt ich ihn retten!
Weh mir, was habe ich getan! –
Jetzt schlägt
’ne Woge an den Felsenhang, er klammert
Sich fester an; umsonst! sie spült ihn weg,
Er stürzet in die See, der Mantelroche
Umwickelt ihn und fährt mit ihm heißhungrig in
Die Tiefen! – –
– Eine teure Mutter harrt
Vielleicht auf ihn daheim, vielleicht war er
Die einz’ge Freude ihres öden Alters, – mit
Der Morgen-, mit der Abendröte steigt
Sie auf den Hügel und blickt sehnend aus
Nach ihrem treuen, hoffnungsvollen Sohn, –
Sie breitet liebevoll die Arme aus,

Ihn an das Herz zu drücken, – nimmer wird
Sie es! Ein Mantelroch der Ostsee hält
Ihn schon umschlungen! – –
Still, das führt zur Reue;
Still, still, still –

Er versinkt in düstres Nachdenken; seine Blicke ruhen unbeweglich auf dem Meere; der Herold, welchen er vorhin an das Schwedenheer absandte, tritt wieder auf.

ROSSAN *ruft*: König!
GOTHLAND *horcht auf*: „König?" Meint er mich?
Ha, dieses einz'ge Wort hat mich geheilt!
– Was gibt's?
ROSSAN: Der Herold ist zurückgekehrt.
GOTHLAND *steigt von dem Felsen*:
Herold, was sagt der Graf Arboga?
HEROLD: Nachdem er Euren Brief gelesen, riß
Er vor der Fronte seiner Regimenter
Die schwed'sche Farb von seinem Helme, warf
Sie in den Kot und rief: „Der König, dem
Wir dienen, ist ein Lump! zum Gothland, den
Das Finnenvolk zum Herrscher sich erkoren,
Der euch so oft zum Sieg geführt hat, geh
Ich über – Wer mich liebt, der folgt mir nach!"
– Die Scharen jauchzten auf, als er
Den Namen Gothland nannte;
Ein Haufe von zwölftausend Mann, beinah
Der fünfte Teil der schwedischen Armee,
Ist ihm gefolgt; – da kommt er schon
Und führet ihn Euch zu.

Arboga tritt von der rechten Seite der Bühne auf, schwedische Truppen folgen ihm.

GOTHLAND *geht ihnen entgegen*:
Willkommen, Graf! willkommen, Kriegsgesellen!
ARBOGA *zu seinen Kriegern*:
Grüßt euren alten, ruhmgekrönten Feldherrn!

Kurze kriegerische Musik.

GOTHLAND:

Ich danke euch, Landsleute! –

Die finnischen und schwedischen Offiziere bewillkommnen sich stumm und auf militärische Weise. Dann treten sie wieder voneinander.

GOTHLAND *zu Arboga*:

Ich hab mich nicht in Euch geirrt!

ARBOGA:
Hier
War nichts zu irren. – Schwer beleidigt war
Ich durch den Schwedenkönig; zu 'ner Strafe
Von tausend Stücken Goldes hatte er
Durch seine Räte mich verdammen lassen.
Dafür mußt ich Genugtuung mir schaffen,
Und Euer Brief bot mir Gelegenheit
Dazu.

GOTHLAND: Ich bau auf Euch!

Irnak tritt auf. – Gothland wendet sich zu ihm:

Wo ist der Neger?

IRNAK: Das laute Lebehoch, das Euch vorhin
Die Finnen brachten, hat ihn aufgeweckt
Aus der Betäubung. Wutgetrieben streift er
Nun durch die Ebne, – wen er anrührt, den
Vernichtet er, und nieder stößt er jeden,
Der ihm begegnet. Eben traf er auf
'nen Haufen zechender Soldaten, – er
Ergriff ein branntweingefülltes Glas,
Leert' es auf einen Zug und fraß es selbst
Dann hinterdrein, daß ihm
Die Zähne knirschten und das Zahnfleisch blutete;
„Herr? seid Ihr toll? Ihr freßt
Ja unser Branntweinglas!", schrien die
Soldaten; da versetzte er
Mit einer fürchterlichen Stimm: „Ich meinte,
Es wäre Gothlands Herz!"

GOTHLAND *zu Arboga*: Ihr hört, Graf, wie
Gefährlich dieser Mohr mir ist; er hat
Noch viele Freunde in dem Finnenheer,
Deshalb verschieb ich seine Hinrichtung, –
Ich zähl auf Euren Beistand, wenn dazu
Die Zeit gekommen ist.

ARBOGA: Zählt dreist auf mich – *auf seine Soldaten deutend* – Und jene! Was Ihr ihnen auch befehlt,
Sie werden's tun; an blind Gehorchen hab
Ich sie gewöhnt.

Gustav tritt ein.

DIE ANWESENDEN KRIEGER *rufen*:
Der Kronprinz Gustav lebe!

GOTHLAND: Erheitre dich, mein Sohn! Hörst du, wie dich
Das Heer begrüßet?

GUSTAV: Die Begrüßung macht
Mich traurig.

GOTHLAND: Und warum?

GUSTAV: Sie klingt mir fast
Wie 'n Vorwurf;
Gothland fühlt sich getroffen, doch faßt er sich sogleich wieder.
als man mich noch bloß den Sohn
Des Herzogs Gothland hieß, da, dünkt mich, war
Ich glücklicher!

GOTHLAND: Das dünkt dich nur! gewiß!
Verlaß dich drauf! Du mußt weit glücklicher
Jetzt sein, – wenn nicht einmal ein Königssohn
Oder ein König glücklich ist, ja dann
Gibt es kein Glück auf Erden!

Erik kommt mit Gothlands Rüstung.

– Wo hast du
So lang verweilt?

Gothland nimmt ihm hastig die einzelnen Stücke ab und legt sie sich an.

Den Panzer her – *ihn betastend* –,
sein Stahl
Ist gut – *auf seine Brust deutend* –,
nicht eher wird's hier still, als bis
Er sie bedeckt. – Den Helm! – Gib mir den Schild!
– *ihn mit großem Geschrei an den Boden werfend* –
Verräterei! Verräterei! der Schild
Zerbricht!

ROSSAN: Wie?

ERIK: Herr, seht doch, es ist
Eur alter, wohlgeprüfter Schild, und er
Ist fest und unzerbrochen!

GOTHLAND: Fürwahr,
Er ist's, – ich weiß nicht, was
Mich anfiel! – *Beiseit:*
Und dennoch zittre ich
Noch jetzt vom blinden Schreck!

ERIK: So wart Ihr sonst nicht!

GOTHLAND: Sprich nicht vom Sonst! –
Wir wollen die Verwirrung – *zu Arboga* –,
Worin das königliche Heer
Durch Euren Übergang versetzt ist, nutzen, –
Aufbrechend.
Zur Schlacht! *Er kehrt plötzlich wieder um.*
Doch haltet! Erst will ich Wein trinken!
Holt ihn mir! heißen, feuerheißen Wein!

Irnak geht ab.

ROSSAN: Was fehlt Euch, König?

GOTHLAND: Nichts! *Für sich:*
Mich
Ergreift ein unbekannt Gefühl, – die Feigheit
Ist es doch nicht?

Irnak kommt mit einem Becher Wein.

IRNAK: Hier ist Wein.

GOTHLAND *nimmt den Becher in die Hand:* – Oh, es war
Doch damals eine sel'ge Zeit, als ich

Zu meinem Mut des Weins noch nicht bedurfte! – –

Er trinkt, setzt aber bald wieder ab.

Der Wein hat ja kein Feur; schaff heißren!

IRNAK: Auf Erden wächst kein heißerer.

GOTHLAND: So hol
Mir Branntwein! sengenden Branntwein!

Irnak ab.

GOTHLAND *für sich*: – Oh,
Wie weit, wie weit ist es mit mir gekommen!
Von dem unedelsten Getränk des Pöbels,
Vom Branntewein muß ich mir Tapferkeit
Erbetteln! – Oh, mein Heldenruhm, mein mit
Dem eignen Blut erworbner Heldenruhm! *Laut:*
Branntwein! Branntwein!

Irnak kommt mit Branntwein.

Bringst du ihn? Her damit!

Trinkt mit gierigen Zügen.

– Der Branntewein ist gut; ich hoff, er wirkt!

USBEK: Beginnt der Kampf?

GOTHLAND: Er mag beginnen!

ERIK *bedeutungsvoll*: Gegen wen?

GOTHLAND *ohne Eriks Frage gehört zu haben*:
Was glänzt mir da so störend in die Augen? –
Der Ring der Treue ist's, den mir mein Weib
An dem Altare gab, – ich trag
Ihn nun schon sechzehn Jahre, – heut
Würd er mich hindern in der Schlacht!

Er wirft den Ring auf den Boden und zertritt ihn.

ERIK: Herr, da
Zertratet Ihr ein edles Herz!

GOTHLAND *bezwingt seine Bewegung*: Es fahre wohl! –
– Die Erde trägt hier gute Saat: Da liegt
Ein Schwert, – ich nehm es auf!

ERIK: Jetzt nehmet Ihr
Dasselbe Schwert auf, welches Ihr vorhin
Wegwarfet, um den Vatermord zu meiden.

GOTHLAND: Graukopf, du wagst sehr viel!
ERIK: Erlaubt, man sagt,
Den Vatermördern wüchs die rechte Hand
Aus ihrem Grabe!
GOTHLAND: Sklav! spricht nicht vom Gra – Hu! – Gebt
Mir langes Leben, langes Le –
Es donnert; Gothland verstummt voller Entsetzen.
ARBOGA: Wovor
Erblaßt Ihr? – Donnernd sinkt die letzte Wolke
Des vor'gen Ungewitters in das Meer.
GOTHLAND: Ja, ja, der bloße Donner ist es, – durch
Die Luftregionen heult er ohne Sinn!
ERIK: Ohne Sinn?
GOTHLAND: Ohne Sinn! – *Zu Usbek:* Ich seh dich auf
Den Wink zum Aufbruch harren, – wart nur noch
'nen Augenblick. –
Arboga, könnt Ihr mir
Die Rechte nennen, die ein König hat?
ARBOGA: Ein König hat gar große Rechte, als
Das Recht der Willkür, die Befugnis zur
Gewalt, das Recht des Völkermordes –
GOTHLAND: Hat er
Das letztere?
ARBOGA *ohne Ironie*: Zum wenigsten ist's von
Den Kön'gen ausgeübt, so lange als
Es Kön'ge gibt.
GOTHLAND: Nur eins sag an:
Ist Völkermord ein Königsrecht?
ARBOGA: Ich glaube es.
GOTHLAND: Gottlob, wir sind ein König!
– Jetzt frißt der Mensch die Fisch, da eigentlich
Die Fisch ihn fressen sollten, – sorgen will ich,
Daß diesem Mißstand abgeholfen wird.
Den Ackerbau will ich befördern, dies Feld
Will ich mit Leichen düngen, damit
Das Gras wächst, – einer von den großen Ärzten

Der Menschheit, deren sie so sehr bedarf,
Die mit den einzigen Heilmitteln, die ihr fruchten,
Mit Feur und Schwert, mit Krieg und Pest sie heilen,
Einer von den gepriesnen Attilas,
Sullas und Cäsars will ich werden! *Kommandierend:*
Infantrie vor!
Die Reiterei
Hält hinter ihr und reit't sie über, wenn
Sie zagt! –
Rossan, du stürmst des Feindes linke
– *zu Irnak* –
Und du die rechte Flanke – *zu Arboga* –,
Ihr das Zentrum!
Schlachtmusik.
Mord ist frei! Keine Gnade! –
Er, der
Die Wölfe machte, ihnen Zähne gab
Und einen heißen, niegelöschten Durst
Nach Menschenblut, er, der die Vipern schafft
Und die Erdbeben aus den Tiefen ruft,
Wird uns entschuldigen!
Hallo, zur Schlacht!
Er geht; allgemeiner Aufbruch; kurze Pause, während welcher die Szene leer bleibt.

BERDOA *tritt auf, die wildeste Leidenschaft in seinen Gesichtszügen und Bewegungen:*
Was? Bin ich noch der Neger?
Ist dies mein kampfgestählter Arm?
O gebt
Mir etwas zu vernichten, etwas zu
Vernichten – ja, vernichten! vernichten!
Er hat einen Dolch ergriffen.
Zerbrich! zerbrich! O wären's seine Knochen! –
Verdammte Träume! Seine Knochen sind
Es nicht! Es ist mein bester Dolch! Schmach! Fort,
Gedanken! –

Sinne, öffnet eure Tore!
Sehn will ich der Sahara Meteore! *Fast mit Vision:*
Ha! wie die Lavaström vom Ätna fluten
Hoch vom Zenit die Sonnengluten!
In Feuer ist der Tag getaucht,
Verbrannte Asche ist die Luft, die Erde raucht,
Der Samum weht,
Und Mauritanias Karawan vergeht!
  Der rote Löw, umflogen
Von eines Feuerkammes Wogen,
Schnaubt Mord, peitscht mit dem Schweif den Sand,
Stürmt als Komet der Wüste durch das Land!
  Und als ihr Sternbild, furchtbar leuchtend,
Gleich dem Orion der Äquatornacht,
Tod kündend dem, der es erblickt,
Umfunkelt von des Felles Arguspracht,
Die blutgewaschnen Zähne weisend,
Sie mächtig aneinander schärfend,
Wie Netze seine Blick auswerfend,
Mit glühndem Aug die Beut umkreisend,
Schweift dort, mit einem Blutstreif ihn befeuchtend,
Der Königstiger seinen Pfad!
  Und lauernd sich zusammenringend,
Zu einem Strudel sich verschlingend,
Umschnürt mit ungeheuren Reifen
Die Boa jeden, der ihr naht!
– Ein Samum, will ich Gothlands Mark aufzehren,
Will seinen Stamm, will alles, was ihn nur beglückt,
Mit meinem Hauch versengen und verheeren, –
Ein Löwe, will ich ihn ergreifen,
Ein' Boa, will ich ihn erdrücken,
Ein Tiger, reiß ich ihn zu Stücken –
– Nur Tiger? – der kann bloß den Leib versehren!
Das ist zu wenig, ich will mehr!
Denn auch das Seelenheil will ich zerstören
Für ihn sowie für seinen Samen! Amen!

Gustav tritt auf.

Berdoa: Sein Sohn? Ein Dämon führt ihn zu mir her! *Er ziehbt sich zurück und umschleicht den Gustav während des Folgenden, beobachtend und lauschend, beinah auf die Weise eines Raubtiers.*

Gustav: Weh ihm, dem schon in seiner Jugend Tagen
Ein holdes Glück erschienen, – klagen,
Wenn es ihm untersank,
Muß er ein ganzes Leben lang!

Berdoa: Er scheint betrübt zu sein, – was mag ihn quälen?
Viel Kluges ist es sicher nicht, – er hat
Noch keinen Bart!

Gustav: Dort steigt er auf,
Der stille Zeuge unsrer Liebe,
Der Hesperus,
Und mit ihm die Vergangenheit!
Wie leuchtet er mir heut so trübe,
Wie golden flammte er in vor'ger Zeit!
– Auch sie
Steht nun wohl in dem Dämmerlichte,
Der Wehmut Zug in dem Gesichte,
Auf dem Altan und denkt an mich,
Und unsre Blicke treffen sich
(O süßer Traum!)
Im schönsten Stern am Firmament,
Sind wir auch sonst durch Berg und Tal getrennt!

Berdoa: Ich hab's, ich hab's! er ist verliebt! Die Liebe
Ist Wollust; wer verliebt ist, der ist geil,
Ist Geck, ist schwach, ist Narr! – An dem hab ich
Schon im voraus das halbe Spiel gewonnen! –
Er geht auf Gustav zu, um ihn anzureden.

Gustav *für sich*: Was will der Mohr?

Berdoa: Ihr seid nicht in der Schlacht
Bei Eurem Vater, Prinz? Man wird
Euch das vorwerfen.

GUSTAV: Was ein Kind
Dem Vater schuldig ist, hab ich getan;
Ich bin auf sein Gebot ihm nachgefolgt
Und werd ihn nicht verlassen; doch nie kann
Er fodern, daß ich gegen meine Überzeugung,
Gegen mein Vaterland und gegen den,
Der Schwedens König ist, mein Schwert soll ziehn.
BERDOA: Ihr meint also, Eur Vater wär Rebell?
GUSTAV: Er ist mein Vater, und ich bin sein Sohn.
BERDOA: Du rührst mich, Jüngling; wohl, du hast
ein Recht
Zu trauern!
GUSTAV: Wohl, o wohl! ein größres, als du denkst!
BERDOA: Ein größres? – Kaum zu glauben –
Sollte etwa –
GUSTAV: Still, Mohr, denn du errätst es nimmer!
BERDOA: Un-
Glückliche Liebe ist's doch nicht?
Gustav wird heftig bewegt.
Ist sie's?
Und glauben konntest du, daß ich sie nicht
Erriete, weil ich Neger bin? – O schlecht
Kennst du der Liebe Zaubermacht! Sei weiß,
Sei schwarz, du führest ihre Farbe! Am
Äquator lieben wir wie hier, nur glühnder,
Wie dort denn alles glühnder ist.
GUSTAV: Ja, besser
Hätt ich der Liebe Allmacht kennen sollen,
Als einen Augenblick an ihr zu zweifeln.
– Ein Einsamer bin ich in diesem Heer,
Mein Vater höhnt mich, wenn er mich bewegt sieht,
Und seine rohen Krieger kennen kein Gefühl –
Indem er Berdoas Hand faßt:
Da muß ich einen Neger finden, der mir
Erzählt, daß auch die heiße Zone liebt,
Der mich versteht, der meinen Schmerz begreift.

Selma, des Schwedenkönigs hehre Tochter,
Die hehre Selma liebt ich mit der Seligkeit
Der ersten Liebe, und sie liebte mich!
Mein Vater aber, fliehend von
Des Bruders Leiche, riß auf ewig mich
Von dannen!

BERDOA: Du warst wohl recht selig?

GUSTAV: Fragst
Du noch? – Drei Jahre sind es nun, als ich
An einem Frühlingsmorgen schweifte durch
Upsalas neuverjüngte Flur; ich war,
Wie Knaben sind, nicht glücklich und nicht un-
Glücklich; – Aurora streute Goldstaub auf
Die grünen Matten, – sehnsüchtig dämmerte
Des Horizontes duftgewobne Bläue,
Die Wälder knospeten, die Rosen schwellten, –
Ich sah es nicht –
Des Hains Gefieder sang,
Ich hört es nicht, –
Da schwebte eine Nie-
Gesehne grüßend mir vorüber, – es
War Selma – sie erging sich auf den Blumenwiesen –
Ich sah sie! – – und
Zum ersten Male hörte ich
Die Nachtigallen schlagen,
Sah ich die Rosenbüsche blühen,
Sah ich des Äthers Höhen schimmern,
Und eine andre Sonne stieg
Im Osten mir empor!
Nur wer geliebt hat, weiß es, was
Der Frühling ist!

BERDOA: Ja wohl! ja wohl! nur wer
Geliebt hat, weiß es, was ein Affe –
was, was
Der Frühling ist!

GUSTAV: Von Liebe flüsterten

Die Ähren, Liebe rief des Donners Hall!
Ich glaubte an Unsterblichkeit, an Gott,
An Glück, an alles Große und
An alles Gute!
Die Sonnen flogen auf und nieder,
Die Stunden hatten Morgenröten,
Die Auen waren Paradiese, – und
Wenn ich auch weinte,
So weinte ich vor Freude!

BERDOA: Ist Selma schön?

GUSTAV: Das weißt du nicht? – Oh, ich beklage dich! –
Als Herrlichste von allen,
Als eine Kön'gin steht
Sie unter den Gespielinnen! fürs Diadem
Ist ihre Götterstirn gebildet! seidnes Haar
Umschmückt ihr lichtes Haupt
Mit goldner Fülle, Hoheit strahlt
Aus ihrem Auge, Anmut wohnt
Auf ihrem Mund, – mein Leben würf ich weg
Für einen Kuß auf ihre Lippen!

BERDOA:
Wenn sie nun aber aus dem Halse stänke?

GUSTAV: Wie, Neger?

BERDOA: O du Geck der Gecken, Narr
Der Narren! Deine Göttin ist ein Mensch
Wie du! Hat sie auf ihrem Kopf viel Haare,
Was du so rühmst, so hat sie sicher auch
Viel Ungeziefer drauf, und ihre Nas
Ist schleimig wie die Nasen andrer Leute!
Sie trinkt und ißt so gut als du,
Und so wie du gibt sie's auch wieder von sich!

GUSTAV: Schäme dich!

BERDOA: Lüg ich denn? – Schäm du dich, weil
Du ohn Erröten eingestandest, daß
Du liebest!

GUSTAV: Mich der Liebe schämen, die
Das Höchste auf der Erde ist?
BERDOA: Das Höchste?
Aufs Kindermachen läuft's hinaus! –
Was liebt
Ihr denn am Weib? Etwa den Geist?
An einer Gans? – Ich glaub es kaum; und wär
Es wahr, – weshalb liebt ihr denn nie 'nen Mann?
Ihr liebt das Fleisch! sieht's Fleisch nur hübsch, so denkt
Ihr euch die Seele schon hinzu! – Doch das
Empört mich nicht; allein, wenn ihr den Trieb,
Den ihr mit Kröte, Katz und Hund gemein habt,
Zu einer Tugend macht und göttlich nennt,
Pfui, das ist unerträglich!
GUSTAV: Im Namen der Geliebten und der Liebe:
Zieh deinen Degen, heuchlerischer Mohr!
BERDOA *tut's und schlägt ihm den seinen aus der Hand*:
Da liegt der deine! –
Lehrte Selma dich
Das schlechte Fechten? Besser solltet ihr
Die Männerwürde ehren, als
Zu Dienern eines Weibes euch erniedrigen!
GUSTAV: Dein Arm ist stärker als der meine, weil
Er dreißig Jahre älter ist; drum rühm
Dich nicht; der Liebe bleib ich treu! *Geht ab.*
BERDOA: Ja, bleib
Ihr treu! bleib ihr nur treu! das wünsch ich eben!
Ein Schritt nur ist's, der von der Liebe zu
Der Unzucht führt! – – Ich kenne unter
Den Christen gar nicht wen'ge Laffen, die
Im selben Sinn, in welchem sie
Von ihrem Mädchen sprechen, Gott
Die Liebe nennen! – Dieser Knabe schien
Zu ihnen zu gehören! – Ich
Bin lange Zeit als – als Sklav

In Griechenland und in Italien
Gewesen; nicht umsonst hab ich
Dort mancherlei erfahren und gelernt;
Ich kann's mitunter brauchen, wenn
Ich so ein europä'sches Schneegesicht
Zugrunde richten will! – Ich will
Ins Künftige mich fest
Und fester an den sehnsuchtgirrenden
Gelbschnabel drängen: Erst verführ
Ich ihn mit Hülfe seiner Liebe
Zur Hurerei; dann wiegle ich
Ihn gegen seinen Vater auf; dann –

Irnak kommt.

BERDOA: Wie steht es in der Schlacht, Freund Irnak?
IRNAK: Der neue König siegt!
BERDOA: Gott quäl ihn!
IRNAK: Rossan,
Der neugebackne Oberfeldherr, fragte
Nach Euch und stampfte mit dem Fuß, als er
Vernahm, Ihr wärt nicht da!
BERDOA: Der Narr!
IRNAK: Er drohte,
Euch exemplarisch zu bestrafen,
Und läßt Euch durch mich rufen.
BERDOA: Gut;
Schon gut, – zu etwas anderem; wie geht
Es deinem hübschen Nachtgeschirre?
IRNAK: Nacht-
Geschirre?
BERDOA: Nu, ich mein das wohlgebaute,
Breithüft'ge Christenmädchen, welches du
Vergangnes Jahr im Schwedenkrieg
Erbeutet hast.
IRNAK: Ihr meint das blonde Milchen?
BERDOA: Ja ja! Emilie Scherwenz!

IRNAK: Ho,
Da habt Ihr recht! die ist ein Nachttopf!
Sie sitzt in meinem Zelte; wenn
Ihr pissen wollt, so steht sie Euch zu Diensten!
BERDOA: Was treibt sie denn?
IRNAK: Sie melkt die Männer!
BERDOA: Sie war damals recht üppig-schön; ist sie
Es noch?
IRNAK: Wo sie vorbeigeht, springen
Die Hosenknöpfe los!
BERDOA: Wenn sie nur fett ist!
IRNAK: Ihr solltet ihren weißen, blühnden Nacken,
Auf dem sie doch so häufig liegen muß,
Und ihre vollen Arme sehn; auch ihr –
BERDOA: Hat sie 'ne tüchtige?
IRNAK: Man kann darin
Die Stiefeln ausziehn!
BERDOA: So befiehl der Dirn,
Daß sie sich kostbar schmücke; ich bezahle alles;
Durchsicht'ger Flor umschatte ihre Brüste –
Ein seidenes Gewand vom feinsten Stoff
Umschließe ihren Leib so enge, daß
Man jeden Atemzug bemerken kann,
Und eine Silberspange, welche beim
Geringsten Druck des Fingers auffliegt
Und es verräterisch öffnet, halte es
Fürerst zusammen. – – So erwartet sie
Die Nacht; dann wird der junge Gothland zu
Ihr kommen und sie fragen, ob
Sie bei der schwed'schen Königstochter Selma
In Dienst gestanden; sie bejaht es, spricht
Mit Überschwenglichkeit von der
Prinzessin, schwärmt empfindsam
Von F r ü h l i n g s b l u m und A b e n d s t e r n,
Von g o l d n e r Z e i t und s e l' g e n S t u n d e n;
Die Liebe sei des Lebens h ö c h s t e s G u t,

Ein Tor nur sage, daß
Die Liebe irdisch oder sinnlich sei;
Behüte Gott! die Liebe sei vielmehr
Unsterblich, heilig, ewig, geistig! – Hier
Wird sich der Bube nicht mehr halten können,
Entzückt, begeistert, weinend wird
Er in die Arm ihr fallen, ihr beistimmen,
Mit „himmlisch“ und mit „göttlich“ um
Sich werfen wie mit Straßendreck,
Venus Urania sie heißen
Und – – ihr vor Wollust in die Brüste beißen!
Sie aber lehrt ihn dann,
Was in natura eigentlich die Liebe ist!

IRNAK: Hoho, hat sie ihn erst in Armen,
So nimmt sie ihn auch zwischen ihre Beine!

BERDOA: – Ich kenne viele, die in Zweifel waren,
Ob ich auch Mensch; daß ich ein Satan sein kann –
An deinem Sohne, Gothland, sollst du das erfahren!

Er geht mit Irnak ab.

Zweite Szene

Ein anderer Teil der Ostseeküste.

Der König Olaf, der alte Gothland und der Graf Holm treten feldflüchtig auf.

HOLM: Wer unrecht hat, hat Glück! Wir sind
Geschlagen, und zerstoben ist das Heer!

KÖNIG: Ich schiffe mich sofort nach Rußland ein
Und werbe dort ein neues an!

DER ALTE GOTHLAND:
Ich wandere nach Norwegs Tälern,
Und wenn sie dort die Väter ehren,
So müssen sich die Streiter um mich scharen!

HOLM: Ich eile zum hochherz'gen Volk der Deutschen,

Das für das Gute nur die Waffen schwingt,
Und fleh um Hülfe für die Unterdrückten!

KÖNIG: Gib mir die Hand, verlaßner Vater!

DER ALTE GOTHLAND: Gib mir die Hand, vertriebner König!

HOLM: Und nehmt auch mich in euren Bund!

Sie halten sich umarmt. – Ferne Trompetenstöße.

KÖNIG: Horcht, die Rebellen nahn; wir müssen scheiden!
– Am Kiölgebirg, wo sich die Heerstraßen
Von Dänmark, Schweden und Norwegen kreuzen,
Steht einsam eine unbewohnte Hütte,
Für den verirrten Wanderer erbaut –
Dort sehn wir uns am ersten Mai in der
Begleitung neugeworbner Heere wieder!

HOLM UND DER ALTE GOTHLAND:
Am ersten Mai sehn wir uns wieder!

KÖNIG: Lebt wohl, verzweifelt nicht und harret aus!
Denn sicher wie der Frühling auf
Den Fluren wiederkehrt, so sicher muß
Das Gute in dem Leben wiederkehren!
Die Wolkenzüge kommen und vergehn,
Die Himmelswölbung blieb seit ewig stehn!

Sie trennen sich und gehen ab.

Gothland, Gustav, Arboga, Rossan, Irnak, Berdoa, Erik, schwedische und finnische Krieger treten auf. – Siegsmusik.

ARBOGA *zu Gothland*:
Feldflüchtig ward der Schwedenkönig Olaf –
Im Namen meiner Scharen biet ich Euch
An seiner Statt die schwed'sche Krone dar.

GOTHLAND:
Ich nehm sie an! *Beiseit:* So hab ich's denn erreicht:
König bin ich von Schweden und von Finnland! *Laut:*
Die Finnen und die Schweden sollen künftig
Den wechselseit'gen Haß vergessen und,
Vereinet unter meinem Herrscherstabe,
In ew'gem Frieden miteinander leben! – *Zu Arboga:*

Graf, herrlich habt Ihr in der Schlacht gefochten;
Zum Zeichen meiner Dankbarkeit
Ernenn ich Euch noch auf dem Schlachtfelde,
Dem Boden Eurer Heldentaten,
Zum Fürsten von Arboga! –
– Sieh da, der Neger. *Hämisch:* Nu, wie geht es dir?

BERDOA: Recht gut.

GOTHLAND: Das freut mich. *Er zieht ihn beiseit:*
Auf ein Wort; – Mohr, du
Bist weit gereist; du sahst Timbuktu und
Sahst Samarkand, den Niger und den Nil,
Mehr als ein anderer hast du erfahren –
– Weißt du ein Mittel gegen die Blitze
Und gegen den Donner?

BERDOA: Den Frommen, hört ich, sollen sie verschonen!

GOTHLAND *wendet sich ärgerlich von ihm weg; zu Rossan*:
Mich dünkt, es wär jetzt Zeit, den Mohren aufs
Schafott zu schleppen!

ROSSAN: Herr, so gern ich's täte, –
Es geht noch nicht; wir müssen ihn
Noch ein paar Tage laufen lassen, –
Ich kenne ja das finnische Gesindel!

GOTHLAND: Der
Elende Pöbel! – Doch ich will mich zu
Gedulden suchen! –

Roßgetrappel.

He! wer reitet dort vorbei?

IRNAK: Es ist Usbek mit seinen Reiterscharen.
– Wohin, Usbek?

USBEK *im Hintergrunde*: Den Feind verfolgen!

IRNAK: Es
Wird Abend, und kaum scheint ein Stern heut nacht!
Du solltest warten bis zur Morgenröte!

USBEK: Pah! Feuerkugeln sind der Schlacht Gestirne,
Pechkränze ihre Sonnen!

GOTHLAND: Brav, Usbek!

Laß dich nicht Nacht und Dämmrung schrecken!
Die meisten Flücht'gen wandten sich gen Norweg;
Verfolg sie rastlos bis ans Kiölgebirg!
Ich komme mit dem Heere nach! Glück auf!

USBEK: Hussa, so stürmt denn los, ihr Reiterscharen,
Wie tausendfüß'ge, erzbeschlagene
Orkane! *Ab; Trompeten.*

GOTHLAND: Rüstet euch zum Nachtmarsche.

IRNAK *zu Berdoa*: Die Dirne ist bereit.

BERDOA: So will ich mit
Dem Buben sprechen! *Redet heimlich mit Gustav.*

GOTHLAND *in die Gegend blickend*:
Dort eilt ein müder Landmann nach
Vollbrachtem Tagewerk zu seiner Hütte.
Er hat das letzte Korn gesät und hofft
Zu Gott, daß es gedeihen wird
Im künft'gen Lenz. – Ein liebes Weib empfängt
Ihn vor der Tür und trocknet ihm den Schweiß ab –
(– Wer trocknet mir das Blut ab? –)
Ein traulich Feur winkt ihm auf seinem Herde,
Und Kinder spielen um die Kniee ihm;
Ein süßer Schlummer, ungestört
Von Träumen, stärkt ihn für den künft'gen Tag,
Und Friedensengel schweben über seiner Wohnung!
– Ich seh nicht ein, wie er vor mir
Dies schöne Los verdient; wär er
Versucht wie ich, so wär er auch wie ich
Gefallen –
Fort! reißet seine Hütte
Ihm nieder und zerstampfet seine Fluren!
Mehrere Soldaten ab.

GOTHLAND: – Ihr göttlichen Gewalten, gebt mir, wenn
Ihr seid, ein langes Leben auf der Erde;
Es ist so wenig – ein unseliges
Bewußtsein seiner Nichtigkeit,
Ein Kriechen auf dem Schlamme, eine Kette

Von Qualen – und dennoch ist's
Mein Alles! – Gönnt es mir!
Ich hab ja keine Ewigkeit, kein Glück
Und keine Hoffnung mehr, – peinigt mich, aber
Laßt mir das einz'ge, was mir blieb, laßt mir
Das arme, nackte Leben! laßt es mir!

VIERTER AKT

Erste Szene

Die Grenzen von Norwegen. Lager der schwedisch-finnischen Armee.

Gothlands Zelt. – Nacht. Auf einem Tische brennende Wachskerzen. Gothland, halb gerüstet, liegt schlafend auf einem Ruhebette. Erik steht bei ihm Wache.

ARBOGA *tritt ein*: Was macht der König?
ERIK: Schwer scheint er zu träumen.
ARBOGA: So weck ihn auf.
ERIK: Wer weiß, ob er
Nicht lieber angstvoll träumt als angstvoll wacht.
GOTHLAND: Mohr! Mohr!
BERDOA *tritt ein*: Da ich vorm Zelt vorbeigeh, hör
Ich rufen; wer begehrt mich?
ERIK: Niemand;
Der König sprach im Traum.
BERDOA: Der König? *Gothland erblickend:* Ha, seht,
Seht, wie der goldgekrönte Wurm sich windet!
Jetzt käut er nach der Art der Europäer nachts
Das wieder, was er tags getan!
Er kann kein Bruderfleisch verdauen!
GOTHLAND:
Laß, laß mich! Toter, laß mich!

ARBOGA *zu Berdoa*: Fort; er
Erwacht.

Berdoa geht ab.

GOTHLAND *vom Lager aufspringend*:
Gottlob, es war ein Traum! Wie feige,
Wie feige die Gespenster sind!
Sie überfallen nur den Schlafenden!
Laßt sie ankommen, wenn ich wach bin! *Zu Arboga:* Habt
Ihr je geträumt?

ARBOGA: Ich träume nie.

GOTHLAND: Du träumst nie?
So hör denn, wie du glücklich bist! –
Ich lag,
So träumte mir, auf einem Lavafelde, –
Aus schwarzen Wolken regnete es Nattern,
Und Friedrich, der Erschlagne, stieg empor.
Mit seinen Fersen stand er auf der Erde,
Mit seiner Scheitel stieß er an den Mond;
An seinen blut'gen Haaren klebten Sterne
Wie Fisch in ihren Netzen;
Aus seinem Hals hing statt
Der Zunge eine Brillenschlange,
Sein Aug war stier und grünlich,
Und weißer Leichenduft umhüllte ihn.
So kam er auf mich zu, beinah
Den wandernden Gebirgen Islands ähnlich,
Und foderte sein Blut mir ab;
Ich wehrte mich mit weggewandten Augen –
Er warf mich nieder, und als ich
Die Augen wieder zu ihm kehrte, – da
Umklammerte mit hunderttausend Füßen
Mich eine zorn'ge, ungeheure Spinne,
Sog wie 'ner Fliege mir die Brust aus – und
Ihr Antlitz war das Antlitz meines Bruders!

Trompeten.

– Was gibt es da?

ARBOGA: Die letzten Regimenter
Von Eurem sieggekrönten Heere ziehn
Ins Lager.
GOTHLAND: Ja, – ich siegte! – Siegen – Morden –
– Was unterscheidet denn den Helden von dem
Mörder?
ARBOGA: Die Anzahl der Erschlagenen.
Wer wen'ge totschlägt, ist ein Mörder,
Wer viele totschlägt, ist ein Held.
GOTHLAND: Nu,
Das tröstet mich; ich werde wohl ein Held sein.
– Ich bin sehr müde; ich will wieder schlafen;
Fürst! wacht in meiner Näh! *Er legt sich auf das Ruhebett, steht aber bald wieder auf.* – Ich kann
nicht schlafen! –
Weh, weh,
Wie eine Feuerglocke heult mein Herz
Und läutet Sturm mit Donnerschlägen,
Und über meinem Kopf
Wirft meine Stirne Blasen auf
Wie kochend Wasser überm Feuer! –
– Fürst! glaubt Ihr an Unsterblichkeit?
ARBOGA: Um so etwas bekümmre ich mich nicht.
GOTHLAND *aus voller Seele*: O du Beneidenswürdiger!
Pause; dann winkt er, ihn allein zu lassen; Arboga und Erik entfernen sich.
GOTHLAND *allein*: – Bisweilen
Erscheinen sel'ge Silberblicke in
Der Nacht des Lebens, – da zerschmilzt
Die eiserne, ungläub'ge Brust,
Und eine Götterdämmerung steigt in
Ihr auf: – der Erde Nebel,
Die düstren Graungestalten schwinden,
Und von dem jungen Morgenlicht beschienen,
Eröffnet eine weite Aussicht
Ihre goldnen Fernen, – aus

Dem Meere taucht die ew'ge Liebe, – am
Tiefblauen Himmel leuchtet Gottes Glorie, –
Die Gräber öffnen sich wie Knospen in
Dem Mai, verjüngt entschweben ihnen die
Gestorbenen, vergessen ist der Schmerz,
Das ganze Weltall strahlt von seliger
Verklärung! –
Was red ich da? Nicht für mich
Sind diese Wonnen, wenn sie sind,
Und gibt es ein Elysium, so gibt's
Auch eine Hölle! *Zur Zelttür hinaus:* Ruft den Neger her!

Pause; dann kommt Berdoa.

BERDOA: Ihr ließt mich rufen.
GOTHLAND: Neger,
Es geht auf Erden eine alte Sage
Von Mund zu Mund, von Land zu Land; woher
Sie kommt, weiß keiner, aber jeder glaubt sie,
Und sie scheint ewig wie ihr Inhalt –
Sie redet von Unsterblichkeit – Was ist
Unsterblichkeit?
BERDOA: Ein Wort.
GOTHLAND: Woher
Die Übereinstimmung der Völker
In ihrem Glauben an ein ew'ges Leben,
Woher der Glaube dran in unsrer Brust?
BERDOA:
Der Mensch glaubt, was er hofft, glaubt, was er fürchtet!
GOTHLAND:
Wahr, Neger, wahr! Du sprichst, wie ich's von dir
Erwartete; daß du es leugnen würdest,
Wußt ich; das war es auch, weswegen ich
Grad dich und keinen andren rufen ließ!
BERDOA:
Der Mensch verdient ja kaum dies Erdenleben,
Und für ein ewiges sollt er gemacht sein?

Sein Dasein nicht einmal kann er beweisen,
Und seine Ewigkeit wär außer Zweifel?

GOTHLAND:
Vortrefflich! Neger, Freund! sprich weiter!

BERDOA *beiseit*: Wart nur! *Laut:* Bloß
Um unsrer ungeheuren Eitelkeit
Zu schmeicheln und die Furcht vor der
Vernichtung unsres Daseins zu besänft'gen,
Erfanden wir uns die Unsterblichkeit, –
Ein Einfaltspinsel, der sie glauben kann!

GOTHLAND: Ein Einfaltspinsel, der sie glauben kann!

ARBOGA *kommt*: Herr, eben bringt Usbek fünftausend
Gefangne ein.

GOTHLAND: Willkommen sind sie mir,
Wenn sie zu meinen Fahnen treten wollen.

ARBOGA: Sie weigern sich; was machen wir mit ihnen?

GOTHLAND *zu Berdoa*:
Ein ew'ges Leben gibt es nicht?

BERDOA: Nein.

GOTHLAND *zu Arboga*: Es
Ist keine Unsterblichkeit – So
Laßt die Gefangnen niederhaun!

Arboga geht ab.

BERDOA: Hihihi!
Und wenn nun dennoch –

GOTHLAND: „Dennoch? dennoch?"
Zweizüngler, was bedeutet das?

BERDOA: – und wenn
Die Ewigkeit nun dennoch wäre!

GOTHLAND *entsetzt*: Schrecklich!

ARBOGA *tritt ein*: Die Kriegsgefangenen sind tot.
Er geht ab.

BERDOA: Sie sind
Schon tot! Weh, König, wehe! wenn's
Nun 'ne Vergeltung geben sollte!
Ich zittere für Euch, wenn ich dran denke!

GOTHLAND *zu Berdoa, indem er zugleich sich selbst beruhigt*:
Es gibt nur eine einzige Vergeltung,
Und die bestehet in der gänzlichen
Vernichtung unsres Daseins, welche man
Den Tod nennt; – dem Unglücklichen nimmt er
Die Qual, dem Glücklichen die Freude,
Und überflüssig macht er die
Vergeltung übern Sternen,
Von welcher du zu träumen scheinst!

BERDOA: Fast glaub
Ich's auch!

GOTHLAND: Siehst du! – – Die Huren mögen
Sich fürchten vor der Ewigkeit, –
Wir wissen besser, was daran ist;
Die Seele schläft, – was schläft, kann sterben, – sie
Wird krank (sehr krank!) – was krank wird, das vergeht auch!

BERDOA: Wie aber, König, kommt's, daß noch
Kein einziger (Ihr werdet einstens an
Euch selbst erfahren, daß ich Wahrheit spreche),
Wie kommt's, daß noch kein einziger
Gestorben ist, der nicht in seiner letzten Stunde
Die Nähe einer andren Welt geahnet und
Vor ihr gezittert hätte?

GOTHLAND: Mohr, du redest ganz
Einfältig! Ein gesunder Mann, der noch
Seine fünf Sinne hat, legt kein Gewicht
Auf das, was Sterbende, die auf
Dem Todesbett sich winden und die Kissen zupfen,
In ihrer Angst und Geistesschwäche faseln!

BERDOA: Gespenster also gibt es nicht?

GOTHLAND: Gespenster!
Hahaha! Mohr, auslachen muß ich dich!
Gespenster! Wer glaubt Ammenmärchen, wer

Hat jemals einen Geist gesehn? Ein Kind
Weiß, daß es keine Geister gibt! Mohr, Mohr,
Wie abergläubisch bist du und wie dumm,
Wie äthiopisch dumm! Gespenster!

BERDOA: Ihr überzeugt mich; Geister und
Gespenster gibt es nicht; aber denkt Euch, daß
Es hier nach Leichen röche und daß plötzlich
Dort in der dunklen Ecke, wo
Das weiße Laken hängt, im Totenhemd
Eur Bruder Friedrich stände und
Euch ansäh –

GOTHLAND: Hu!

BERDOA: Was schreit Ihr?

GOTHLAND: Sieh, er
Steht ja schon da! Mein Blut wird Eis! Er droht mir!
Er kommt! Verwesung ist sein Odem!
Er will mich töten! – Fliehen wär vergebens! –
Was fürcht ich mich? Dreist ringe ich mit ihm –
Auch ich bin Geist!

BERDOA: Ringt Ihr mit 'nem Gespenste,
Und nennt Ihr Euch 'nen Geist? Ei ei, ich meinte,
Es gäbe keine Geister!

GOTHLAND *wieder zu sich selbst kommend*:
's gibt auch keine!
Angst neckte meine Augen und ließ mich
So sinnlos schwatzen!

BERDOA: Ihr seid also auch
Ängstlich?

GOTHLAND *ohne auf Berdoa gehört zu haben*:
Zerstreuung hab ich nötig – Öffnet
Das Zelt!

Die Zeltwand des Hintergrundes fällt nieder, und man erblickt eine Wintergegend, die zum Teil von dem schwedisch-finnischen Lager bedeckt ist; am äußersten Horizonte wird sie von den Schneegipfeln des Kiölgebirges begrenzt; über ihr funkelt der sternbesäete Nachthimmel.

GOTHLAND: – – Eine sternhelle Luft!
BERDOA: Ja, – weggezogen sind die Decken,
Und schwindelnd starr ich in den Abgrund
Der Schöpfung; – wie ein Triumphator fährt
Die Nacht mit Millionen Sonnenrädern
Durch die Schwibbögen des Weltbaus; –
Milchstraßen drängen an Milchstraßen sich,
Sternbilder lodern bei Sternbildern!
GOTHLAND: Pah,
Auch diese Sternenherrlichkeit erbleicht,
Und schnell und spurlos, wie
Das flücht'ge Lächeln eines finsteren
Gesichts, vergehet dieser Glanz der Nacht!
– Es kommt die Zeit, wo sich die Todesengel
Mit schwarzen Sturmesfittichen erheben
Und auf den Ätherhöhn die Sonnen
Losreißen, wie die Lämmergeier auf
Den Alpenspitzen die Lauwinen
Loskratzen!
Dann rollen jene feur'gen Welten
Mit ihren Erden und
Mit ihren Monden, andre Welten mit
Sich niederreißend, in die Schlünde der
Vernichtung, und die Himmelswölb
Fällt ihnen nach wie 'n müdes Augenlid! –
Ewig ist nur der Staub. –
Weltkörper gehen unter, und der Mensch
Wär unvergänglich? O des Wahnwitzes!
BERDOA: Ich zweifle sehr.
GOTHLAND: Woran?
BERDOA: Daß die Weltkörper
So gänzlich untergehen. Ist es nicht
Wahrscheinlicher, daß diese mächt'gen Globen
Zu einem höhren Zweck bestimmt sind? Sollten
Sie nicht so gut 'ne Seele haben als
Wie wir? Die Läuse, die

Auf einem Menschenkopfe sitzen, meinen
Gewiß, daß dieser bloß erschaffen sei,
Um sie zu nähren, – und was auf
'nem Menschenkopf die Läuse sind, das sind
Die Menschen auf der Erde.

GOTHLAND: Ja, wir
Sind Läuse!

BERDOA: Und die Welten?

GOTHLAND: Sind
Vielleicht nur größre Läuse als wie wir.

BERDOA: Die Dioskuren auch?

GOTHLAND *bewegt*: Die Dioskuren! –
Wie kommst du auf die Dioskuren?

BERDOA: Ich seh sie eben in dem Osten aufgehn.

GOTHLAND: Ha! – schöne Sterne! Brüdersterne! seh ich
Euch wieder? Sel'ge, sel'ge Nächte, wo ihr mir
Noch strahltet als das Sinnbild meines Lebens!
Als ich das letzte Mal euch sah,
Da hatte ich noch Brüder, – jetzt – o jetzt! – –
– Mohr, glaubst du einen Gott?

BERDOA *beiseit*: Er fragt mich, weil
Er meint, daß ich nein sagen würde! *Laut:* Ja,
Ich glaube einen allgewalt'gen Gott,
Der in die Nächte schaut und in die Herzen
Und furchtbar richtet über das
Verborgne und das Offenbare!

GOTHLAND: Ich aber glaube, Mohr! daß du
Ein ungeheurer Narr bist, ein
Weit größerer, als ich gedacht, und daß
Dein Glaube an den allgewalt'gen Gott
So närrisch ist wie dein Gehirn!

BERDOA: Recht so!
Gott ist nicht, aber du, du bist!

GOTHLAND: Ich glaube
Die Allmacht und Allgegenwart der Zeit!
Die Zeit erschafft, vollendet und zerstört

Die Welt und alles, was darin ist;
Doch einen Gott, der höher als die Zeit
Steht, glaub ich nicht; ein solcher kann nicht, darf
Nicht, soll nicht sein und ist nicht!

BERDOA: Mit winzigem Gekreisch
Vermeinst du den zu leugnen, den
Des Donners Heroldsruf verkündet?
Die Morgensonne zündet
Ihm auf der Berge Hochaltären
Die Opferflamme an;
Das ganze sternbedeckte Firmament
Ist nur ein Sonnenstäubchen, das im Strahle
Seiner Größe brennt;
Die Geister schweben
Erstaunend auf den Stufen,
Die von dem Wurm, der in dem Tale
Der Erde lebt, bis zu den Sonnensphären
Sich erheben,
Und rufen
Seinen ew'gen Namen!

GOTHLAND: Brav, Mohr! man merkt's, daß du
Der Finnen Oberpriester warst!
Du predigst allerliebst! Du sollst
Dorfpastor werden! einen schwarzen Rock
Hast du ja von Natur schon an!
Wenn du die Kinder unterrichtest und
Die Bauern über Mißwachs tröstest,
Da mußt du dich so recht in deinem
Wirkungskreise fühlen!

BERDOA *tückisch lächelnd*: Nu,
Kinderunterricht erteilt ich gestern nacht!

GOTHLAND *nach einer Pause*:
– Hast du auf deinen Reisen Renegaten,
Die Christi Religion verlassen und
Den Islam angenommen hatten, kennen-
Gelernt?

BERDOA *beiseit*: Ha, sucht er da 'ne Zuflucht?
GOTHLAND: Was denkt man über sie?
BERDOA: Der Christ verfolgt
Und der Bekenner Mohammeds
Verachtet sie.
GOTHLAND: Und was meinst du dazu?
BERDOA: Die Religion, mein ich, kann man vertauschen,
Doch das Gewissen nicht. Auch sind
Im Grunde alle Religionen eins,
In Nebensachen nur sind sie verschieden;
So kenne ich zum Beispiel keine einz'ge,
Worin der Mord nicht schwer verboten wäre;
Ich selber mußt aus meinem Vaterlande,
Vom Strand des Nigers fliehen, weil
Ich meinen Freund erschlagen hatte!
GOTHLAND: Jetzt halt!
Du bist der größte Bösewicht auf Erden
Und sprichst doch heute, als
Wenn du die Tugend selber wärst!
Denkst du, ich wüßte nicht warum? Um mich
Zu quälen, bist du fromm! Doch das
Soll dir mißlingen; dir
Zum Trotze lache ich und bleibe ruhig –
Hoho! bin ich nicht ruhig?
BERDOA: Ruhig? Ja,
Sehr ruhig;
Nur flechtet Ihr die Zähne gräßlich durch-
Einander,
Auch ballt sich Eure Stirne so gewaltig,
Daß sie den festesten der Steine,
Den Diamant, zerquetschen kann
In ihren Falten, und
Wie rote Sonnen, die von Höllenglut
Geschwängert sind, glühn Eure Augen!
GOTHLAND: Ja ja, geballt hab ich die Fäuste, um
Die Runzeln meiner Stirn mit ihnen platt

Zu schlagen; ein Palast der Stürme ist
Mein Haupt; wie 'n tollgewordner Hund
Schlägt mein Gewissen seine Zähne in
Die Tiefen meiner Seele; meine
Gedanken würgen, meine Glieder
Bekriegen sich – *Mit dem höchsten Schmerzgefühl:*
– Ich bin ein Haufe von zusammen-
Gesperrten Tigern, die einander
Auffressen! – –
– Oh, wie glücklich ist ein Vieh!
Es weint nicht, es bereuet nicht, und ist
Es einmal tot, so lebt es auch nicht mehr!
O wäre ich ein Vieh! *Geht ab.*

BERDOA *nachdem er ihm nachgesehn*:
Der gute Gothland! *Er geht ab.*

Arboga und Erik treten ein.

ERIK: Ihr seid des Königs treuster Freund;
Ihr wißt, wie wenig er sich glücklich fühlt.
Ich kenne nur ein Mittel,
Wodurch sein trüber Geist genesen kann:
Er muß sich mit der Edelsten der Frauen,
Mit seinem holden Weibe, welches er
So ungerecht verstoßen, wieder
Vereinen. Sie, die ihn so hoch beglückte
In seiner schöneren, vergangnen Zeit,
Ist ganz erschaffen, daß sie der
Schutzengel seines Lebens werde.
O hätte sie mir nicht geboten,
Mit Rat und Tat in seiner Näh zu bleiben,
Längst wär auch ich davongeflohen. – Eben
Ist sie mit ihrem Vater,
Dem alten Grafen von Skiold,
Hier in dem Lager angekommen.
Sie will als eine fremde Sängrin vor
Dem Könige erscheinen, bis daß er

An ihres Liedes Klagetönen
Sein Weib erkennt und beide sich versöhnen! –
– Nun bitt ich Euch, hierin die Fürstin nicht
Zu stören und ihr freien Durchgang durch
Die Leibwacht und den Eintritt zu
Dem Kön'ge zu gestatten.

ARBOGA: Zwar sollt ich sie verhaften lassen –
Doch sie ist nur ein Weib, kann also nicht
Viel schaden, – höchstens kratzen; –
– Sie mag ihr Glück versuchen!

Erik geht ab.

Gothland tritt wieder auf.

GOTHLAND *zu Arboga*: Fürst,
Warum sollt ich betrübt sein? bin ich nicht
Ein König? – –
Aber gräßlich still und einsam,
Entsetzlich dunkel, furchtbar dunkel ist
Es hier! Licht, Lärm, Gesellschaft muß ich haben!

ARBOGA: Soll ich das Lager aus dem Schlaf aufrufen?

GOTHLAND:
Dein Rat ist gut; ich selbst will ihn erfüllen!
In das Lager rufend:
Auf auf, Soldaten! jubelt, raset, schlagt
Die Waffen aneinander! kränzt
Des Himmels Scheitel mit Raketen!
Macht euren König fröhlich! – Sät
Trompetenklänge in die Lüfte,
Laßt widerhallen alle Klüfte,
Bis daß der Himmel auseinanderspringt
Und bis das Nichts
Herein durch seine offnen Fugen dringt!

Geschrei und wilder Lärm hinter der Szene.

GOTHLAND *zu Arboga*: Horch, Hunderttausend wachen auf
Und leisten mir Gesellschaft,
Und dennoch bleib ich einsam und allein; –

O jeder Sterbliche, und säß er auf
Dem volkumdrängtesten von allen Thronen,
Er wandelt einsam unter Millionen;
Kein anderer
Kann seine Freude, seinen Schmerz verstehen,
Und einsam muß er untergehen!

Er versinkt in sich selbst; Arboga entfernt sich; Lärm und Geschrei verstummen.

ERIK *tritt auf und deutet auf Gothland*:
Jetzt muß Musik ihn vorbereiten!

Er geht ab; gleich darauf beginnt eine hinreißende gefühlvolle Symphonie.

GOTHLAND: Horch,
O horch! – Wer tut mir das? – O meine Brust!
Sie muß vergehen unter diesen Klängen
Vor Schmerz und Lust!
Wie bei des Frühlingswindes warmem Wehn
Die Blumen an das Sonnenlicht sich drängen,
So erschließen
In mir sich die Erinnrungen verschwundner Tage!
Hold und schön
Wie diese seelenvollen Melodien
Tönt auch die frohe Sage
Von meiner Kindheit Rosenzeit!
O laßt mich aus der düstren Gegenwart entfliehen,
Und nur noch einmal laßt mich sie begrüßen,
Die selige Vergangenheit! –
Dort taucht, umkränzt mit Regenbogen,
Der Kindheit Insel aus den blauen Wogen! –
Wie's sich in mir hinüber sehnt!
Ich seh die Flur, wo ich als Knabe spielte,
Wo ich mich kindlich glücklich fühlte,
Ich seh das väterliche Haus!
Allein vergebens
Streck ich die Arme zu dir aus,
Du Tempe meines Lebens!

So steht der Wandrer an dem Felsgestade,
An dem er Schiffbruch litt – blickt voll Verlangen
Zum fernen Eilande, wo goldne Gärten prangen;
Er blickt und blickt – die Pfade
Sind verschlossen,
Ein Meer ist zwischen ihm und jenseits ausgegossen!

Die Musik geht in eine sanfte und rührende Melodie über.

Wohlbekannte Worte hör ich klingen,
Die gleich verwehten Abendglockentönen
Aus weiter Fern herüberschwimmen!
Gott! es sind der Mutter heil'ge Warnungsstimmen!
Mutter! Mutter!
Lebtest du, wie würdest du die Hände ringen
Über mich,
Den unglückseligsten von allen Söhnen!
Als ich noch an deiner Seite
Wallte durch des Lebens Weite,
Fiel ich nicht, und brach der Sturm auch los –
Ich flüchtete zum Mutterschoß!
– Nimmer, Mutter! sehe ich dich wieder!
Droben schwebst du in den Sternenregionen,
Wo die verklärten Geister wohnen,
Und strahlest in dem Kreis der Frommen;
Vergebens blickst du aus nach ihm, den du geboren;
Nimmer, nimmer wird er kommen,
Denn zur Hölle fährt er nieder,
Und auf ewig ist er dir verloren! –
Hinweg, vorüber, zieh vorüber,
Du Kindheitsland! mein Aug wird trüb und trüber!
Vorbei ist ja vorbei!
Kindheit und Lieb zu ihr ist Kinderei!
Wer schneidet wohl mehr Fratzen,
Wen seh ich mehr einander beißen und zerkratzen,
Zanken und greinen,
Wer kriegt mehr Prügel auf die Hinterbacken
Als diese Kinder, die uns selig scheinen!

Die frechste Lügnerin
Ist die Erinnerung! Kindheit, fahr hin
Samt deinen Kindern, welche sich bekacken!

Pause. – Die Musik nimmt einen neuen Schwung.

– Bin ich denn nie beglückt gewesen?
O einmal, einmal war ich es!
– – Drei Brüder seh ich durch die Fluren wallen,
Manfred und Friederich und – Theodor!
Arm in Arm,
Der schönste Kranz von allen,
Die je der Frühling flocht; das Herz wird warm
Am Herzen, voneinander nie geschieden,
Herrscht unter ihnen steter Frieden!
– Wer hat dies Friedensglück gestört?
Ich! Friedrich fiel durch dieses Schwert! – –
Was fällt mir ein? Bin ich denn toll?
Manfred gehörte zu den schwärmerischen Toren;
Sein Herz war voll,
Im Kopfe hatt er Grütze;
Und an dem Kanzler war noch weniger verloren,
Denn der war nichts
Als eine menschenähnliche Schlafmütze!

Pause. Die Musik schweigt.

ERIK *tritt auf*: Herr, eine fremde Sängerin
Ist in dem Lager angekommen
Und wünscht mit ihrer Stimm Euch zu vergnügen.

GOTHLAND:
Vergnügen? So laß sie herein! Ruf auch die Feldherrn!
Doch erst gib mir den Königsmantel,
Denn fortan zeige ich mich nur als König.

Erik legt ihm den Mantel um und geht dann ab.

GOTHLAND *tritt an die Zelttür*:
Wie kalt der Nachtwind weht!

Arboga, Rossan, Usbek, Irnak, Berdoa und andere treten ein. Gleich darauf kommt Erik mit der Cäcilia und dem Grafen Skiold.

CÄCILIA: Dort steht er – – mitten unter den Verworfnen!
Oh, der Beweinenswerte!
ERIK: Redet ihn an.
CÄCILIA: Ich kann es nicht; mein Busen ist beklommen,
Das Wort erstirbt mir auf der Zunge!
GOTHLAND:
Ein schönes Weib! nur düster, wie es scheint!
Zu ihr tretend:
Ein schwarzes Band schlingt sich
Durch deine Locken, Sängerin; – du trauerst?
CÄCILIA: Das Band soll Zeichen sein, daß ich
Mein Lebensglück verlor.
GOTHLAND: So weine;
Doch weine nicht, daß du dein Lebensglück
Verlorest, wein, daß du es nie besaßest!
CÄCILIA *zu Skiold*:
O Vater! hörst du? – wie unglücklich muß
Er sein!
GOTHLAND: Was meinst du?
CÄCILIA: Ich sprach nichts.
GOTHLAND: Dir bebt die Stimme; fürcht dich nicht.
CÄCILIA: Wenn du
Das sagst, so will ich auch nicht fürchten!
GOTHLAND: So laß uns denn dein Lied vernehmen!
Er setzt sich. – Erik bringt der Cäcilia eine Harfe.
CÄCILIA *sehr bewegt, beginnt erst nach einigem Zögern zu singen*:
„Einsam wandert und vertrieben
Ein banges Weib durchs Herbstgefild;
Fern irrt sie von ihren Lieben,
Der Nachtwind sauset kalt und wild.
Es rauscht der Wald, es strömt der Regen,
Sie zittert wie ein welkes Blatt,
Kann ihr Haupt nicht niederlegen,
Und ach! es ist so müd, so matt.
Ihr Gemahl –
Gothland steht auf.

Ihr Gemahl,
Den sie mehr liebte als das Leben,
Für den sie Eltern und die Heimat ließ,
Dem sie ihr Alles hingegeben –
Er war es, der sie in die Wüste stieß.

Gothland wird immer unruhiger.

– Gras wird bald ihr Grab umzittern,
Vom Abendhauche leis bewegt;
Dann vielleicht wird's ihn erschüttern,
Daß nun der Busen nicht mehr schlägt,
Der ihn so sehr geliebt!"

GOTHLAND: Der ihn so sehr geliebt! Auch ich, auch ich
Kannt e i n e Seele, die mich liebte,
Doch diese e i n e wird nun tot sein,
Nun liebt mich niemand mehr! *Zu Cäcilia:* Weib, Weib,
Was blickst du mich so traurig lächelnd an?
Was weinst du? was bewegt dich? Komm!
In meine Arme, schönes Wesen!
Daß sie erfreue, ist die Schönheit da,
Und daß es liebe, schlägt der Frauen Herz!
Der Himmel hat dich mir gesendet, du
Sollst die gestorbne Gattin mir ersetzen!

Er umarmt sie.

SKIOLD UND ERIK: Sie hat gesiegt!

CÄCILIA: O Theodor! mein Theodor!

GOTHLAND: Was soll der Jubel jener beiden Alten?
Wie wohlbekannt ertönt mir diese Stimme?

CÄCILIA: Die Tote, welche du betrauerst, lebt für dich!
Kennst du dein treues Weib nicht mehr?

GOTHLAND: Mein Weib! So laß mich los! *Zurücktretend:*
Feldherrn, umgebt mich!

CÄCILIA: Nein, auseinander weicht vor mir!
Ist Gothland euer König, so bin ich,
Seine Gemahlin, eure Königin!

Die Feldherrn weichen auseinander; sie geht mitten durch sie hin und ergreift Gothland bei der Hand.

Gib mir die Hand,
Verlaß des Abgrunds schauervollen Rand,
Laß diese Larven, welche dich umgeben,
Und folge mir zu einem neuen Leben!
Komm! auf den Pfad der Tugend,
Den du so herrlich gingst in deiner Jugend,
Zu deinem vorigen, verlornen Glück
Führt deine Gattin dich zurück!
Der Reue Träne ist noch nie umsonst geflossen,
Des Heilands Blut ist auch für dich vergossen,
Die düstere Vergangenheit wird schwinden,
Den Frieden sollst du wiederfinden,
Und auch zu deinen Sternenhöhen,
Zu deinen Dioskuren, sollst du wieder sehen!
Gib mir die Hand!
Als Abgeordnete von höhern Mächten,
Vom Edlen, Guten und dem Rechten
Steh ich zum letzten Mal vor dir
Und rufe, flehe: folge mir!
O Gothland, teurer Gothland, kehre!
Dich ruft die Tugend, ruft die Ehre,
Dich rufen deine Freunde, deine Ahnen,
Vom Himmel rufen deine Brüder:
O Gothland, Gothland, kehre wieder!
– Ha, er ist mein! in seinem Aug glänzt eine Träne!
Sie reißt ihn mit sich fort.

GOTHLAND *folgt ihr einige Schritte, doch dann ermannt er sich und tritt wieder zurück*:
Vergebens lockst du mich, Sirene!
Nicht mehr
Den Jüngling, der an deinem Busen weinend lag
Und Küsse haschte, siehst du hier;
Jetzt scheint mir jede Träne Schmach,
Ein Tränenloser steht vor dir!
Ja, wehe ihr, die ihres Glückes Blume
Auf mich gepflanzt im kindlichen Vertrauen,

Daß sie die Blüte würde schauen;
Die Blume steht in einem Land voll Grausen,
Wo ew'ge Stürme und Erdbeben hausen!
Mein Weib kannst du nicht bleiben; es ist klar;
Ich wandre eine andre Bahn, als du
Betreten kannst –
Du liebtest mich, als ich noch schuldlos war,
Jetzt aber bin ich – – Doch genug! –
Gib dich darein; das kann der Mensch; und geh zur Ruh!
Beklag mich nicht; nicht groß
Ist dein Verlust; sehn dich
Nach deinem Sohne nicht; ihm ward ein andres Los;
Er ist für mich!

CÄCILIA: O Gustav, Gustav! armes, armes Kind!

GOTHLAND: Und nun ade!

CÄCILIA: Nein, knieend sink ich vor dir nieder –
O Gothland, Gothland, kehre wieder!

GOTHLAND *zu einem Soldaten*:
Unteroffizier! nimm zwölf Mann
Und transportier dies Weib
Samt ihrem Vater aus dem Lager!

CÄCILIA: Ich bin bereit zu wandern, aber
Verschone meinen Vater, ehre sein
Gebleichtes Haar!

GOTHLAND: Das weiße Haar beneid
Ich ihm; es zeigt ein hohes Alter an. – –

CÄCILIA: O Gott! zerrissen ist mein Herz!

GOTHLAND: Für das
Zerreißen ist das Menschenherz gemacht!

SKIOLD: Barbar! in dieser kalten Winternacht
Willst du mein unglücksel'ges Kind
In die beschneite Wüste stoßen? Sie
Hat nicht geschlafen in drei Tagen, weil
Sie um dich weinte!

CÄCILIA: Vater, Vater, schweig! Sag

Ihm nicht, was ich um ihn gelitten!
Er lohnt es mir doch nur mit Hohn und Spott!

SKIOLD *zu Gothland*: Sieh, wie sie zittert!
Ein heißes Fieber brennt auf ihren Wangen –
Der schwächste Luftzug wird sie töten!
Ha, welche Heldentat, ein krankes Weib
Zu morden!

GOTHLAND: Alter, reize mich nicht!

CÄCILIA: Nur eine Bitte noch: laß mich von Gustav,
Von meinem Sohne Abschied nehmen.

GOTHLAND: Nein, nein! Das geht nicht an!

CÄCILIA: Ich will ihn sehn! Wer hält die Löwin ab,
Wenn sie zu ihren Jungen stürmt?

GOTHLAND *sie aufhaltend*: Ich!

BERDOA: Schwächlich Europäerpüppchen!
Vergleich dich nicht mit Löwinnen!

CÄCILIA: Auch meines Sohnes Anblick raubt man mir!
– So sag mir wenigstens, wie geht es ihm?
Hängt noch sein Herz an mir? Schmückt noch
Gesundheit seine jugendlichen Wangen?
Ist er noch heiter, wie er einst es war?

GOTHLAND: Es geht ihm wohl.

CÄCILIA: Dank, Dank dir, güt'ge Gottheit! –
Sag ihm (ich bitte dich), die Mutter hätte
Nach ihm gefragt mit Tränen – sage ihm,
Er möchte seiner Kindheit nicht vergessen, –
Wer seiner Kindheit denket, sündigt nicht, –
Sage ihm – – Oh, mein Sohn! mein Sohn!
O dürft ich ihn nur einmal noch,
Zum letzten Male ihn noch sprechen,
Zum letzten Male ihn an meinen Busen drücken!
Gewiß, er freute sich! Erbarmen!
Erlaub es mir! Zu ihrem Kinde laß
Die Mutter!

GOTHLAND: Nein, nein, nein!

CÄCILIA: Erbarmen!

GOTHLAND: Laß
Mich los!
CÄCILIA: Erbarmen!
GOTHLAND: Willst du denn nicht hören, so –
Er zuckt einen Dolch.
CÄCILIA *bemerkt es*:
Ich will! ich will! Erspar du dir den Mord!
Leb wohl! – – O Theodor, wer hätte das
Gedacht vor sechzehn Jahren,
Als du errötend vor mir lagst und der
Geliebten ew'ge Liebe stammeltest! – *Sie geht.*
GOTHLAND: Starrsinnig Weib! nimm deinen Vater mit!
Bei meiner Königskron, ich lasse ihn
Enthaupten, wenn er bleibt!
CÄCILIA *umkehrend*: Was hat
Der alte Mann dir denn getan?
SKIOLD *zu Gothland*: Erbarm
Dich unserer!
GOTHLAND: Jetzt hab ich's übersatt!
Soldaten!
CÄCILIA: Rufe die Soldaten nicht!
Wir fliehen schon! *Zu Skiold:* Komm, teurer Greis;
Stütz dich auf deine Tochter! *Zu Gothland:*
Leb wohl! leb ewig wohl, Unglücklicher!
Sag meinem Sohn mein letztes Lebewohl! –
– Ich gehe fort,
Doch blutend reißt mein Herz sich los
Und bleibt bei dir zurück!
Sie geht mit ihrem Vater ab.
GOTHLAND: Endlich hat das Geschrei ein Ende!
Was tut's denn auch, ob so ein Weib krepiert?
Es gibt ja ohnehin der Weiber viel
Zu viel! selbst mancher Mann ist eins!
Er geht; alle folgen ihm, bis auf Berdoa, der mit Irnak zurückbleibt.
BERDOA: Sahst du den jungen Gothland?

IRNAK: Ja, er liegt
In Milchens Arm.
BERDOA: Schon wieder?
IRNAK: Nu,
Seit jenem Abend, wo Ihr ihn
Zum ersten Male zu der Dirne schicktet,
Läßt er ihr wenig Ruhe;
Fast stündlich ist er da; er hat sich sehr
Verändert!
BERDOA *mit Hohngelächter*:
Ja, er hat sich sehr verändert!
IRNAK: Kaum
Begreif ich's; erst war er so blöd,
Doch jetzt ist er fast unverschämt; Ihr
Müßt ihn verzaubert haben!
BERDOA: Narr!
Ich schmeichelt ihm so lange und so grob,
Bis daß er mich hochachtete. Er war
Noch unschuldig, also sehr leicht verführbar;
Er war verliebt, – ich macht ihn wollüstig;
Wer liebt, ist eitel, weil er der
Erkorenen doch gern gefallen will –
Leicht machte ich den Eitlen eitler;
Der Eitle putzt sich gern – ich leih ihm Geld
Dazu; – der Junge hat 'ne heiße Phantasie –
Mit gringer Müh ist sie entzündet;
Er ist nicht dumm und auch nicht klug – nichts leichter
Als sein Gehirnchen mit Gedanken zu
Zersprengen, welche es nicht fassen kann!
– So habe ich auf tausend Weisen ihn ergriffen;
Vermagst du es, so steh mir darin bei!
IRNAK: Ja, wenn ich's nur vermöchte! Ich
Kann höchstens ein paar Zoten reißen!
BERDOA: Ach, mancher ist auch dazu noch zu dumm!
'ne Zote ist so übel nicht; sie ist ein Ding,

Was man gern tut, allein nicht gerne sagt;
Die Hosenklappe sollt man eher vorm
Gesichte als vorm Bauche tragen,
Denn bei den meisten ist
Die ärgste Zote eben das Gesicht!

Gustav tritt auf.

IRNAK: Still!
Da kommt der Prinz! – Schaut Ihr's, wie blaß
Er sieht? Glaubt mir, das blonde Milchen quetscht
Ihn aus wie einen Schwamm.
BERDOA: Laß mich mit ihm
Allein.
IRNAK: Ich gehe. – Guten Abend, Prinz.
GUSTAV: Steht dort
Berdoa?
IRNAK: Ja.

Entfernt sich; Gustav geht zu Berdoa.

BERDOA: Ei ei, sieh da,
Mein schöner Prinz!
GUSTAV: Wie sitzt
Mir dieser Rock?
BERDOA: Ganz himmlisch, himmlisch!
Ihr werdet alle Herzen drin erobern!
GUSTAV: Meinst du? Ich fürchtete, er wär etwas
Zu lang!
BERDOA: Ihr fürchtetet? Ein Kronprinz fürchtet?
Nehmt Euch in acht! die Weiber sind sehr sonderbar!
Weil's sich nicht schickt, daß sie den Mann anfallen,
So sehn sie's gerne, wenn der Mann das Weib anfällt!
Der Freche wird geliebt!
GUSTAV: Was machen wir
Heut nacht?
BERDOA: In meinem Zelt ist großer Schmaus;
Ich lade Euch dazu; an Mädchen und an Wein
Soll es nicht fehlen.

GUSTAV: Milchen ist doch auch
Dabei?
BERDOA: Ei, das versteht sich. Auch
Adelaide ist geladen.
GUSTAV: Fy! das schmutz'ge Mensch?
BERDOA: Laß das nur sein; sie hat 'nen hübschen Arsch!
Wie prachtvoll wölbt er sich!
GUSTAV: Fürwahr, da hast
Du recht! Ihr Steiß ist delikat, ist göttlich!
BERDOA: Sollt er nicht gar unsterblich sein?
GUSTAV: Wie?
BERDOA: Nichts. – Seit Milchen hast du wohl
Die schöne Selma ganz und gar vergessen?
GUSTAV: Du bist ein dummer Kerl! Wie kannst du nur
So sinnlos schwatzen? Selma, dich vergessen!
Bloß weil ich Selma liebe, bloß
Daß meine Qual um sie in etwas doch
Sich lindre, gehe ich zu deinem Milchen;
O selig, überselig wär ich, hörte ich
Nur rauschen ihres Kleides Saum!
BERDOA: Du!
Mit Selma unter einer Decke –
Im bloßen Hemde du und sie –
Und dann der süß Errötenden
Mit wollustvollem Zögern leise, leise
Das Hemde aufzuheben!
GUSTAV: Ah, der Wonne!
BERDOA *beiseit*: Ha, das versetzte ihm den Atem! – Jetzt
Will ich ihn Sprünge machen lassen! *Laut:*
Eur Vater ist doch hart; wißt Ihr, daß Eure Mutter –
GUSTAV: O Gott! ich weiß! O meine gute Mutter!
Jetzt, grade jetzt vielleicht verjammert sie
Im Schnee!
BERDOA: Adelaidens Steiß!
GUSTAV: Ist wirklich einzig!
Er ist der Steiß der Steiße!

BERDOA: Eur Vater will für Euch um die
Norwegische Prinzessin werben, und
Der Selma sollt Ihr gänzlich Euch entschlagen.
GUSTAV:
Ich werd ihm nicht gehorchen!
BERDOA: Panther und Hyänen!
Da habt Ihr recht! Ihr müßt ihm nicht gehorchen!
Seid nur nicht blöde! Macht's mit ihm, wie er's
Mit seinem Vater macht! Denkt nur an das,
Was ich von ihm erzählte! Treibt er es
Zu weit, so laßt von seinem Brudermorde
Ein Wörtchen fallen, – da wird er schon schweigen!
GUSTAV: Ich weiß, was ich ihm bieten kann!
BERDOA: Recht so,
Ich seh, du hast Courage und Verstand!
GUSTAV: Aber erlaubt die Tugend –?
BERDOA: Pah,
Sei doch nicht abergläubisch! Wer hat von
Der Tugend je etwas gespürt? Die Zeit
Ist aufgeklärt, sie glaubt an keine mehr.
Dummheit und Frömmigkeit sind synonym,
Nichts Sünd'ges gibt es und nichts Böses,
Was für den einen bös ist, das ist für
Den andren gut; der Mensch kann ohnehin
Das Gute nicht vertragen: säe Wohltat auf
Ihn aus, und Undank wird dir aufgehn;
Es gibt nichts Großes; achte niemand; wer
Sich selber kennt, verachtet sich; das Glück
Benennt man Weisheit und Genie;
Die großen Männer waren große Narren;
Lob nicht den Edlen, lob den Zufall, der
Ihn edel machte; Sokrates
Und Nero sind von gleichem Wert: versetz
Den einen in des andren Lage,
Und aus dem Nero wird ein Sokrates
Und aus dem Sokrates ein Nero;

Die Liebe ist versteckter Eigennutz,
Großmut ist spekuliernde Heuchelei,
Mitleid ist schwächliche Empfindsamkeit,
Und wenn auch jemand wirklich Gutes tut,
So tut er's, weil das Gute leichter als
Das Böse ist.

GUSTAV: Mit Schaudern höre ich
Die Religion der Hölle!

BERDOA: Ah, sie paßt
Für diese Erde! – Ja, als ich noch liebte,
Da dacht ich ebenfalls ganz anders!

GUSTAV: Wie?
Du hättest je geliebt?

BERDOA: Hab ich es nicht
Schon hundertmal gesagt? *Beiseit:*
Ein Narr, der's glaubt! *Laut:*
Nie, Ella! werd ich dich vergessen,
Du Holdeste der Afrikanerinnen,
Wie edel war ihr Herz! wie wollig war
Ihr Haar! zwei Schuhe lang ihr Busen!
Und ach! sie war Euch schwarz, schwarz wie
Die Unschuld!

GUSTAV *lachend*: Wie? ist denn Unschuld schwarz?

BERDOA: Nun,
Wir Neger haben einen anderen
Geschmack als ihr: uns ist das Schöne schwarz,
Die Teufel aber sind uns weiß!

GUSTAV: Pfui, pfui,
Schwarz sind die Raben!

BERDOA: Altes Weiberhaar
Ist freilich weiß!

GUSTAV: Sprichst du im Ernst?

BERDOA: Im vollsten Ernste:
Ein ordentlicher Mohr muß aussehn wie
Ein gut gewichster Stiefel!

GUSTAV: Hahaha!

Gothland tritt auf.

BERDOA: Still, Prinz! da kommt Eur Vater! – Lebet wohl,
Bei meinem Schmause sehe ich Euch wieder. *Er entfernt sich.*
GOTHLAND: Mein Sohn, der Mohr verließ dich eben.
Vermeide seine schändliche Gesellschaft.
GUSTAV: Wo soll ich hier im Lager eine beßre finden?
GOTHLAND: Ich bin entschlossen, dich
Mit Norwegs Königstochter zu vermählen,
Und hoffe, Beifall gibst du meiner Wahl.
GUSTAV: Die Wahl ist schön, doch nimmer werd
Ich Norwegs Königstochter freien.
GOTHLAND: Warum nicht?
GUSTAV: Weil ich längst schon liebe!
GOTHLAND: Liebst du?
So hüt dich, daß du nicht venerisch wirst! –
– Wie heißt denn die Erwählte?
GUSTAV: Selma.
GOTHLAND: Was? Tollkopf?
Die Tochter des vertriebnen Olafs?
GUSTAV: Wenn
Du willst, daß ich die Völker, welche dir
Gehorchen, einstens groß und glücklich machen,
Ihr Völkerglück befördern soll, so gib
Mir Selma; ohne sie vermag ich nichts.
GOTHLAND: Ihr Vater ist mein fürchterlichster Feind;
Sie kann durchaus dein Weib nicht werden.
Und fasle mir nicht mehr von Völkerwohl
Und Völkergröße, – das sind Ideale!
Noch niemand ging mit Idealen für
Der Menschheit Wohl ins Leben, der
Es nicht als Bösewicht,
Als ausgemachter Menschenfeind verlassen hätte!
Bekümmere dich nicht um andrer Glück,
Sonst werden sie's dich büßen lassen, daß

Du für sie sorgst und dich in ihre Sache mischtest! *Nach einer Pause:* – – Mein Sohn, du bist mein einz'ges Kind,
Für dich erobr ich Throne, häuf ich Schätze,
Du bist der einz'ge auf der Erde, welchen ich
Noch liebe: darum rat ich dir:
Verstein dein zartes Herz und mach
Es zähe für die Hämmer des Geschicks;
Verbanne Mitleid und Gefühl aus deiner Brust,
Und ungeheure Qual wirst du ersparen;
Wie es der Liebende
Mit der Geliebten macht, die
Er lieber selber tötet, ehe er es ansieht,
Daß die barbar'sche Räuberschar
Sie schändet und erwürgt, so mache du's
Mit deinen Hoffnungen und Träumen, – schneide sie
Mit eigner Hand beizeiten ab, bevor
Die rauhe Wirklichkeit sie dir vernichtet!
Vor allem aber bitt ich dich,
B e r e u e n i c h t s ! Denn etwas Überflüß'gers als
Die Reue gibt es auf der Erde nicht!
– Sohn, willst du diese Warnungen
Befolgen?

GUSTAV: Ich will sie befolgen.

GOTHLAND: So schwör, daß du dein Herz verhärten willst!

GUSTAV: Ich schwör, daß ich mein Herz verhärten will!

GOTHLAND: So schwör, daß du dein Hoffen töten willst!

GUSTAV: Ich schwör, daß ich mein Hoffen töten will!

GOTHLAND: So schwör, daß du nicht Reue fühlen willst!

GUSTAV: Ich schwör, daß ich nicht Reue fühlen will!

GOTHLAND: Du hast geschworen; willst du glücklich sein,
So halte deinen Schwur! –
Und nun, mein Sohn,
Versprich mir auch das eine noch: Heirate die
Norwegische Prinzessin und
Laß Selma fahren!

GUSTAV: Nein, das kann ich nicht.

GOTHLAND: Ich bitte dich, mein Sohn, laß Selma fahren;
Sehr glücklich machst du mich dadurch!
GUSTAV: Ei ei!
Ich sollte mich ja nicht um andrer Glück
Bekümmern!
GOTHLAND: Bube, diesen Spott sollst du
Mit Tränen einst bereun!
GUSTAV: Pah! ich
Bereue nichts! Ich habe ja geschworen, daß
Ich keine Reue fühlen will!
GOTHLAND: O Bube! Bube!
Was macht dich gegen deinen Vater so
Verwegen?
GUSTAV: Machst du es etwa
Mit deinem Vater besser?
GOTHLAND: Junge! Junge!
GUSTAV: Ich bin kein Junge!
GOTHLAND: Wer hat dich
So fürchterlich verderbt, milchbärt'ger Schurke?
GUSTAV: Ich
Ein Schurke? Einen Brudermord hab ich gottlob
Noch nicht begangen!
GOTHLAND: Ha, dies hat der Mohr
Dir eingegeben!
GUSTAV: Man gibt mir
Nichts ein!
GOTHLAND: Vergiß die Selma!
GUSTAV: Nein!
GOTHLAND: Du sollst es!
GUSTAV: Panther und Hyänen!
Ich will es nicht!
GOTHLAND: Brav, Äffchen! bravo, Papagei!
Du hast beim Mohren etwas profitiert!
Sein „Panther und Hyänen" ahmest du
Ganz allerliebst schon nach!
GUSTAV: Ich lasse mich

Von dir, der meine Mutter in die Wüste stieß,
Nicht schimpfen!

GOTHLAND: Bengel! hüte, hüte dich!
Ich habe viel vergessen, und daß du mein Sohn
Bist, werde ich im Notfall auch vergessen können!
Nimm dich in acht! laß dich nicht wieder bei
Dem Neger treffen!

GUSTAV: Darf ich gehen?
Ich habe die Lektionen satt bekommen! *Er geht.*

GOTHLAND *ruft ihm nach*:
Und morgen noch bewirbst du dich
Um die norwegische Prinzessin!

GUSTAV *sich an der Tür noch einmal umdrehend*:
Um die norwegische Prinzessin
Bewerb ich mich nun nicht. *Er geht trotzig ab.*

GOTHLAND: Weh! Weh!
Mein einz'ger Sohn! mein einz'ger Sohn!
Wie mich der Neger und die Freundschaft,
Verderbten ihn der Neger und die Liebe!
Drum Fluch der Freundschaft, Fluch der Liebe, Tod
Dem Neger! –
Heda!

Ein Diener tritt ein.

Hol mir
'ne tücht'ge Eisenkette!

Der Diener geht ab. Man hört Musik und Jubel hinter der Szene:

Fürst Arboga!

Arboga tritt ein.

Woher schallt dieser Jubel?

ARBOGA: Aus
Berdoas Zelt; er hält heut nacht
Ein groß Bankett.

GOTHLAND: Er triumphiert wohl, daß
Er mich an meinen Sohn verraten hat!

Der Diener kommt zurück mit Ketten; Gothland nimmt sie ihm ab und wendet sich dann wieder zu Arboga:

Nehmt funfzig Eurer bravsten Krieger und
Begleitet mich mit ihnen zu
Berdoas Zelt; wir wollen die Lautjauchzenden
Bei dem Bankette überraschen und
Den Neger einmal ernstlich fragen,
Weswegen er so schwarz ist! –

Er geht mit Arboga ab.

Zweite Szene

Berdoas Zelt.

Musik. Großes wildes Gastgelag. Berdoa, Usbek, Irnak, Gustav, finnische Hauptleute, Dirnen, aufwartende Knechte usw.

BERDOA: Toren meinen, Sünde wär es, froh zu sein!
Der Sonne roter Sohn soll leben,
Der edle, feuervolle Wein!
IRNAK: Toren meinen, Sünde wär es, froh zu sein!
Es sollen alle Mädchen leben,
Die sich dem Dienst der Freude weihn!
CHOR: Wein und Mädchen sollen leben!
BERDOA *zieht den Usbek auf die Seite*:
Hast du das gestrige Gespräch erwogen?
USBEK: Ja; Gothland hat mich schnöd belogen!
BERDOA: Hab ich dir deinen Vater umgebracht?
USBEK: Für stets verbann ich diesen schändlichen Verdacht!

Beide geben sich die Hand.

EINE DIRNE *die neben Gustav sitzt*:
Ach, Prinz! Ihr kitzelt mich auch gar zu sehr!
GUSTAV *mit ihr schäkernd*:
Wart nur! bald kitzl ich dich noch mehr!
FINNISCHE HAUPTLEUTE *mit ihren Dirnen tanzend*:
Mädchen, macht die Busen bloß,
Wieget uns in eurem Schoß!

ANDRE *zechend*: Säuft man im Himmel keinen Wein,
So muß es dort sehr traurig sein!
BERDOA: Recht! bravo, Freunde! tanzet! saufet! laßt
Die Gläser schäumen, als
Wenn's tolle Hunde wären! An
Berdoas Gastmahl soll es fröhlich hergehn!
FINNISCHE HAUPTLEUTE: Es lebe unser edler Wirt!
BERDOA: Es leben meine edlen Gäste!
EINTRETENDE HAUPTLEUTE:
Hu, draußen ist es grimmig kalt!
BERDOA *auf den Tisch im Hintergrunde deutend*:
So wärmet euch! dort dampft ein Punschvulkan!
USBEK, IRNAK UND ANDERE:
Musik! Musik! wir wollen singen!
Musik. Die Anwesenden versammeln sich im Hintergrunde um den Tisch.
USBEK *singt*: Unterm lauten Becherklang
Stimmet an den Schlachtgesang!
Schlachtlied.
MEHRERE STIMMEN:
Schon blutet am Himmel das Morgenrot!
Empor vom Schlafe, ihr Braven!
Erwachet, Soldaten! nicht schlafen tut not!
Gar mancher wird heut noch entschlafen!
EINE STIMME: Dort steht der Feind im Sonnenglanze,
In blinkend Stahl gehüllt!
ALLE: Hallo, hallo, zum Waffentanze
Auf dem erzitternden Gefild!
EINE STIMME: Bruder, willst du mich ermorden?
Ich bin dein Bruder – schone, schone mich!
EINE ANDRE STIMME:
Stirb! mein Feind bist du geworden,
Denn du folgst jenen Fahnen, diesen ich!
ALLE: In des Gefechtes Wut und Graus
Ist wahre Freiheit und Gleichheit zu Haus!
Dort darf man jede Pflicht verachten,

Dort darf man sich im Blute röten,
Dort darf der Knecht den König töten,
Dort hört man nicht aufs Gnadeflehn,
Denn siegen ist das Los der Schlachten
Oder glorreich untergehn!
Ja, siegen ist das Los der Schlachten
Oder glorreich untergehen!

Während sie so singen und jubeln, tritt Gothland, in einen Mantel gehüllt, mit Arboga ein.

GOTHLAND: Ei! seht, hier ist es ja recht lustig!
GUSTAV: Das Lied ist aus – wir wollen tanzen!
IRNAK: Ne, tanzt nicht, reitet lieber! *Zu einer Dirne:*
Nicht wahr, mein Kind?
GOTHLAND: Nun seh ich's, wie
Man meinen Sohn verführt! –
BERDOA: Das Gastmahl muß
'nen König haben; wer am meisten säuft,
Der soll es sein!
GUSTAV: So laßt uns denn drum saufen!

Sie fangen an wild zu zechen; Gothland tritt mit Arboga näher hinzu.

EIN FINNE *die beiden bemerkend, mit Geschrei*:
Da ist der Herzog!

Alle fahren auf.

GOTHLAND: Wo ist hier
Ein Herzog?
BERDOA *sich fassend*: König, hochwillkommen seid
Ihr mir bei meinem Gastgelage!

Gothland schweigt.

BERDOA *ihm einen Becher Wein anbietend*:
Beliebt's Euch, 'nen Pokal von meinem Wein
Zu trinken?
GOTHLAND: Ich will nicht trinken.
BERDOA *etwas verlegen*:
Befehlet Ihr vielleicht ein wenig Speise?

GOTHLAND: Ich will nicht speisen.

BERDOA *einen Sessel rückend*:

Tut mir die Ehre an und setzt Euch nieder.

GOTHLAND: Ich setze mich nicht nieder.

BERDOA *ärgerlich, halblaut*: So laßt es bleiben! –
Zu seinen Gästen: Freunde, starrt nicht so!
Laßt euch durch Fremder Gegenwart nicht stören!
Auf, auf! laßt uns von neuem jauchzen! *Er ergreift ein Glas.*

GOTHLAND: Weswegen willst du jauchzen, Neger?

BERDOA: Nu, weil ich fröhlich bin!

GOTHLAND: Weswegen bist du fröhlich, Neger?
– Weswegen, frag ich, bist du fröhlich? – Etwa, weil
Ich traurig bin? –
Ha, deine Haut
Ist glänzend schwarz – ein eisernes
Geschmeide müßte ihr nicht übel stehen –
Arboga! kommt, wir wolln ihn damit schmücken!

Er zieht die Ketten unter dem Mantel hervor, ergreift den Neger und fesselt ihn mit Hülfe Arbogas.

BERDOA *sich heftig dagegen wehrend*:

Los! los! – Die Fäuste weg! – Los! Finnen, steht
Mir bei! Eur König Gothland ist
Ein Brudermörder, ein Rebell –
Gehorcht ihm nicht! – O wären meine Blicke Pfeile! –
Mein Eingeweide speie ich dir ins
Gesicht! – Mord! Mord! Mord!

DIE FINNISCHEN HAUPTLEUTE: Laßt
Den Mohren los! los!

GOTHLAND *zu Arboga*: Führe ihn hinweg!

BERDOA:

Was tue ich? Wen ruf ich an? Was denke ich?
Oh, Leoparden! Skorpione! – Nileidechsen! –
Hyänenrachen! – Giftbäum! – Wüstensand –
Harmattan – Aussatz – Afrika – – –

Er wird von Arboga mit Gewalt abgeführt.

DIE FINNENHAUPTLEUTE *zu Gothland, fast drohend*:
Laß
Den Neger wieder frei!
GUSTAV: Ja, laß ihn frei,
Er ist mein Freund!
GOTHLAND: Läßt du dich auch vernehmen?
Was machst du hier? Hab ich dir nicht
Den Umgang mit Berdoa streng verboten?
GUSTAV *trotzig*: Erst laß ihn los! Nachher wird sich
Schon eine Stunde finden,
Wo ich dir Antwort gebe!
GOTHLAND *zu den schwedischen Soldaten, die sich an der Zelttür sehen lassen*: Habt ihr
Den Rossan rufen lassen?
ROSSAN *eintretend*: Da bin ich!
GOTHLAND: Du bist der bravste aller Finnen! –
– Ein Tor, der glauben kann, daß man
Bei Jungen unter achtundzwanzig Jahren
Mit Überredung und Vernunft etwas
Bewirken könne; solche Buben haben ihr
Gehirn in ihren Rücken, und Prügel, mit
Gewalt darauf geführt, begreifen sie
Am leichtesten. –
Rossan! nimm diesen Knaben in
Die Kur; er ist verliebt und ungehorsam; zähl
Ihm sechzig Rutenstreiche auf, – das wird
Ihn heilen!
GUSTAV: Rutenstreiche? mir? Das leid
Ich nicht; nein, eher bringe ich mich um!
GOTHLAND:
Fort! peitschet ihn, bis er geschmeidig wird!
GUSTAV: Geschmeidig? Hohoho! Versucht's! versucht's!
Peitscht mich! Ich will doch sehn, ob euer Arm
Nicht eher müde werden wird als ich!
Geschmeidig? eher beiß ich mir die Zunge ab!
Verflucht, daß ich der Sohn von solch

'nem Brudermörder, solch 'nem Usurpator,
Von so 'nem Gotteslästrer sein muß, den
Ich lieber töten als lieben möchte!

Rossan führt ihn fort.

GOTHLAND *zu den finnischen Hauptleuten*: Nun, ihr
Begehrtet ja vorhin etwas von mir, –
Was war es?

DIE FINNISCHEN HAUPTLEUTE: Laß den Neger los!

GOTHLAND: Ihr liebt ihn also?

DIE FINNISCHEN HAUPTLEUTE: Wir lieben ihn!

GOTHLAND: Soldaten!

Ein Haufe schwedischer Soldaten tritt ein; Gothland wendet sich wieder zu den Hauptleuten:

Mich
Liebt ihr doch auch?

Stillschweigen.

Ha, Tod und Hölle! Mich
Liebt ihr doch auch?

DIE FINNISCHEN HAUPTLEUTE *erbebend*:
Wir lieben dich!

GOTHLAND: Nun, so
Begebt euch wieder zu dem Trinktisch und beginnt
Das unterbrochne Gastgelag von neuem!

Sie gehorchen.

Die Gläser angefüllt!
Und wer mich liebet oder fürchtet
(Denn beides ist mir einerlei, weil Furcht
Und Liebe gleiche Wirkung haben),
Der stoße mit mir an und leere den Pokal
Darauf – *einen vollen Becher ergreifend* –:
Der König Gothland soll gedeihen!

DIE FINNISCHEN HAUPTLEUTE *mit sichtbarem Widerwillen*:
Der König Gothland soll gedeihen!

Sie leeren die Gläser.

GOTHLAND: Der Neger soll verderben und verrecken!

Alle schweigen.

Ich sag euch, stoßet an und stimmet ein:
Der Neger soll verderben und verrecken!

DIE FINNISCHEN HAUPTLEUTE *zögernd*:
Der Neger soll verderben und verrecken!

Sie leeren die Gläser.

GOTHLAND: Krepieren sollen alle, die ihn lieben!

Stille; Gothland wiederholt mit drohender Stimme:

Krepieren sollen alle, die ihn lieben!

DIE FINNISCHEN HAUPTLEUTE *mit zauderndem Beben*:
Krepieren – sollen alle – die ihn lie – ben!

Sie leeren die Gläser.

GOTHLAND: Der Scharfrichter soll leben und florieren!

Alle schweigen.

Ich sage euch:
Der Scharfrichter soll leben!

DIE FINNISCHEN HAUPTLEUTE *mit ungewisser Stimme*:
Der Scharfrichter soll – leben!

GOTHLAND: Leert
Die Gläser darauf aus!

Sie leeren die Gläser.

Und nun genug!
Euch brauch ich nicht zu fürchten!

Er wirft den Trinktisch um; die finnischen Hauptleute treten scheu zurück. – Tocke, schwer gefesselt, wird von einem schwedischen Unteroffizier hereingebracht.

UNTEROFFIZIER *zu Gothland*:
Herr, dieser feuerhaar'ge Kerl –

TOCKE: Was gehn
Dich meine Haare an? Du Spitzbub!

GOTHLAND: Still!

TOCKE:
Ei was! ich lasse mich von so 'nem Schlingel nicht
Beleid'gen!

GOTHLAND: Frecher Hund, sei still! *Zu dem Unteroffizier:*
Sprich! Was
Hat dieser Kerl verbrochen?

UNTEROFFIZIER: Er
Hat seine Schwester, welche ihm
Sein vieles Stehlen vorwarf, eigenhändig
Erwürgt und seinen Vater, der
Den Schwestermord verwehren wollte, auf
Das unbarmherzigste zu Tod
Geprügelt!
TOCKE: Pah! mein Vater war
Ein Esel!
GOTHLAND *für sich; auf Tocke deutend*:
Dieser Schurke kommt mir vor
Wie eine Parodie auf mich!
Er tötete die Schwester,
Ich tötete den Bruder, –
Doch eben wegen dieser Ähnlichkeit
Will ich ihm nicht verzeihen! *Laut:*
Dieser Elende
Verdienet keine Schonung! Schleift
Ihn morgen mit der ersten Frühe zur
Richtstätte!
TOCKE: Gnade, großer König, Gnade!
Ich küsse deine Füße!
GOTHLAND: Fort mit ihm!
TOCKE *indem man ihn wegführt, zu Gothland*: Na,
Man sagt, Ihr wärt der Beste auch nicht!
EIN SCHWEDISCHER HAUPTMANN *tritt ein*:
Herr,
Im Kiölgebirge hat man fremde Truppen
Gesehn.
GOTHLAND: Führt meinen Schweißfuchs vor; ich will
Rekognoszieren.
DER SCHWEDISCHE HAUPTMANN: In der Nacht?
GOTHLAND: Ich kann
Ja doch nicht schlafen!
DER SCHWEDISCHE HAUPTMANN: Vor dem Kerker
Des Negers ist ein großer Auflauf.

GOTHLAND: In
Zwei Stunden komme ich zurück, – das Volk
Wird sich indes zerstreuen; – dann
Wollen wir ihn hinrichten! *Zu den finnischen Hauptleuten:* Euch aber,
Ihr Herren! rat ich als ein guter Freund:
Es ist jetzt kaltes Wetter – Hütet euch
Vor Halsweh! *Er geht ab.*

Dritte Szene

Wilde Gegend des Kiölgebirges.

Cäcilia und Graf Skiold, von ihr geführt, treten auf.

SKIOLD: Das Kiölgebirg wird immer graus'ger – ich
Verzweifle!
CÄCILIA: Nordstern! Sirius! wo seid ihr?
Tauch aus den Wolken, Mond, du Silberschwan
Der Nacht!
SKIOLD: Vergebens rufst du ihm!
Er schwebt vielleicht
Jetzt über Gräcias Blumenhügeln, sieht
Die Liebenden im Myrtenhaine wallen und
Vergißt uns Wanderer der Eisflur! – Was
Bewegt dich so?
CÄCILIA: Ich weiß nicht, wie's
Mir grade hier, im kalten Kiöl-
Gebirge einfällt; ich denke an
Die schönen Sommerabende auf deiner Burg
Zu Lund!
SKIOLD: Wo du als hochbeglückte Braut
Mit Gothland auf der Berghöh standest?
CÄCILIA: Damals
Bedurfte unsre Seligkeit
Des Mondes nicht; doch ungerufen stieg

Er aus der Meerflut auf und schmückte Wald
Und Au mit zauberischem Schimmer!

SKIOLD: Damals
War Gothland noch der Herrliche;
Mit Freuden segnete ich euren Bund!
Und heute möcht ich ihn ver –

CÄCILIA: Oh, verfluche ihn
Auch heute nicht! Ich war die glücklichste
Der Frauen!

SKIOLD: Ja, du warest es!

CÄCILIA: Ich bin
Es noch! Die Wirklichkeit, und wäre sie
Die glücklichste, ist rauh! Erst das vergangne ist
Das wahre Glück!
– – Hu, es beginnt
Zu schneien! Hüll dich fest in deinen Mantel.
Bald, hoff ich, sind wir in bewohnten Hütten
Und sitzen froh am wärmenden Kamine!

SKIOLD:
Du kannst noch hoffen?

CÄCILIA: Wehe dem,
Der nicht mehr hoffen könnte! Hoffnung
Ist ja die einz'ge Seligkeit des Lebens! Denn
Von allem Großen und Erhabenen,
Von Gott, Unsterblichkeit und Tugend, weiß
Der Mensch nicht, daß es ist, – er hat
Es nie gesehn, er hat es nie erlebt –
Er kann nur hoffen, daß es da ist;
Drum laß uns hoffen in
Des Lebens Finsternissen, laß
Uns hoffen in den Wüsteneien!

SKIOLD: Du
Bejammernswürdige! – du willst mich täuschen!
In deinem dünnen, seidenen Gewande rauscht
Die Nachtluft rauh und schneidend kalt –
Ist dir auch wirklich wohl?

CÄCILIA *mit unterdrücktem Seufzer*:
Gewiß – ja – mir
Ist wohl! – – Komm! laß uns weitereilen!
SKIOLD: Ja,
Wir wollen eilen!
Sie gehen, aber er steht plötzlich still.
Gott!
CÄCILIA: Was ist dir, Vater?
SKIOLD *bitterlich weinend*: Ach!
Mich hungert sehr! *Sinkt auf die Erde.*
CÄCILIA *stürzt in die Kniee und beugt sich jammernd über ihn*: Es ist
Doch grausam, daß ich hier nicht helfen kann!
– Hätt ich nur Milch in dieser Brust,
Doch statt der Milch brennt Fieberglut
In ihren innern, qualdurchzuckten Räumen! –
Steh auf, mein Vater! stehe auf! du mußt
Hier ja erfrieren! Vater! ich
Beschwöre dich! steh auf!
– Umsonst! er hört
Mich nicht!
Und immer dichter fällt der Schnee,
Und immer kälter wird die Nacht, und niemand
Hört unsren Hülferuf! *Betend:*
Zwei müde Wanderer,
Ein alter Vater und sein krankes Kind,
Flehn aus der Wildnis und dem Schneegestöber zu
Euch auf, ihr schützenden Gewalten in
Den Himmelshöhen! – Menschen und Natur
Verfolgen uns mit allen ihren Schrecken, –
Ihr laßt den Nordstern durch,
Die Wolken brechen, wenn der Schiffer auf
Der sturmdurchtobten See verzagen will, –
Wir sind zu schwach, um uns zu schirmen, –
Wir haben nie an euch
Gezweifelt – Rettet! rettet uns!

Sie blickt spähend umher; auf einmal entzückt in die Ferne deutend: Ha!
Ich seh ein Licht! ich höre Hunde bellen!

SKIOLD *sich aufrichtend*:
Ein Licht?

CÄCILIA: Ja, hell und
freundlich, wie
Ein Genius des Trostes, strahlt
Es aus dem Fenster einer Hütte!

SKIOLD: Gott
Hat sich erbarmet!

CÄCILIA: Sagte ich nicht, daß
Du hoffen solltest?

Sie gehen ab. Pause.

GOTHLAND *tritt verstört auf*:
Hab mich verirrt! – Mein Pferd hat unter mir
Den Hals gebrochen! – Schneebedeckt
Und pfadlos, wie ein Abbild meines Lebens, starrt
Mich das Gebirge an! Wildkrächzend, als
Wenn ich schon eine Leiche wäre,
Umflattern mich die Raben,
Wolfsherden jammern aus der Ferne,
Dumpfschallend kracht das Eis
Der stehenden Gewässer,
Des Kiölen Täler widerhallen – laut
Sind alle Stimmen der Natur!
Huhu!
Da rieselt Blut! – Nein, nein! es ist
Des Waldstroms Brausen! tobend stäubt
Er durch den Bergforst! *Er geht einige Schritte; dann steht er still und blickt um sich her.*
Sieh,
Der Südwind hat die Wolken fort-
Getrieben, und der nächt'ge Himmel schaut
Mit seinen tausend Augen wieder auf
Die Erde; – einen anderen,

Als ich bin, könnte das erfreuen;
Mir aber frommt es nichts,
In meinem Innern bleibt es trübe wie
Zuvor!

Pause. Sternschnuppen fallen; Gothland bemerkt es.

Ha, was erblicke ich?
Wo berge ich mein banges Haupt? Weh, weh,
Dort oben unter den Gestirnen ist
Es Herbst geworden!
Das Firmamentes leuchtendes
Gewölbe schüttelt sich wie eine sturm-
Durchsauste Eiche, und die Sonnen fallen ab
Wie gelbe Blätter! Ei, Arktur!
Orion! Abendstern! ihr welket also auch?
Ho, das hat mir geahnet! immer, wenn
Ich euren falben Glanz sah, dachte ich
An welkes Laub!
Nun, Sirius? Herunter!
Was zauderst du? *Nach einer kurzen Pause:*
Wie? er fällt nicht? – Hätten
Sternschnuppen mich getäuscht? –

Er will weiter; ein Nordlicht steigt flammend empor; er springt zurück.

Doch – was ist das?
Ist schon die Stunde kommen! Ist
Es schon so weit gediehn? Die Zinnen
Der Himmelsveste lodern! Weltbrand! Weltbrand!
Der Jüngste Tag ist da! schon heulen die
Posaunen! Gott, der Rächende,
Setzt sich auf seinen Thron, sein Antlitz rot
Vor Grimm! O wär ich nur ein Wurm, daß ich
Mich in der Erde Schoß verkriechen könnte! – *Pause.*
Narr, der
Ich bin! Des Nordlichts freundliche
Erscheinung für die Schrecknisse
Des Jüngsten Tags zu halten! –

Ich will sehn,
Ob ich hier in der Nähe nicht
'ne Hütte finden kann, – Erholung tut
Mir not! *Geht ab.*

Vierte Szene

Das Innere einer Hütte. – Auf dem Herde glüht ein Kohlenfeuer; eine brennende Lampe steht auf dem Tische.

Cäcilia und Skiold treten ein.

CÄCILIA: Die Hütte scheint ganz unbewohnt;
Ein Wandrer muß das Feuer und
Die Lampe angezündet haben.
SKIOLD: Wenn mich
Nicht alles trügt, so sind wir in
Der Hütte, welche da, wo die drei Heerstraßen
Von Dänmark, Schweden und von Norweg sich
Begegnen, für verlaßne Reisende
Errichtet ist.
CÄCILIA *tritt an den Tisch*:
Hier find ich Brot und Wein!
Komm, Vater! setz dich nieder und
Erquicke dich!
SKIOLD: Weswegen geht dein Atem so
Entsetzlich schnell?
CÄCILIA: Vor Freude, daß ich uns
Gerettet sehe! *Beiseit:* Weh mir!
SKIOLD: Als wir aus
Dem Lager gingen, rötete
Ein heißes Fieber deine Wangen!
CÄCILIA: Besorge nichts! Das Fieber hat
Sich unterwegs gelegt! Sieh, meine Wangen
Sind wieder weiß!
SKIOLD: Ja! – weiß wie Leichen!

CÄCILIA: Pah! Leichen! wer wird denn auch stets
Von Leichen sprechen! Heute nacht beginnt
Der erste Mai! bald ist es Frühling! bald
Verjüngt sich die Natur! bald wirst du
Die Blumen wieder sehn!
SKIOLD: Wohl werde ich
Bald Blumen sehn, – auf deinem Grabe!
CÄCILIA *scherzend*: Grabe! Hier
Ist goldner Wein! Erinnerst du dich noch
An deinen alten Trinkspruch?
„Pflücket die Rose, eh sie verblüht,
Genießet das Leben, bevor es entflieht!"
Wein einschenkend.
Ich trinke dir Gesundheit!
SKIOLD: Du edle Trösterin! Weh, wehe, wenn
Ich dich verlöre!
CÄCILIA: Da verlörst du auch
Was Rechtes! ein gebrechlich Weib, das dir
Und sich nicht nützet! Der Verlust
Wär zu verschmerzen!
SKIOLD: Nimmer, nimmer würd
Ich ihn verschmerzen, teures Kind!
CÄCILIA *beiseit*: Dann wehe dir! *Laut:*
Du weinest? Weine nicht! Ich fühl mich stark,
Und lange hoff ich noch zu leben! –
– Du trinkst ja nichts! Genieß
Doch etwas! Speis und Trank stärkt wunderbar!
SKIOLD: Ich will versuchen, ob ich vor Ermüdung
Und Tränen etwas essen kann! *Er setzt sich zu essen.*
CÄCILIA *tritt beiseit*: Oh! kaum
Vermag ich mich noch länger zu
Verstellen! – diese nächt'ge Wandrung ist
Mein Tod! – Beklemmung liegt
Gleich einem Leichenstein auf meiner Brust!
Die nächste Stunde sehe ich nicht mehr!
Wohl mir, daß ich beruhigt sterben kann:

Der Vater ist gerettet! – Zwar wird ihn
Mein Tod betrüben –
Skiold ist vor Ermüdung eingeschlafen; sie bemerkt es:
Sieh,
Er schlummert! – Güt'ges Schicksal, da ich doch
Den Morgen nicht erleben werde, so
Erspar dem Greis die Qual des Scheidens
Und laß mich jetzt, bevor
Er aufwacht, sterben! *Zu Skiold gewendet:*
Schlummre süß und ahn
Die namenlose Pein, die ich
Durchkämpfen muß, in deinen Träumen nicht!
An die Erde sinkend.
Ha, meine Kniee brechen! – brechet leise,
Ganz leise! – – Atem, rausche nicht! –
Leis, leis, so daß mein Vater es
Nicht merket, will ich sterben! – Hu, wie es
Mir da durchs Herz zuckt! jammernd möcht ich
aufschrein!
Doch stille! stille! – nur ganz leise will
Ich mit den Lippen beben, nur
Ganz heimlich will ich weinen, – nur
Ganz heimlich – heim –
O Gott! ich halte es
Nicht aus! die Pein wird allzu arg! *Laut jammernd:*
Oh, meine Brust! oh, meine Brust!

SKIOLD *vom Schlafe aufspringend*: Was ist
Geschehn? Wer ruft so laut? – Wo bist
Du, Tochter? *Sie erblickend:*
Was bedeutet das? Sie liegt
Am Boden! Ihr Gesicht ist kalt!
Weh, wehe mir, sie stirbt! sie stirbt!
Cäcilia stirbt. Pause.

SKIOLD: Oh,
Du falsches, falsches Kind! Wie hast
Du mich getäuscht! Als schon der Tod

Dein Mark durchwühlte, schienst du noch
Gesund und froh zu sein! –
– Nun blühe, Frühling, blüh nur! Eine Blume, schön
Und hold wie diese, treibst du nimmermehr
Hervor! –
O Tochter! Tochter! –
Gothland, du
Hast sie gemordet! hast des einz'gen Kindes mich
Beraubt! Straf ihn, du allgewalt'ger Gott!
Gieß deines Zornes Schale auf sein Haupt!
Send deinen Racheengel –

DER ALTE HERZOG VON GOTHLAND *vollständig geharnischt, tritt herein*: Wer ruft hier?

SKIOLD: Ha!
Wer bist du, grausige Erscheinung? Hast
Du mich um Rache beten hören
Und bist du nun deswegen aus
Dem Boden aufgestiegen?

DER ALTE GOTHLAND: Wenigstens
Bin ich zur Rache hier! *Nähertretend:*
Doch deine Stimme
Klingt mir bekannt – Was? bist du nicht der Graf
Skiold?

SKIOLD *noch immer schaudernd*:
Ein Geist wie du wird das von selbst
Schon wissen!

DER ALTE GOTHLAND: Narr! ich bin kein Geist! ich bin
Der alte Herzog Gothland!

SKIOLD: Wie? du bist
Der alte Herzog Gothland? – Ein
Bedeutungsvolles Schicksal führet dich
An diesen Ort! – Sieh diese Tote an!
Dein Sohn hat sie gemordet!

DER ALTE GOTHLAND: Ist es nicht
Cäcilia?

SKIOLD: Sie ist's!

DER ALTE GOTHLAND: Du Unglücksvater! Fast
So unglücklich als ich! – Doch wenn dir die
Vergeltung Trost gewährt, so sei zufrieden;
Nicht bloßer Zufall führte mich
In diese Hütte; ich erwarte hier
Den König Olaf und den Grafen Holm
Samt ihren neugeworbnen Heeren;
Ich selber komme jetzt von Norweg, und
Mir folgt 'ne Schar von sechzehntausend Mann –
In einer Viertelstunde muß sie hier sein;
Mein Eifer jagte mich voraus.
Wahrscheinlich liefern wir
Schon morgen meinem Sohne eine Schlacht.

GOTHLAND *hereintretend*:
Endlich! – erreicht die Hütte! – wie zum Tod
Bin ich ermattet!
– Ihr Bewohner dieser Hütte,
Ich bitte euch um Speis und Obdach!

DER ALTE GOTHLAND *zu Skiold*: Kennst
Du ihn?

SKIOLD: Wohl kenn ich ihn!

DER ALTE GOTHLAND: Es ist mein Sohn!
Es ist der Mörder deiner Tochter!
Du bist mein Rachgenoß!
Wirf schnell die Tür ins Schloß!

GOTHLAND *für sich*:
Ein grobes Volk scheint hier sich aufzuhalten –
Mich überläuft ein widriges Erkalten!

SKIOLD *hat die Türe zugeworfen und kommt zu dem alten Gothland zurück*:
Wir wollen meine Tochter jetzt begraben,
Doch erst muß sie ein Menschenopfer haben!

GOTHLAND *für sich*:
Von Menschenopfern hör ich sprechen!

DER ALTE GOTHLAND *zu Skiold*:
Und ich hab eines Sohnes Tod zu rächen!

GOTHLAND *für sich*:
Hei! dieser Graukopf redet fürchterlich,
Und Flammen schießt sein Aug auf mich! –
– Wenn er nun losspränge und legte Hand
An mein Genick, – ich wär zu schwach zum Widerstand!
Drum fort! noch ist es Zeit, daß ich entwische! *Indem er zur Tür gehen will und sich aller Anstrengung ohngeachtet nicht fortbewegen kann:*
Herr Gott! das ist 'ne Angst der Hölle!
Ich will entfliehn und kann nicht von der Stelle,
Denn meine Füße werden mir zu schwer!

DER ALTE GOTHLAND *zu Skiold*:
Dort liegt ein Messer auf dem Tische,
Geh hin und hole es mir her!

SKIOLD *hat das Messer geholt*: Was sollen wir nun tun?

DER ALTE GOTHLAND:
Nun wollen wir ihn schlachten wie ein Huhn!

GOTHLAND *hat alle seine Kraft zusammengenommen und ist bis an die Türe gesprungen*:
Ha, jetzt bin ich gerettet! *Er will die Tür aufreißen und findet sie verschlossen.*
Was? bin ich denn hier angekettet? *Nachdem er es versucht hat, sie mit Gewalt aufzustoßen:*
Umsonst!
– Schon fühle ich, wie mich die beiden packen,
Und wie ein Messer fährt's mir durch den Nacken!

SKIOLD *ist auf ihn zugegangen und ergreift ihn hinterrücks an der Schulter.*

GOTHLAND: Hu!

SKIOLD *auf Cäcilias Leichnam deutend*:
Mörder! kennst du diese da?

GOTHLAND:
Was? – Höllengraus! Es ist mein Weib Cäcilia!

SKIOLD: Und kennst du mich?

GOTHLAND: Du bist – Weh mir!

SKIOLD: Ja, ja!
Ich bin Skiold!
DER ALTE GOTHLAND: Und wer bin ich?
GOTHLAND: Entsetzen! das ist meines Vaters Stimme!
DER ALTE GOTHLAND:
Er steht vor dir mit seinem Grimme!
GOTHLAND *erstarrt zusammenstürzend*:
Zermalmet mich, ihr Donner!
SKIOLD *zu dem alten Gothland*:
Nun töte ihn mit deinem Messer!
DER ALTE GOTHLAND:
Erst muß ich mir die Rockärmel aufstreifen!
SKIOLD: Ich will dir dabei helfen! –
GOTHLAND *sich wieder etwas emporrichtend*:
– Mir schaudert's!
Sie wollen mir ans Leben! – Könnt
Ich nur um Hülfe schreien, – doch die Kehle
Ist mir wie zugeschnürt! –
Ich denke, daß
Dies alles nur ein Traum ist – *Sich vor den Kopf schlagend.*
Aufwachen will ich! – Ach! der Schlaf will
Nicht weichen!
– Meine Glieder sind ganz steif
Geworden – – kaum reg ich einen Finger! –
– Mir fröstelt! meine Haut schrumpft ein,
Und meine Zähne klappern –
– Dort in der dunklen Ecke will ich mich
Verkriechen! – *Er kriecht in eine Stubenecke.*
DER ALTE GOTHLAND *dem unterdessen Skiold die Armschienen abgenommen und die Rockärmel aufgestreift hat*:
Jetzt ans Werk! Doch – wo
Ist er auf einmal denn geblieben?
GOTHLAND: Uh!
SKIOLD: Horch, ächzte er da nicht?
DER ALTE GOTHLAND: Ich hörte nichts!

SKIOLD:
Sieh, sieh! dort blickt was Bleiches aus dem Winkel!
Es ist ein Menschenantlitz!

DER ALTE GOTHLAND: Narr, es
Ist ja der Wandkalk!

SKIOLD: Nein, der Wandkalk nicht!
Es ist dein Sohn!

DER ALTE GOTHLAND *näher hinzutretend*:
Fürwahr, er scheint's
Zu sein!

SKIOLD: Er rührt sich nicht!

DER ALTE GOTHLAND: Der Schrecken hat
In einen Klumpen ihn gerollt!

SKIOLD: Sieh, er will sprechen und vermag es nicht!

DER ALTE GOTHLAND: Ei! desto besser! er wird also auch
Nicht kreischen können, wenn ich ihm
Das Eisen in die Gurgel stoße!

SKIOLD: Sieh, wie
Er das Gesicht verzieht!
Schon wieder will er sprechen!

DER ALTE GOTHLAND:
Fast scheu ich mich, ihn anzutasten!
– Allein, es muß geschehn! –
Ich weihe
Sein Blut den untren Mächten!

Er will ihn ergreifen, aber

GOTHLAND *fährt, sowie er sich von der Hand seines Vaters berührt fühlt, schreiend in die Höhe*:
Heidi! das
Wird doch zu arg!

Er wirft mit der Riesenstärke des Schreckens die beiden Alten auf die Seite, reißt die Tür auf und stürzt ins Freie.

DER ALTE GOTHLAND *eilt bis an die Tür hinter ihm her und ruft ihm nach*: Steh still in deinem Lauf
Und hör erst meinen Fluch! Die Wölfe und
Die Bären sollen meilenweit dich wittren,

Ein Ungewitter hänge sich an deine Fersen,
Und eine Windsbraut nestle sich
In deine Haare!

SKIOLD: Er vernimmt dich nicht! Schau,
Er hat mit ungeheurer Schnelligkeit
Den höchsten Rücken des Gebirgs erklettert,
Und wild von seinem Haar umflogen,
Eilt er im Mondeslicht dahin,
Verwegener wie eine Gems von Felsen
Zu Felsen springend!

DER ALTE GOTHLAND: Heut ist er uns noch
Entronnen, aber morgen soll
Er sicher nicht entwischen!

SKIOLD *wirft sich weinend auf seine Tochter*:
O du Frühverwelkte! –

DER ALTE GOTHLAND *an der Türe*:
Wo meine Norwegskrieger bleiben?
Eine norwegische Marschmusik erschallt hinter der Szene.
Ha!
Das ist ihr Marsch! da kommen sie!

Mehrere norwegische Hauptleute treten ein.

DER ALTE GOTHLAND *sie begrüßend*: Wir sind
Die ersten an der Stätte! *Wieder aus der Tür blickend:*
Gleich
'nem dunklen Wolkenzuge rückt's heran
Aus Osten, – Pferdewiehern und Geklirr
Der Waffen hallet dumpf herüber – Heil!
Das ist der König Olaf mit den Russen! –
– Horch! Auch
Aus Süden tönt ein lauter Marsch! Glück auf!
Es ist die Schlachtmusik der Deutschen!
Es naht das Heer des Grafen Holm!

Der König Olaf tritt herein, begleitet von russischen Hauptleuten; dann kommt der Graf Holm; ihm folgen deutsche Heerführer; man hört hinter der Szene halt rufen und zum Absitzen blasen.

DER ALTE GOTHLAND: Willkommen, König!
DER KÖNIG: Du hast streng
Dein Wort gehalten!
HOLM: Seid gegrüßet nach
So langer Trennung!

Alle drei umarmen sich.

KÖNIG: Mutlos und
Verlassen schieden wir –
Mit Heeresmacht sehn wir uns wieder!
DER ALTE GOTHLAND: Gott,
Der Rächende, hat uns geholfen!
KÖNIG: Wer
Liegt dort lautjammernd an dem Boden?
DER ALTE GOTHLAND:
Es ist der Graf Skiold; wehklagend liegt
Er über seiner toten Tochter!
KÖNIG: Wie?
Cäcilia ist tot?
DER ALTE GOTHLAND:
Sie starb durch meinen Sohn!
KÖNIG:
Als meine Mutter starb, da weint ich nicht,
Jetzt wird mein Auge feucht von Tränen!
DER ALTE GOTHLAND:
Ja, diese Tote war ein göttlich Weib,
Doch jetzo haben wir zum Klagen keine Muße!
– Befiehl den Aufbruch und laß uns
Nicht länger zaudern!
KÖNIG: Wahrlich, ich
Gedenke nicht zu zaudern!
DER ALTE GOTHLAND: Nun, so rührt die Trommeln!

Allgemeiner Aufbruch; das Orchester fällt mit einem kriegerischen Marsche ein.

FÜNFTER AKT

Erste Szene

Das Lager von Gothlands schwedisch-finnischer Armee.
Gothlands Zelt.

Es ist tiefe Mitternacht. Erik sitzt an einem Tische, auf welchem ein Wachslicht brennt. Arboga tritt ein.

ARBOGA: Was schlug die Glocke?
ERIK *steht auf*: Mitternacht
Ist bald vorüber.
ARBOGA: Ist der König wieder
Zurück?
ERIK: Kaum ein'ge Stunden ist er aus
Gewesen.
ARBOGA: Wo find ich ihn?
ERIK: Still!
Er sitzt dort hinterm Vorhange!
ARBOGA: Wie?
ERIK: Glaubt mir, etwas Außerordentliches
Muß ihm begegnet sein! Ich schrak zusammen,
Als er so unvermutet wiederkam!
Mit schnellem Schritt, ein Tuch ums Haupt gehüllt,
Ging er an mir vorüber und verbarg
Sich dort im Dunkeln! Noch kein Wort
Hat er gesprochen!
ARBOGA: Er bewegt sich!
ERIK: Wahrscheinlich nimmt er sich das Tuch
Vom Haupte. – Ha, er tritt hervor!

GOTHLAND *tritt hinter dem Vorhange weg, mit entblößtem Kopfe; sein Äußeres ist furchtbar verändert: das dunkelbraune Haar ist weiß geworden, und das Antlitz ist völlig gealtert. – Arboga und Erik weichen befremdet auf die Seite.*

ARBOGA: Das ist ja
Der König nicht; das ist ein fremder Greis.

ERIK: Wer bist du, unbekannter Greis?
Wie kamest du hieher?
GOTHLAND: Ja, ja,
Ich glaube dir's recht gerne, daß du mich
Nicht gleich erkennst; – wir haben uns
Seit langen Jahren nicht gesehen!
ERIK: Gott! welche wohlbekannte Stimme!
Das ist – *indem er ihn erkennt, aufschreiend* –
Weh! Weh! das ist
Kein fremder Greis, das ist der König selbst!
O wie entsetzlich hat er in
Zwei Stunden sich verwandelt!
GOTHLAND: Lebt
Der Fürst Arboga noch?
ERIK: Dort steht er!
GOTHLAND *zu Arboga*: Ei,
Sehr wenig hat das Alter dich
Verändert!
ARBOGA: Das Alter?
GOTHLAND: Was macht der Neger, welchen wir
Vor sechsundsiebzig Jahren in
Den Kerker warfen? – Doch er ist
Wohl schon seit längst vermodert in
Des Kerkers Nacht! –
ARBOGA: Ein sonderbarer Irrtum
Befängt Euch; nicht vor sechsundsiebzig Jahren,
Erst vor drei Stunden warfen wir
Den Neger in den Kerker.
GOTHLAND: Nur drei Stunden?
Mir schienen's sechsundsiebzig Jahre! – –
– Wie lange bin ich denn hier aus
Dem Lager fort gewesen?
ERIK: Kaum
Zwei Stunden lang; das Wachslicht, welches Euch
Bei Eurem Weggehn leuchtete, ist noch
Nicht abgebrannt!

GOTHLAND: Mich faßt ein Grauen –
Ich bin zum Greis geworden – – und das Wachslicht
Ist noch nicht abgebrannt!
ERIK: Nun hat er
Das weiße Haar, um welches er vor kurzem
Den Grafen von Skiold so zu
Beneiden schien!
GOTHLAND: Was sprichst du da?
ERIK: Ich meinte,
Euch müsse unterwegs etwas
Begegnet sein.
GOTHLAND: Ruf mir den Rossan!
Erik geht ab; Gothland tritt zu Arboga.
Fürst! denket Euch! ich war in einer Hütte,
Wo man mich schlachten –
Ja, da wurde
Mein Haar so bleich wie meine Wangen,
Da wurden die Minuten Jahre, und
Die Stunden wuchsen
Zu ganzen Menschenleben an!
ROSSAN *kommt; wie er Gothland erblickt, tritt er verwundert zurück:* Ich staune!
GOTHLAND: Das Staunen laß beiseit. –
Was ist
Dein liebster Wunsch?
ROSSAN: Den Neger möcht ich töten!
GOTHLAND: So geh und hole mir sein Haupt!
ROSSAN: Ich laufe!
Dank, Dank für diesen Auftrag! Hähähä!
Wie soll es ihm vom Rumpfe fliegen!
Hähä! hähä! *Eilt ab.*
GOTHLAND *zu Arboga:* Ich hatte Euch
Befohlen, mit dem Schwedenheere stets
Ein abgesondert Lager zu
Beziehen und es von der finnischen

Armee getrennt zu halten. Nicht umsonst
Ward das so angeordnet –
Ich weiß, daß mich die Finnen hassen,
Ich fürchte stündlich Rebellion, und fast
An funfzigtausend Mann stark stehn sie dort
In ihren Zelten; – es ist jetzt
Noch finstre Nacht, – sie schlafen
Und denken an nichts Arges, –
Ein leichtes müßte es Euch sein, sie mit
Der Hülfe Eurer tapfren Scharen
Niederzumachen! – Wollt Ihr's tun?

ARBOGA: Warum nicht?

GOTHLAND: Nun denn, so wecket Eure Schweden auf
Und überfallt die Finnen wie
Ein Wetterstrom, und haut sie Mann vor Mann
Zusammen!

ARBOGA: Morgen sind sie tot.

GOTHLAND: Um den Tumult zu mehren,
Laßt Feur in ihre Zelte werfen! – Wenn
Es geht, so schonet Rossans, geht es nicht,
So wird's mich auch nicht weiter grämen!
– Wär ich nicht so erschöpft, so würde ich
Persönlich dabei gegenwärtig sein,
Doch so muß ich mich schon begnügen,
Von ferne es mit anzuschaun!

ARBOGA: Ich hoffe, daß ich Euch
Befried'gen werde. *Er geht ab.*

GOTHLAND: Wie gleichgültig eilt
Dieser Arboga an das scheußliche
Geschäft des Mords! Er scheint mir das zu s e i n,
Was ich noch w e r d e n muß!

– Wer kommt da?

Gustav tritt auf.

Ha!

Es ist mein Junge; – wie er trotzig tut! –
Ich hab ihn peitschen lassen, – er will mich

Doch nicht zur Rede stellen?
Was begehrst du?
GUSTAV: Ich gratuliere dir zum weißen Haare!
GOTHLAND *für sich*:
Verdammt, daß ich heut nacht so schwach mich fühle!
Der Knabe ist mir übern Kopf
Gewachsen! *Laut:*
Erik! Erik!
ERIK *tritt ein*: Was
Verlangt Ihr?
GOTHLAND: Bleib hier in
Dem Zimmer.
ERIK *beiseit*: Ah, er fürchtet sich
Vor seinem eignen Sohn und scheut mit ihm
Allein zu sein!
GUSTAV *zu Gothland*: Du hast mich peitschen lassen –
Heftiger, indem er drohend auf ihn zugeht:
Weshalb hast du mich peitschen lassen?
GOTHLAND *etwas zurücktretend*:
Du willst dich doch an deinem Vater nicht
Vergreifen?
GUSTAV: Wer soll mich daran verhindern?
Etwa die Kindespflicht? Du selber hast
Sie frech gebrochen! Der Respekt vor dir?
Wie kann ich einen Mörder respektieren!
Dein Widerstand? Du hast ja deine Kraft
Verloren! Oder – *auf Erik deutend* –
dieser Alte? Den
Erdroßle ich, sowie er sich zu rühren wagt!
GOTHLAND *für sich*:
Vergeltung! ja, so heißt das finstre Wort!
ERIK: – Ist das derselbe Gustav, welcher einst
So hold und sanft war? –
GUSTAV *zu Gothland*: Dennoch will
Ich dir verzeihen, wenn du mich
Um Selma werben läßt!

GOTHLAND: So nimm sie dir
Zum Weibe, wenn du sie bekommen kannst.
GUSTAV: Bekommen? *Sich in die Brust werfend:*
Das laß meine Sorge sein! *Er will fortgehen.*
GOTHLAND: Halt!
Wo gehst du hin?
GUSTAV: Ins Finnenlager,
Zu Irnak.
GOTHLAND: Schrecklich hast du mich
Beleidigt, – aber dennoch bleibst du stets
Mein Sohn, – geh nicht ins Finnenlager!
GUSTAV: Warum nicht?
GOTHLAND: Weil es – – Weil
Es eine ungesunde Lage hat!
GUSTAV *für sich*: Ha,
Ich merke was! – Wart, wart, Herr Vater, nun
Will ich mich für die Rutenstreiche rächen!
GOTHLAND:
Was schweigst du? Gehst du doch ins Finnenlager?
GUSTAV *mit zweideutigem Lächeln*:
Ja! ich gehe in das Finnenlager!
GOTHLAND *für sich*: Nun, so geh
In deinen Tod, du Naseweis!
Gustav entfernt sich.
GOTHLAND: Vergeltung! Vergeltung!
Er geht ab. Erik folgt ihm.

Zweite Szene

Ein offner Platz zwischen dem finnischen und schwedischen Lager. – Nacht.

Irnak tritt auf; gleich darauf kommt Usbek.

IRNAK: Wer geht da? – Wie? Bist du es, Usbek?
Es ist mir lieb, daß ich dich treffe!

USBEK: Mein Diener hat mich aufgeweckt; er sagte,
Man säh am Himmel blut'ge Meteore
Und gräßliche Erscheinungen!

IRNAK: Ja,
Die Nacht ist unheilschwanger –
– Wisse! die Schweden haben etwas vor; sie
Sind alle wach; – schon seit 'ner Viertelstunde
Umschleiche ich ihr Lager –
Sie legen sich die Panzer an!

USBEK: Die Panzer?
Irnak! mir ahnt nichts Gutes!

IRNAK: Und
Mir auch nicht! Dieser Gothland, den
Wir uns in unsrem Wahnsinne
Zum König wählten, haßt uns, und
Ich traue ihm das Schlimmste zu –
Doch still!
Ich höre Schritte!

Gustav tritt auf.

Es ist Gothlands Sohn!

USBEK: Den senden uns die Götter! Ich
Will ihn verhaften!

IRNAK: Laß das erst!
Er kommt vielleicht, um seinen Vater zu
Verraten.

USBEK: Wie? So unnatürlich schurkisch wird
Er doch nicht sein?

IRNAK: Wer weiß, Berdoa hat
Ihn in der Schul gehabt!

GUSTAV *die beiden gewahrend*: Ha, seid ihr es?
Ich hab euch Wichtiges zu sagen!

IRNAK: Was denn?

GUSTAV: Ihr wißt, auf welche schnöde Art mein Vater
Durch Rossan mich beschimpfen ließ!

IRNAK: Wir wissen es nur allzu gut!

GUSTAV: Jetzt räch ich mich an ihm, und zwar durch euch!
IRNAK: Durch uns?
GUSTAV: Ja, Irnak! Höre nur!
Mein guter Vater hat den Plan gefaßt,
Das ganze Finnenheer noch heute nacht
Dem Schwerte seiner Schweden auszuliefern!
USBEK: Entsetzlich! greulich! greulich!
IRNAK: Was?
Das ganze – (O die Zunge wird mir lahm!)
Das ganze Heer der Finnen?
GUSTAV: Rossan ist
Der einz'ge, welchen man vielleicht
Verschont!
USBEK: O wenn der Mohr nur noch
An unsrer Spitze stände!
GUSTAV: Rossan hat
Befehl, ihn hinzurichten.
USBEK: Wohl,
So gilt es, daß wir uns auch ohne ihn
Verteid'gen! *Er will abgehn.*
IRNAK *hält ihn zurück*: Geh nicht!
Dort in dem nächsten schwed'schen Zelte
Spricht jemand! Horch!
ROSSAN *im Zelte*: Mohr, wache auf!
BERDOA: Wer weckt mich?
ROSSAN: Dein Feind, du afrikan'scher Affe! Er
Will dir den übermüt'gen Kopf abschneiden!
USBEK, IRNAK UND GUSTAV:
Ho, Hund! das wollen wir dir wehren!
Sie stürzen mit gezogenen Schwertern in das Zelt; kurzes Gefecht; Rossan fällt und stößt einen Todesschrei aus; Usbek, Irnak und Gustav kommen mit Berdoa, welcher noch gefesselt ist, zurück.
BERDOA: Reißt mir die Ketten ab!
Es geschieht.
Ich bin befreit!
Ich werd euch ewig dankbar sein!

USBEK: Wir haben dich gerettet,
Jetzt rette uns!
BERDOA: Wovon?
USBEK: Vom Untergange!
Der König Gothland will heut nacht
Die finnische Armee ermorden lassen!
BERDOA: Von wem erfuhrt ihr das?
USBEK *auf Gustav deutend*: Sein Sohn verriet ihn.
BERDOA: Sein Sohn? Das ist ja herrlich!
Zu Gustav: Laß
Dich küssen, Goldjunge! *Beiseit:*
Das muß ich sagen!
Dem Rangen hat meine Lehr gefruchtet!
Er ist ein wahrer Bösewicht
Gewor – *laut, indem er ihn umarmt* –
An meine Brust! an meine Brust!
Du bist mein Herzblatt! *Beiseit:*
Sicher höre ich
Ihn einstens in der Hölle jammern! *Laut:*
An dir erlebe ich noch meine rechte Freude! *Beiseit:*
Der kleine sechzehnjähr'ge Teufel! *Laut:*
Ei, du Engel!
Du Zuckerpüppchen!
Er streichelt und liebkoset ihn. – Geräusch hinter der Szene.
USBEK: Horch! welch seltsames
Geräusch! Es klingt beinah, als wenn
Zehntausend Schnitter ihre Sensen schliffen!
IRNAK: Es sind Arbogas Scharen!
Sie wetzen sich zu unsrem Mord die Degen!
BERDOA *horcht auf*:
Fürwahr, so ist's! – Es gilt Entschlossenheit:
Harnische angezogen, – Äxte in
Die Fäuste! Dolche an die Hüfte!
Erweckt die Finnen aus dem Schlafe!
Stellt sie in Schlachtordnung zusammen!
Und während – *zu Usbek* – du mit ihnen dem

Arboga widerstehst, will ich
Mit Irnak und sechs andren Hauptleuten
Mich durch das Schwedenlager schleichen,
Den König Gothland, eh er sich's versieht,
In seinem eignen Zelt umzingeln und
Gefangen ihn von dannen führen!

GUSTAV: Hihihi! dann wird der Herr Vater einsehn, daß
Man mich nicht ungestraft verletzt!

BERDOA: Ja!
Dann wird er's einsehn! – – O du Zuckerpüppchen!
Du Engel! Wie du mich entzückst! Ich könnte
Dich jahrelang umarmen! – –
Kommt!

Gehen ab.

Dritte Szene

Gothlands Zelt.

Gothland und Erik.

GOTHLAND *steht an der Zelttüre und sieht hinaus*:
Die Finnen schnarchen, – stumm und bleich, wie ein
Memento mori, glänzt der Vollmond
Über ihrem Lager! Winselnd,
Mit tiefen Wunden an dem Halse,
Werden sie erwachen! – – – Ob es mich
Dann reuen wird, daß ich den Jammer an-
Gerichtet habe?

ERIK: Ganz gewiß!

GOTHLAND *kehrt sich rasch um und stößt ihn mit dem Dolche nieder*: Halt's Maul!

ERIK: Das hab ich nicht um Euch verdient!

GOTHLAND: Das ist
Mir einerlei!

Erik stirbt. – Gothland blickt wieder aus der Zelttür.

Noch immer bleibt es still –
Arboga zögert lange!
Tumult hinter der Szene.
Ha, da geht es los!

ARBOGA *hinter der Szene*:
Werft Feuer in das finn'sche Lager
Und schlaget alles tot, was euch begegnet!

USBEK *hinter der Szene*:
Mord und Verrat! da sind die Schweden!
Jetzt, Brüder! wehret euch bis auf das Blut!

ARBOGA: Schlagt tot!

USBEK: Verteidigt euch!

Der Tumult wird immer lauter.

GOTHLAND *hinausblickend*:
Hei! wie die Feuerbrände zündend in
Die Zelte fliegen! – Nordwind! Südwind! stürmt
Hervor aus euren Höhlen
Und blast die Flammen brausend an!

ARBOGA: Schlagt tot!

USBEK: Verteidigt euch!

GOTHLAND: Ho, wie
Das Mordgeschrei erschallt! wie die
Gefallnen kreischen! wie
Die Trommeln wirbeln! – Oh,
Daß ich davon entfernt sein muß!

ARBOGA: Schlagt tot!

USBEK: Verteidigt euch!

EIN SCHWEDISCHER SOLDAT *tritt herein*:
Herr, schlimme Nachrichten! Arboga hat
Die Finnen, die er schlafend wähnte,
In ihrer vollen Schlachtordnung
Getroffen, und der Neger, welchen Rossan
Enthaupten sollte –

GOTHLAND: Was? Berdoa?

DER SOLDAT: Er
Ist von den Finnen mit Gewalt befreit!

GOTHLAND: O daß ich doch erkrankt bin!
SOLDAT: Horcht!
Da rasseln Tritte von Bewaffneten!
GOTHLAND: Sieh zu, wer's ist!
SOLDAT *an der Türe*: Wer kommt da?
BERDOA *ihm den Kopf spaltend*: Feinde!
GOTHLAND: Höll
Und Teufel! Man erschlägt ihn! Da
Will ich doch selbst anfragen!
– Wer da?
BERDOA *mit Irnak und finnischen Hauptleuten hereinstürzend*: Ein
Entsprungner Panther!
GOTHLAND *mit dem Schwert auf ihn eindringend*:
Solch 'ne Bestie
Durchbohre ich!
BERDOA *ihn auf die Seite schleudernd*:
Was will der tolle Alte?
IRNAK: Erkennt Ihr ihn denn nicht? Es ist ja Gothland!
Das Haar ist ihm seit gestern abend weiß
Geworden!
BERDOA *den Gothland, welcher kraftlos in einen Sessel gesunken, betrachtend*:
Weiß von Haupt zu Fuß?
Nun haß ich ihn erst über und über! *Indem er auf ihn zugeht:* Gothland,
Du bist verloren!
GOTHLAND: Hülfe, Wache! Wache!
BERDOA: Du rufst vergebens!
Die Schweden können dich nicht hören!
Sie kämpfen fern von hier beim Finnenlager
Und ahnen nicht, daß du von uns
Umringt bist!
IRNAK: Bluthund! dachtest du, es wär
So leicht, die Finnen auszurotten?
GOTHLAND: Wie?

Die Finnen auszurotten?
Abscheulich! – Davon weiß ich nichts! – Hat etwa der
Schwarzgallichte Arboga seine Laune
Gehabt? – Er hat oft mörderische Träume –
Dann steht er auf, nachtwandelt – und
Erschlägt die Völker! – Spießet ihn! Ich
Will ihn euch ausliefern, – will euch
Die Mittel sagen, ihn in eure Macht
Zu locken, – er ist schuld
An allem!

BERDOA: Niederträchtiger, verrätrischer
Verleumder deines treusten Helfershelfers!
Mit solchen Lügen hoffst du zu entkommen?
Verzweifle! denn dein eigner Sohn
Hat dich an uns verraten!

GOTHLAND: Wer? – Mein Sohn? – Ja,
Dann werd ich wohl verzweifeln müssen!

BERDOA *indem er ihm die Zeichen der Königswürde abreißt*:
Herunter mit dem Königsmantel!
Herunter mit dem Schmuck!

DIE FINNISCHEN HAUPTLEUTE *ebenso*:
Herunter mit
Dem Schmuck, herunter mit
Dem Königsmantel!

GOTHLAND: Sonne! Sterne! löscht aus!
Sich die Haare ins Gesicht streichend:
Haare,
Verschleiert mein Gesicht!

BERDOA: Nehmt Stricke! Bindet ihn!

GOTHLAND: Mich binden? binden? Mich, vor dem
Die Heere sanken wie gemähtes Gras?
Mich wollt ihr binden! Lieber reißt mir
Die Arme aus!

BERDOA: Wenn sie gebunden sind,
Dann wollen wir sie dir ausreißen!

GOTHLAND: Laß mich
Nicht binden, Mohr! Laß mich nicht binden!
Bedenke, wer ich war – das Herz muß sich dir
Umkehren! Gothland, der Gewaltige, ist krank
Und machtlos deiner Willkür preis-
Gegeben! Laß dir das genug
Sein! – Töt mich, aber laß mich
Nicht binden!
BERDOA: Bindet ihn!
GOTHLAND: Mohr, Mohr! ich bitte – *Beiseit:*
O hätt
Ich nur den zehnten Teil
Von meiner alten Schlachtkraft noch! – *Laut:*
Mohr! *Beiseit:*
Oh,
Daß ich den Schandbuben anflehn muß! *Laut:*
Mohr,
Ich bitte dich, laß mich nicht binden!
Verschone meinen Ruhm!
BERDOA: Ho, stolzer Schwede, hab
Ich dich soweit? Du bittest? – Ich
Verwerfe deine Bitte! – Bindet ihn!
Sie binden Gothlands Hände.
GOTHLAND: O meine Ahnen! O mein Name! Sink
Zu Trümmern, Väterburg!
EINER DER FINNISCHEN HAUPTLEUTE *zu Berdoa*:
Herr, dies
Wird mir zu arg! – erlaubt mir, daß
Ich mich entferne, – ich
Sah diesen Gothland gestern noch
So hoch und herrlich auf dem Throne sitzen,
Daß ich es nicht ertrage, wenn er nun
So tief erniedrigt wird! *Er geht ab.*
IRNAK UND DIE ÜBRIGEN FINNISCHEN HAUPTLEUTE:
Was? Ist der Kerl
Verrückt?

BERDOA: Er ist empfindsam! Laßt
Ihn laufen!
GOTHLAND: – Nun? was wartest du und siehst
Mich an? Bring mich doch endlich um!
BERDOA: Das hat
Noch Zeit! Erst will ich dir die Hölle
Warm machen! *Ihn bei der Schulter ergreifend:*
Weißgelockter! Blutbefleckter!
In wenigen Minuten stehst du vor
Dem Richter, welcher schrecklich in
Den Sternenhöhen waltet – – graut dir nicht
Vor deinem Lose? –
Hu! einsam,
Das Herz vom Dolch durchstochen und
Den Ring der Ewigkeit wie eine tausendfach
Verschlungne Hyder um die Brust
Geklammert, in des Abgrunds Nacht schlaflos
Zu liegen, – durst'ge Schwefelflammen, die
Nach Tränen suchen, in die Augen ein-
Gewachsen, – schmetterndes Geheul ausstoßend
Und nur das eigne Ohr damit
Zerreißend, – nimmer, nimmer, nimmer die
Verscherzten Paradiese, die
Verscherzten Hoffnungen vergessend –
Zur Selbstvernichtung seine Hände ballend
Und ewig sich erschlagend, ewig lebend!
GOTHLAND *nimmt seine ganze Fassung zusammen und richtet sich heftig empor*: Nein!
Ich lasse mich von Gott nicht verdammen!
Ich leid es nicht! Ich wehre mich! Gott darf
Mich nicht verdammen! Wenn er mich verdammt,
Verdammt er sich selbst! Ha! weswegen ließ
Er es geschehn, daß ich den Kanzler totschlug?
Was konnte ich davor? Unwiderstehlich ward
Ich dazu hingetrieben! Ich
War nur das Beil, das Schicksal war der Mörder!

BERDOA:
Tor! eure Dummheit ist eur Schicksal! eure
Erbärmlichkeit ist eur Verhängnis!
Wer hieß dich, als ich dich zum Brudermord
Verführte, meinen Worten glauben? Wußtest du
Denn nicht, daß ich dein Todfeind war?
Der blödste Tölpel hätte da Verdacht
Geschöpft, allein der Herzog Gothland
Schöpfte keinen, weil
Er keinen schöpfen wollte!

GOTHLAND: Weil ich keinen
Schöpfen wollte? – Wenn das wäre, wenn ich den
Geringsten Argwohn hätte fassen können,
Ich aber hätt ihn absichtlich
Nicht fassen wollen,
Ja, dann durchwühle unermeßliches
Verderben meine Seele!

BERDOA: Höre denn,
Und unermeßliches Verderben wühle dir
Durch deine Seele!
Manfred war
Jählings am Schlagflusse verreckt –
Wahrscheinlich hatte er beim Abendschmaus
Zu viel gefressen und es nicht
Verdauen können, – ungeheuer war
Dein Schmerz um ihn; – so traf ich dich; mit großer
Bestürzung, aber mit noch größrer Freude
Vernahmest du, daß er erschlagen sei:
Die Rache für den toten Bruder
War dir ein schmeichelnder, verlockender
Gedanke!

GOTHLAND: Satan! deute meine
Gedanken nicht ins Schlimme!

BERDOA: Zwar war Friedrich,
An welchem du die Rache nehmen mußtest,
Dein Bruder auch; doch das hielt dich nicht ab,

Denn er war ja der weniger geliebte!
Du gingst vielmehr sorgfältig allem, was
Dir Aufschluß geben konnte, aus
Dem Wege, warfest Rolfen, weil er den
Betrug gestehen wollte, in das Grab-
Gewölbe, tauftest deine Rachbegier
Gerechtigkeit, verachtetest –

GOTHLAND: Wenn –
Wenn unter diesen Lügen Wahres wäre – wenn –
Wenn – wenn –

BERDOA: – verachtetest des Königs Warnungen,
Bliebst taub bei Friedrichs lautem Flehn,
Erwidertest mit Spotte seine Tränen,
Sprachst von dem trauervollen Amt,
Das dir geworden wär, und schlugst
Ihn mit Vergnügen tot!

GOTHLAND: Vermaladeit
Die Zunge, welche das mir sagt!

BERDOA: Und als
Dir endlich nun die Schuppen fielen, als
Der rechte Name deiner Untat dir
Nun in die Ohren scholl, – da, statt
In Reue zu zerfließen –

GOTHLAND: Reue? Reue!
Was konnte sie mir helfen? Sie
Ist fruchtlos!

BERDOA *mit dem Fuße stampfend*:
Elender! sie ist allmächtig! Sie
Vermag, was keiner, was Gott selbst nicht kann, – das
Geschehne macht sie ungeschehen!
Du aber, weil Verzweifeln leichter als Bereuen
Und Fluchen nicht so schwer als Beten ist,
Verzweifeltest und fluchtest, metzeltest
Die Heere nieder, welche dich
Verfolgten, zogst den Degen gegen deinen Vater,

Entthrontest deinen König, rissest deinen Sohn
Mit dir ins zeitliche und ewige
Verderben, stießest deine Gattin in
Die eisbedeckte Wüste, opfertest
Dem Henkerbeil die schwed'schen Großen, würgtest
Den Eltern ihre Kinder und
Den Kindern ihre Eltern, mordetest –

GOTHLAND: Es wird
Mir dunkel vor den Augen!

BERDOA: Wird es das?

GOTHLAND: Aschfarbne, halbverblichene Gestalten
Umdrängen mich im grausigen Gewimmel, und
Ich atme Grabesdunst!

BERDOA: Erzittere!
Die Scharen der Erwürgten stellen sich
Zu deiner Todesstunde ein!

GOTHLAND: Ha!
Die himmellange Frau, die dort
Mit hagerem, erdfahlen Antlitz von
Dem Kirchhof steigt, – wer mag
Sie sein?

BERDOA: Es ist Cäcilia;
Verwandelt in ein furchtbares Gespenst,
Entsteigt sie ihrer Gruft und tritt
Vor dein Gesicht!

GOTHLAND: Wie? will der Schlepp, den sie
An ihrem Trauerkleide trägt, denn gar
Nicht endigen? – sie schreitet schon
Im fernsten Horizonte, und
Noch immer rauscht der schwarze Flor
An mir vorüber!

BERDOA: Ewig wird er dir
Vorüberrauschen!

GOTHLAND: Ich will nicht mehr hinsehn –
Indem er auf eine andre Seite blickt, prallt er entsetzt zurück:
Doch wehe! was ist das?

BERDOA: Hoho, was siehst du?
Weshalb prallst du zurück?
GOTHLAND: Sieh – sieh doch selbst!
Ein ries'ger Schuldbrief liegt am Ostseestrande, und
Mit roten Schlachtfeldern ist er versiegelt!
BERDOA: Ja, ja! schwerlastend liegt er dort
Mit seinen Siegeln auf der Heide,
Und mir fällt dabei ein, daß es für dich
Nun wohl die höchste Zeit zum Beten ist!
GOTHLAND: Zum Beten? Beten hieße eingestehen, daß
Ich strafbar bin! Ich bete nicht!
BERDOA: Mach mich
Nicht grimmig! – bete!
GOTHLAND: Nein!
BERDOA: Ich sage dir,
Beug dich vor Gott und bete!
GOTHLAND: Nein!
BERDOA: Beug
Dich betend nieder, oder ich zerbreche
Dir das Genick!
GOTHLAND: Ich beuge mich
Nicht nieder!
BERDOA: Finnen, zückt
Die Schwerter über seiner Scheitel!
– Deine Scheitel
Liegt unter sechs gezückten Klingen –
Ein Wink von mir, und sie ist durch und durch
Zerspalten –
Willst du beten?
GOTHLAND: Nein!
BERDOA: Nein?
Ho! deine Haare beten ja schon ganz
Inbrünstig!
GOTHLAND: Meine Haare?
BERDOA: Ja, schreckbeseelet richten sie
Vom Haupte sich empor und starren, als

Wenn sie für dich um Gnade
Schreien wollten, angstvoll zitternd himmelan!

GOTHLAND:
Hoho, du täuschest dich: nicht gnadeschreiend,
Nein, fluchen wollend, sträuben sie sich in
Die Höhe!

BERDOA: Jetzt wird es mir unerträglich!
Ich bin der Mann, solch einen Übermut
Demütiger zu machen! –
– Du willst dich
Vor Gott nicht beugen, – wohl – *indem er ihn vom Stuhle wirft* –, so sollst du vor
Ihm liegen, und da du nicht beten willst – *indem er ihn mit dem Fuße stößt* –,
So sollst du dafür wimmern!

Gothland zuckt mit den Händen.

DIE FINNISCHEN HAUPTLEUTE: Sollen wir
Ihn nun zusammenhauen?

BERDOA: Nein! so lang
Ich ihn noch quälen kann, soll er noch leben!
Ergreift ihn und schleppt ihn mir nach!

GOTHLAND: Kommt
Denn niemand, niemand, welcher mich befreit?

Alle ab.

Vierte Szene

Ein schwedisches Gefängniszelt.

Tocke liegt schwergefesselt auf einem Strohlager. Berdoa, Irnak und die finnischen Hauptleute treten mit Gothland ein.

BERDOA *zu Gothland*:
Dort liegt der Schwestermörder Tocke,
In welchem du dich selbst verurteilt hast;
Der Königsmantel, der dich von ihm unterschied,

Ist abgefallen, und du bist
Jetzt weiter nichts als das, was er ist: ein Schurke!
Damit du diese Gleichheit recht
Empfindest, sollst du eine Viertelstunde lang
Auf einer Streue mit ihm liegen
Und dann mit ihm auf einem Karrn
Zum Richtplatze gezogen werden! *Zu Tocke:*
He! schläfst du?

TOCKE: Was? ist es schon Morgen? Ruft
Der Scharfrichter? Hol ihn der Teufel!

BERDOA: Ich bringe dir 'nen Kameraden!

TOCKE: So?
Wer ist's?

BERDOA: Der König Gothland, welcher dich
Verurteilt hat!

TOCKE: Hä, und nun selbst
Verurteilt ist? – Führt ihn doch näher, ich will ihm
'nen Nasenstüber geben!

BERDOA: Er
Soll mit dir auf der Streue liegen!

TOCKE: Nur zu! Es ist noch Platz!

BERDOA: Ich fürchte, daß
Er sich nicht gut mit dir vertragen wird!

TOCKE: Ho,
Er sollt's sich unterstehen –
Ich habe ein paar tücht'ge Fäuste!

BERDOA *zu Gothland*: Leg
Dich auf das Stroh!

GOTHLAND *zu Berdoa, mit einem tiefbedeutenden, bittenden Blicke*: Berdoa?!

BERDOA: Nein!

GOTHLAND:
So laß mich niederschmeißen, denn von selbst
Erniedre ich mich nicht!

BERDOA *zu den Hauptleuten*: Tut, wie er sagt,
Und kettet ihn zugleich am Boden fest!

Gothland wird neben Tocke auf die Streue geworfen und an den Boden gekettet.

TOCKE: Na, Bruder Gothland, wie gefällt dir's
Bei mir?

GOTHLAND: Laß mich zufrieden!

EIN FINNE *tritt eilig ein und wendet sich zu Berdoa*: Herr,
Mich sendet Usbek, – er weiß nicht mehr Rat!
Arbogas Truppen fechten wie
Beseßne, unser Lager steht in vollen Flammen –
Die ganze Gegend ist davon erhellt;
Die Hälfte unsrer Leute liegt –

BERDOA: Still! deine Botschaft könnte – *auf Gothland zeigend* – ihm den Tod
Versüßen! Komm hinaus! Ich will
Von jenem nahgelegnen Hügel
Das Schlachtfeld überschaun und dich
Mit Aufträgen zurück zum Usbek schicken!
Nachher, wenn das geschehn ist,
So richte ich die zwei Gefangnen da
Mir zur Erholung hin!
Wie einen Leckerbissen, welchen man
Bis nach vollbrachter Arbeit aufhegt, will
Ich sie aufsparen! *Zu den Hauptleuten:*
Ihr werdet sie
Derweile scharf bewachen, – stellt
Euch rings ums Zelt
Und lasset auch nicht eine Maus entschlüpfen!
Ihr bürgt dafür mit eurem Leben!

IRNAK: Seid ohne Sorgen!

BERDOA: In wenig Augenblicken bin
Ich wieder da! *Zu Gothland:*
Dich überlasse ich
Bis dahin deinen philosophischen
Betrachtungen; es sind die letzten und
Die traurigsten, die du auf Erden machst!

Mit dem Finnen ab.

IRNAK *zu den Hauptleuten*:
Postiert euch um das Zelt!
Sie gehen alle hinaus.
TOCKE *zu Gothland*: Wir wollen,
Solange als die Kerle draußen sind,
Ein wenig miteinander diskurieren!
– Wie geht es deiner Frau? Sie
Sah gar nicht schlecht aus!
GOTHLAND: Frecher Bube! ist sie deine
Gevatterin gewesen, daß du so
Vertraulich von ihr sprichst?
TOCKE: Ho, Freund, tu nicht
Hochmütig, sonst! –
Antworte mir:
Wie geht es deiner Frau?
Du schweigst? Wart,
Das soll dir leid tun! – ich liege nicht ganz weich, –
Gib mir von deinem Strohe!
Er reißt ihm das Stroh unter dem Kopfe weg.
GOTHLAND: O mein Kopf!
– Nimm mir das Stroh nicht weg!
Tocke reißt ihm noch mehr Stroh unter dem Kopfe weg.
Mein Kopf! Mein Kopf!
Lieber Tocke! sei menschenfreundlich!
Die Finnen haben mir das Haupt
Zerschlagen, – sei nicht grausam! reiß
Nicht alles Stroh darunter weg!
TOCKE *indem er ihm das letzte Stroh wegreißt*:
Was kümmert mich dein Haupt! *Sich auf die Streu hinstreckend:*
Und nun will ich die kurze Zeit benutzen
Und noch ein Weilchen schlafen! Hüte dich,
Mich durch dein Lamentieren aufzuwecken!
Er schläft ein. Pause.
GOTHLAND *richtet sich, soweit es seine Ketten verstatten, empor*:
Du hast's erreicht, Berdoa! Tief wie ich

Ist keiner noch gesunken! – Hülflos,
Verhöhnt, gefesselt, neben einem elenden
Verbrecher auf der Streue und von ihm
Gemißhandelt –
Erde, schling mich ein! –
– Und
Des Negers tückisches Gelächter zu
Vernehmen, sein dicklippiges,
Vor Stolz und Spott verzerrtes Maul
Zu sehen, seine Fußtritte
Zu fühlen –
O ich zittere vor Scham und Ingrimm!
– Die Meere, dacht ich, hätten zornentbrannt
Aufkochen, Schwedens Felsen hätten sich
Entwurzeln müssen, wenn
Der große Gothland fiele, aber auch
Nicht eine Ameise bewegte sich –
So unbedeutend ist der Mensch! – –
Und niemand, der
Mir beisteht, der mich rächt, der sich um mich
Bekümmert – Niemand! Niemand! – Alle, die
Mich liebten, sind dahin, – sind – sind von mir
Ermordet! – Brüder – Gattin – Freunde –
alles tot!
Ich bin verlassen und verloren! Wenn der Lump hier
Jetzt aufwacht und mich schlägt, – ich muß es
dulden, muß
Es ruhig dul –
Ha! was
Ergreift mich? Meine Wimpern zucken,
Und meine Wangen schmerzen, –
Vergebens suche ich zu widerstreben – Heiß
Und unaufhaltsam wie geschmolznes Blei
Rinnt's über meine Wangen, – ich
Muß weinen wie ein Kind!
– Jede Missetat,

Die ich vollbracht, und jeder Schmerz, den ich erlitten,
Mein ganzes unglückseliges Geschick
Drängt sich vor mein Gedächtnis, – oh,
Ich weine mich nicht satt! –
Jetzt, Neger, stell
Dich vor mich hin, sieh mir hohnlachend in
Die nassen Augen
Und triumphiere, daß es bis
Zur Himmelswölbung schallt!
Ja, jetzt
Ist's Zeit, mich auf den Armensünderkarrn
Zu werfen, mir die Armensünderjacke an-
Zuziehen, der Gewalt der Schinderknechte mich
Zu überge –
Nein! nein! nein! So
Kann ich nicht untergehen! Dazu bin ich doch
Zu herrlich und zu königlich gewesen!
So schändlich lasse ich nicht mit
Mir spielen!
Und meine Hände sind
Gefesselt!
Könnt
Ich mich nur noch ein einzigmal erheben,
Und wär's auch nur, um, meine Tränen rächend, aus
Der Welt zu scheiden!
O daß meine Hände
Gefesselt sind! *Mit tiefem Seufzer:*
Gefesselt Gothlands Hände! –
Doch
Sind Fesseln nicht zerreißbar?
Und was zerrisse nicht die Wut?
Ha!
Schon fühl ich meine Stärke, von
Verzweiflung aufgeschüttelt, sich erneuen, und
Unbändig klopfen meine Pulse!
Zerriss – zerriss – *indem er*

die Ketten mit der gewaltigsten Anstrengung zerreißt und hoch emporspringt –

Zerrissen sind die Ketten,
Und nichts, Berdoa, kann dich retten!

TOCKE *erwachend*:
He, welch Geschrei? Was soll das Lärmen?

GOTHLAND *erwürgt ihn*: Weh dir, daß
Du fragst! Der Löwe hat
Von seinen Banden sich befreit und brüllt
Nach Rache lechzend durch die Wälder!

IRNAK UND DIE ANDREN FINNISCHEN HAUPTLEUTE *stürzen herein*:
Holla! was gibt es hier?

GOTHLAND: 'ne Lanze her,
Den Mohren damit zu verfolgen! *Er reißt dem einen die Lanze aus der Hand, stößt ihn nieder und jagt die übrigen in die Flucht.*
Sie fliehn! Nun hält mich niemand mehr zurück,
Den Neger selber anzugreifen!
Tod und Verderben allen, die
Mich hemmen wollen! –
Auf! durchkreuzt
Die bangen Lüfte und erhellt die Nacht,
Ihr Feuermeteore! Brennt und leuchtet mir
Als Fackeln, Städte! Sonne, steig empor!
Der ganze Erdkreis sehe, was
Für Rache ich mir nehme! –
Tief-
Gesunken, flehend, Hände ringend, lag
Ich vor Berdoa auf den Knieen;
Da stieß er ohne Schonung mich mit Füßen –
Ho! dafür muß sein Herzblut fließen! *Mit geschwungener Lanze ab.*

Fünfte Szene

Gegend in der Nähe des Finnenlagers. Morgendämmerung.

Wildes Gefecht schwedischer und finnischer Heerhaufen. Ferne und nahe Schlachtmusik. – Auf einmal wird es todesstill, und die kämpfenden Scharen treten voller Eile weit auseinander. Zwei finnische Hauptleute begegnen sich.

ERSTER HAUPTMANN:
Was gibt's? Weswegen stehn die Heere still
Und hören auf zu fechten?
ZWEITER HAUPTMANN: Weißt
Du's nicht? – Der König Gothland, von
Beserkerwut ergriffen, hat
Die Ketten, die ihn fesselten,
Zerrissen und die Wachen, die sein Zelt
Umstanden, in die Flucht gejagt!
Berdoa, welcher einen Augenblick
Hinausgegangen war und an
So Unerhörtes gar nicht dachte, stürzt
Beim ersten Lärm dem Losgesprungenen
Gezückten Schwerts entgegen; aber als
Er diesen wie 'nen Rasenden, besprützt
Vom Blut Erschlagner und das weiße Haar
Gleich einem Leichentuch das Haupt umflatternd,
Auf sich zukommen sieht, – da packt
Ihn jählings gänzliches Verzagen,
Die Waffe fällt ihm aus der Hand – So steht
Er da, bis daß ein Speerwurf Gothlands, der die
Stirn
Ihm streift, ihn aus dem Taumel aufscheucht;
Im schnellen Lauf sucht er da zu entrinnen,
Angstschreiend eilt er unsren Scharen zu,
Um unter ihnen sich zu bergen;
Doch diese, wie von überirdischer Gewalt
Getroffen, stehn erstarrt und weigern ihm

Den Zutritt; fluchend rennt er weiter, den
Verfolger immer dicht auf seinen Fersen;
Die beiden Heere aber lassen von
Einander ab und schauen regungslos
Das ungeheure Schauspiel an!

ERSTER HAUPTMANN: Ja, wenn
Berdoa, er, den nichts entsetzen konnte,
Verzagt und hülfeschreiend durchs
Gefilde fliehet, das muß freilich wohl
Ein ungeheures Schauspiel sein!

Geschrei hinter der Szene.

Horch! horch!
Welch ein Geschrei!

ZWEITER HAUPTMANN: Fürwahr! da sind sie schon!
Das ist Berdoas Angstgeschrei! – Sieh, sieh!
Dort stürzt er her, am Haupte blutend wie
Ein angeschoßnes Wild, und Gothland stürmt
Mit lautem Jagdruf hinterdrein!

Komm!
Laß sie vorübereilen!
Wer einem von den beiden in
Den Weg zu treten wagte,
Dem möcht das Beten nicht mehr helfen!

Sie ziehen sich in den Hintergrund.

BERDOA *mit bebenden Knieen, schwerverwundeter Stirn und blutigem Haupthaar, stürzt von der Rechten zur Linken über die Szene:*
Weh! Weh! der Atem geht mir aus!
Ich kann nicht mehr! Schon strickt
Das Netz des Todes sich um meine Füße!
– O wäre ich doch nie aus Afrika
Hieher gekommen! Hätte ich den Furchtbaren,
Der mich verfolgt, doch nie gereizt!
Um Gattin, Brüder, Vater hab ich ihn
Betrogen – Wehe, wehe, weh mir, wenn
Ich ihm zur Rede stehn muß!

Indem Gothland rechter Hand auftritt.

Hu! da ist er!

Er flieht davon.

GOTHLAND *mit der Lanze in der Hand ihn verfolgend*:
Hohussa! Negerjagd! Schwarzwildbretjagd.
Schwarzwildbret-, Neger-, Neger-Jagd! *Ab.*

Die beiden finnischen Hauptleute treten wieder vor.

ERSTER HAUPTMANN: Welch gräßliches Ereignis!
Eiskalte Schauder fahren durch
Mein zitterndes Gebein!

ZWEITER HAUPTMANN: Weh! Sieh! Die Bergwand hemmt
Berdoas Flucht! Er muß umkehren und
Von selber seinem Feinde in
Die Hände laufen – Da! jetzt wird er
Ergriffen – Nein! ein mächt'ger Seitensprung
Errettet ihn!
Fort, fort von hier! Sie kommen
Zurück!

Weichen schnell auf die Seite.

BERDOA *in entgegengesetzter Richtung als vorher über den Schauplatz stürzend*:
O unermeßne, unermeßne Angst!
Die ganze Welt läßt mich im Stiche, und
Der mordbegier'ge Schwede stürmt
Mir unermüdlich nach! – O fände ich
Doch etwas auf, womit ich seinen Schritt
Verzögern könnte!

GUSTAV *auftretend und zu Berdoa eilend*:
Du! Berdoa!
Was läufst du so? – Ich war
Bei Milchen und vernahm verworrnen Lärm –
Ich bitte dich, was fällt hier vor?

BERDOA: Heidi!
Da finde ich ja, was ich eben suche!

GUSTAV: Bist du verrückt? Laß meinen Rock los!

BERDOA: Ha!
So wie Medea, übern Pontus fliehend,
In riesenhafter Angst den Bruder würgte
Und ihn, um dadurch den
Ergrimmten Vater aufzuhalten,
Zerstückt auf ihrer Spur
Aussäte,
So würg ich diesen da und werf ihn frisch-
Ermordet seinem Vater in den Weg!
GUSTAV: Berdoa! bist du toll? Berdoa! ich
Bin ja dein Freund! dein Freund!
BERDOA: Das tut nichts! Du
Bist Gothlands Sohn!
GUSTAV: Zu Hülfe! Hülfe! Vater, Vater,
Der Neger bringt mich um! Zu Hülfe! Hül –
BERDOA: Stirb!
Er erwürgt ihn, wirft ihn auf die Erde und eilt weiter.
GOTHLAND *kommt im wildesten Nachsetzen*:
Hohussa! Negerjagd! Schwarzwildbretjagd!
Schwarzwildbret-, Neger-, Neger- –
Er stößt auf die Leiche seines Sohns; von Entsetzen überwältigt, fängt er an zu schwanken und kann sich kaum aufrecht erhalten.
Hu! mein – Sohn! –
– Erwürgt! – Der arme, arme Junge! – Böse
Gesellschaft hatte ihn mißleitet,
Doch solchen schweren, qualenreichen Tod
Verdiente er deswegen nicht! –
– Der arme Knabe!
Wie ihm die Brust zerschmettert ist! Wie ihm
Die Finger bluten! *Sich wütend zusammenraffend:*
Mord und Pein!
Der Neger ist's, der ihn, um mich
In meinem Rachelauf zu unterbrechen,
Erschlagen und mir in
Den Weg geworfen hat! – Ha, schrecklich
Verrechnete der schwarze Satan sich dabei!

Er dachte, daß ich jammernd auf
Der Leiche liegen bleiben und
Den Grimm vor Schmerz vergessen würde! – Just
Als ob ich noch des Schmerzes fähig wäre! –
Und so verdoppelt meines Sohns Ermordung
Statt meines Schmerzes meine Rachsucht, und anstatt
Mich festzubannen und zu lähmen, treibt
Sie mich empor, noch rasender
Und hurt'ger als bisher den Mörder zu
Verfolgen! *Ab.*

Stille von einigen Augenblicken. Dann hört man den Berdoa weheschreien, und eine kurze Weile nachher schleppt ihn Gothland bei den Haaren des Hinterhaupts auf die Szene.

BERDOA *wimmert; das Blut aus seiner Stirnwunde strömt ihm über das Gesicht*:
Gnade! Gnade! Gnade!
GOTHLAND: Laß das Geheul! Es hilft dir nichts!
Ich habe dich und lasse dich nicht los!
– Komm! Hier! – Hier an der Leiche meines Sohns
Sollst du mir Rechenschaft ablegen!
BERDOA: Oh!
GOTHLAND: Geraubt hast du mir alles, was ich liebte;
Zum Brudermörder hast du mich gemacht;
Mein Kind, das einst so hold war und so gut,
Hast du an Leib und Seel verderbt;
Den goldnen Frieden meines Inneren,
Die Ehre und den Ruhm, die zeitliche
Und ew'ge Wohlfahrt hast du mir
Vernichtet, – niemals, niemals werde ich
Mich glücklich fühlen können –
Gib
Mir meinen Bruder, gib
Mir meine Unschuld wieder!
Gib meinen Sohn und gib mit ihm zugleich
Mein teures Weib mir wieder! Meinen Ruhm

Und meine Ehre, meine Freuden, meine Himmel, mein Bewußtsein gib
Mir wieder! wieder! wieder!

BERDOA: Hätten mich doch
Die durst'gen Panther der Sahara
Zerfleischt! Es wäre besser
Gewesen als wie diesem in die Hand
Zu fallen!

GOTHLAND: Zwar ist's läppisch und
Vergeblich, wenn man das Verlorene
Betrauert, und ich bin der Narr nicht, der
Es tut; vielmehr ist es – – ist es mir ziemlich
Gleichgültig, daß ich Bruder, Weib und Kind
Verloren habe, aber weil ich
Sie an dir rächen will, so soll mir ihr
Verlust höchst wichtig, über alles wichtig sein,
Drum fodr ich dich noch einmal auf – *ihn wild schüttelnd* –,
Gib sie mir wieder! wieder! wieder! wieder!

BERDOA: Ich
Vermag's nicht! ich vermag's nicht!

GOTHLAND: Vermagst
Du's nicht? Nun, so bereite dich,
Die fürchterlichste Strafe zu
Empfangen!

BERDOA: Gnade! Gnade!

GOTHLAND: Meine Gnade ist
Der Mord! – Komm! ich weiß hier in
Der Nähe eine düstre, grausenvolle Höhle;
Versteckt und einsam liegt sie in den Irr-
Gewinden jenes Tals; von keinem Fuß
Wird sie betreten, und ununterbrochen ist's
In ihren Räumen stille wie im Grab! Dort
Sind wir allein!

Berdoa schaudert.

Dort will ich dich morden!

BERDOA:
Ich fleh um nichts als um 'nen kurzen Tod!
'nen kurzen Tod!
GOTHLAND: Den schlage ich dir ab! *Ihn mit starren unerbittlichen Blicken betrachtend:*
An deinem ganzen Körper sehe ich
Kein einz'ges Glied, das mich nicht schwer
Beleidigt hätte; schmeichle dir nicht, daß
Du eher stirbst, als bis ein jegliches
Die Schuld gebüßt hat, welche es an mir verbrochen!
BERDOA:
Herr Gott! Ihr wollt mich doch nicht Glied vor Glied –
GOTHLAND:
Was du verdient hast, das will ich dir tun!
Mit deinen Augen hast du mich verlacht,
Mit deiner Zunge hast du meinen Sohn
Verführt, mit deinen Füßen hast
Du mich gestoßen, – darum klag nicht, wenn
Ich dir die Augen, welche mich verlachten,
Ausreiße, wenn ich dir die Zunge, welche –
BERDOA: Unmenschlich!
Unmenschlich! Gothland will mir die Augen
Ausreißen! Gothland will
Mir meine Augen ausreißen!
O meine Augen! meine Augen! meine Augen!
GOTHLAND: Fort,
Daß ich dich Buße lehre!
Er schleppt ihn mit sich hinweg.
ARBOGA *mit Soldaten auftretend*:
Der König hat
Den Neger glücklich überwältigt, – unsre Schlacht
Kann sich erneun!
USBEK *mit Soldaten auftretend*:
Arboga, haltet! Ich
Verlange eine Unterredung!
ARBOGA: Mach's kurz!

USBEK: Seht,
Das weite Kiölgebirge blitzt von Waffen!
Der vor'ge Schwedenkönig Olaf steigt
Mit großer Heeresmacht an ihm herunter! Statt
Daß wir uns hier bekämpfen und uns schwächen,
Wär's rätlicher, daß wir uns gegen ihn
Als den gemeinschaftlichen Feind
Vereinten und hernach erst, wenn wir ihn
Bezwungen, an die eigne Streitigkeit
Gedächten!

ARBOGA: Darauf laß ich mich nicht ein!
Der König Gothland trug mir auf,
Die Finnen auszurotten, und solange dies
Noch nicht getan ist, hab
Ich mich um alles andre nicht zu kümmern.

USBEK: Was?
Seid Ihr ein Narr? So pünktlich
Befolgt Ihr die Befehle dessen,
Der Euch verraten hat?

ARBOGA: Wer
Hat mich verraten?

USBEK: Euer König Gothland.

ARBOGA: Wie?

USBEK: Hier
Steht einer von den Hauptleuten, mit denen
Berdoa ihn in seinem Zelt umzingelt hielt –
Zu dem Hauptmann: Sprich,
Was sagte Gothland, als er sich von euch
Gefangen sah?

DER HAUPTMANN: Als wir ihn Bluthund schalten
Und ihm vorwarfen, daß er
Die Finnen habe ausrotten wollen,
Da stellte er sich überrascht
Und rief: „Abscheulich,
Hat etwa der schwarzgallige Arboga
Die böse Laune gehabt?

Er hat oft mörderische Träume;
Dann steht er auf und schlägt, indem
Er nachtwandelt, die Völker tot! Ich will
Ihn euch ausliefern! Spießt ihn! Ich
Will euch die Mittel angeben, womit
Ihr ihn in eure Hände lockt!"

ARBOGA: Das
Ist nicht sein Ernst gewesen!

DER HAUPTMANN: Nicht
Sein Ernst? – Ich glaube, daß er Euch,
Wenn's unser Wunsch gewesen wäre,
In heißem Öle hätte sieden lassen!

ARBOGA:
„Ich will ihn euch ausliefern! – Spießt ihn! – Ich
Will euch die Mittel angeben, womit
Ihr ihn in eure Hände lockt!" – Ha, ist
Das alles wahr, so möge ihn – Doch still!
Das Schwert auf dem Boden hin und her wetzend: Nur
Sehr selten bringt mich etwas aus
Der Fassung, – aber wenn ein Kerl, für den
Ich zwanzigtausend beßre Kerle tot-
Geschlagen habe – – Doch still! *Zu dem*
Finnenhauptmann: Ich weiß,
Ihr Finnen laßt euch lieber niedermetzeln
Als einen falschen Eid zu schwören – Kannst
Du deine Aussage mit einem Schwur
Erhärten?

DER HAUPTMANN:
Ja, das kann ich.

ARBOGA: Nun, so komm
Und schwör! Und dann –

USBEK: Und dann?

ARBOGA: Dann schwöre ich, daß Gothland die
Verräterei, die er an mir beging,
Verfluchen soll!

Alle ab.

Der König Olaf und der Graf Holm, an der Spitze ihrer Heere, treten auf.

KÖNIG: Die Finnen und die schwedischen Rebellen
Ersparen uns den halben Kampf, –
Im mörderischen Handgemeng begriffen,
Vertilgen sie sich selbst! Ein Gott
Hält sie geblendet!
HOLM: Nur noch wen'ge Stunden, und
Der väterliche Thron ist wieder Euer!
KÖNIG: Dann
Ist also alles, alles überstanden! –
– Ich fühl mich tief und wunderbar bewegt:
Die Brust klopft mir vor Freude und vor Schmerz!
HOLM: Auch ich fühl mich aufs innigste gerührt! –

Pause. Die ersten Strahlen der aufgehenden Sonne brechen durch die Morgennebel.

KÖNIG: Wie herrlich und wie friedlich dort
Die Sonne aufgeht! Goldner Morgenglanz
Verklärt die taubesäeten Gefilde! –
– Ist heute nicht der erste Mai?
HOLM: Ja, wie
Ein heitres Lächeln schimmert er um Erd
Und Himmel!
KÖNIG: Ich konnte diesem Lande
An keinem schöneren, bedeutungsvollern Tage
Wiederkehren!
Sieh! der Schnee
Am fernen Hochgebirge ist zerronnen, und
Des Jahres erste Schwäne wiegen
Sich voller Wonne in der Frühlingsluft, –
Allüberall, in dunklen Schluchten und
Auf frischbegrünten Hügeln, sprudeln eis-
Befreite Quellen, schallen Stimmen der
Erwachten Flur, – der Buchenwald
Hat schon sein junges dichtgedrängtes Laub

Entfaltet, – Vogelschlag und Waldbachsrauschen
Enttönen seinem Innern, – tausendsäulig,
Mit seiner Blätterpracht sich selbst
Umschattend, steht er da, ein Frühlingsschloß,
Und über ihm und all
Den Hügeln, Fluren und Gebirgen ringsumher
Ruht wie 'ne duft'ge blaue Blumenglocke
Das unermeßliche Gewölb des Himmels! –

DER ALTE GOTHLAND *tritt auf*: He,
Was steht ihr da und schwatzt? Schnell, vorwärts!
vorwärts!
Laut rufend:
Und dem, der meines Sohnes Haupt
Mir vorzeigt oder mir zuerst
Die Nachricht bringt, daß er erschlagen ist,
Dem will ich alle meine Habe schenken
Und ihn an Kindesstatt annehmen!

HOLM: Graukopf,
Sag nicht zuviel! Ich fürchte, daß du es
Bereuen wirst!

DER ALTE GOTHLAND: Ich werd es nimmermehr
Bereuen! – Vorwärts!

KÖNIG *kommandierend*: Rücket vor!

Alle ab.

Letzte Szene

Eine andere Gegend in der Nähe des Schlachtfeldes.

GOTHLAND *tritt auf*:
Der Neger wird mich nicht mehr auslachen! Eben
Hat er verröchelt! –
Ja, und nun? Was soll
Ich nun tun? – Eigentlich sollt ich nun gegen
Den König Olaf, der mit großer Heeresmacht
Mir nach dem Leben trachtet, mich verteid'gen
– er gähnt –, aber

Das ist mir einerlei. – –
Ja, ja,
Die Rache an dem Neger war
Das letzte, was mich auf der Welt
Noch interessierte;
Jetzt, da ich sie befriedigt habe, wüßt
Ich nichts mehr,
Was mich noch reizen könnte.
– Sogar des jetz'gen Daseins bin
Ich überdrüssig; doch daß ich deshalb
Mich selbst entleiben sollte, dazu ist
Der Tod mir ebenfalls zu gleichgültig. –

Er steht eine Zeitlang nachlässig da; dann lehnt er sich auf den Stamm einer abgehauenen Eiche und blickt in die Gegend:

Sieh,
Die gelbe Morgensonne ist emporgestiegen
Und saugt die Dünste der
Morast'gen Wiesen und der Sümpfe in
Die Höhe. – Auch beginnt der Frühling
Sich überall zu zeigen: Regenwürmer,
Die seiner lauen Witterung
Sich freuen wollen, kriechen aus der Erde,
Und südlich an dem Horizonte kommen
Die Schwäne und die wilden Gänse lärmend
Ins Nordland heimgeflogen. Es scheint,
Daß wir 'nen schönen Sommer – *Er gähnt:* Ich bin doch
Recht müd und schläfrig. – Einstens, als
Ich noch ein Jüngling war, da – da – *Er schläft ein.*

ARBOGA *tritt auf*: Wo werd
Ich ihn denn finden? Ha, da liegt er schlafend!
Indem er ihn schüttelt:
He! Gothland! Gothland!

GOTHLAND *aufwachend*: Was begehrst du?

ARBOGA: Hast
Du diese Nacht, als dich Berdoa
In deinem Zelt umzingelt hatte,

Mich an die Finnen überliefern,
Mich spießen lassen wollen?

GOTHLAND *sich den Schlaf aus den Augen reibend*: Ich
Entsinne mich, daß ich dergleichen sprach.

ARBOGA: Ei!
Du sprachst dergleichen! – Und wenn es
Die Finnen angenommen hätten,
So hättest du es wahrscheinlich nicht bloß
Gesprochen, sondern auch vollführt?

GOTHLAND *gähnend*: Vielleicht auch das.

ARBOGA *in Wut*:
Vielleicht auch das! Du frecher Hund, das sagst
Du mir ins Angesicht? Nun, so krepier
Ins Teufels Namen! *Er jagt ihm den Degen durch den Leib.*

GOTHLAND *an den Boden stürzend, dem Arboga zuschreiend*:
Narr! du meinst
Doch nicht, daß du mit diesem Degenstich
Mich ärgerst? Hohoho!
Da irrst du sehr! Ich frage nichts
Nach Leben oder Tod! *Laut hohnlachend:*
Nichts, nichts
Frag ich nach Leben oder Tod!
Mit brechender, ersterbender Stimme: Und – und
Die Hölle? Oh, die ist zum – wenigsten
Was Neues, – und ich – wette:
Auch an die Hölle kann man sich gewöhnen!
Er zuckt mit seinem ganzen Körper noch einigemal krampfhaft zusammen und stirbt.

ARBOGA *sich über ihn bückend und seine Stirne betastend, wieder völlig ruhig geworden*:
Die Stirne ist ihm kalt, – er ist verschieden. *Geht ab.*

Kurze Pause. Dann großes Getöse; gleich darauf stäuben die Finnen und die Überreste von Arbogas Regimentern in der zügellosesten, unaufhaltsamsten Flucht über die Bühne. Die Trompeten der

Verfolger schallen immer näher und lauter zwischen den Tumult hindurch. Usbek, viele Feldherrn und Hauptleute, ebenso flüchtig wie die übrigen, stürzen herein.

DIE FLÜCHTIGEN:
Fort, fort! Der Ostseeküste zu!
Der Ostseeküste zu!
USBEK: Weh, wehe! Der
Ruin des Finnenheeres und der Fall
Der finnischen Nation ist da!
Ein Feigling, der das überlebt!
Er stürzt sich in sein Schwert; mehrere folgen seinem Beispiele.
FLÜCHTIGE: Die Feldherrn
Stürzen sich in ihre Schwerter und
Verlassen uns in unsrer Not!
VIELE STIMMEN:
Flieht, flieht! der Ostseeküste zu!
Der Ostseeküste zu!
Alle ab. Pause.

Unter Triumphmusik und wehenden Fahnen kommen der König Olaf und der Graf Holm, von ihren norwegischen, russischen und deutschen Heeren begleitet.

KÖNIG:
Der Sieg ist unser, und vernichtet sind
Die Feinde! Preis und Dank
Dem Lenker der Geschicke!
HOLM *auf Gothland deutend*: Seht Ihr dort
Den weißgelockten Toten liegen?
KÖNIG *hinblickend und erschüttert sich wegwendend*:
Still von ihm!
Wir können ihn nicht lieben –
So wollen wir ihn zu vergessen suchen!

Ein Hauptmann und mehrere Soldaten, die den gefangnen Arboga in der Mitte führen, treten auf.

DER HAUPTMANN: Hier bringen wir den Grafen von Arboga;
Er schien sich wenig draus zu machen, daß
Wir ihn gefangennahmen.

KÖNIG: Graf,
Ihr wart der pflichtvergessenste
Verräter Eures Königs – Wisset Ihr, womit
Ein solcher Hochverrat gebüßt wird?

ARBOGA: Mit
Dem Rade.

KÖNIG: Niemals soll man von mir sagen,
Ich sei grausam gewesen –
Euer Leben kann
Ich Euch nicht schenken, aber Eure Strafe
Kann ich zur Hälfte Euch erlassen –
Zu einigen Soldaten: Geht
Und schlagt den Kopf ihm ab!

ARBOGA: Meintwegen! *Er wird abgeführt.*

DER ALTE GOTHLAND *tritt auf*: Nun? Habt
Ihr den verruchten Buben, den ich mir
Zur Schmach erzeugte, endlich ein-
Gefangen und erschlagen? Oder
Ist er schon wiederum entwischt?

KÖNIG *führt ihn zu der Leiche*: Er ist
Erschlagen!

DER ALTE GOTHLAND: Dank dir für
Die Nachricht!

Während er den Leichnam betrachtet, wird er immer bewegter; er will das „Dank dir für die Nachricht!" noch einmal wiederholen, aber seine Stimme fängt an zu zittern und zu stammeln; endlich mit unwiderstehlich hervorbrechendem grenzenlosen Schmerze:

Dank dir? Dank!
Nein! Fluch, zehntausendfacher Fluch
Auf dich, daß du mir sagtest, daß mein Sohn
Erschlagen sei, und Fluch auf mich, daß ich's
Dir dankte!

HOLM: Weh!
Jetzt kommt es, wie ich es gefürchtet!
DER ALTE GOTHLAND *über der Leiche liegend*:
O
Ich grauer Tor! ich grauer Tor! Zu wähnen,
Der Tod des Sohnes sei mein Glück! Zu glauben,
Daß sich die menschliche Natur, daß sich
Die Liebe, die ein Vater für sein Kind hegt,
Auf ew'ge Zeit vertilgen ließen! Oh, um
So länger du die reinen, menschlichen
Gefühle niederringst,
Um so gewalt'ger richten sie hernach,
Wenn ihre Stunde schlägt, sich wieder auf!
KÖNIG: Herzog, ich bitte Euch – bedenkt, vergesset – –
Gott,
Er hört mich nicht!
DER ALTE GOTHLAND: Ha,
Wo ist mein Schild und meine Lanze? –
– Das Haus der Gothlands stürzt zusammen und
Hört auf zu sein –
zerbrochen sei sein Schild, zu Stücken
Sei seine Lanze – *sich den Helm abreißend* –,
Federbusch
Und Wappen sein auf immerdar
Von seinem Helm gerissen, – in
Vergessenheit soll es versinken, – und
Ich selber habe es vernichtet!
KÖNIG: Tröste dich;
Das Haus der Gothlands ist unsterblich,
Und als das glorreichste im ganzen Norden
Wird es der Zeit zum Trotz in ew'gen Liedern
Ewig leben!
DER ALTE GOTHLAND: Nun,
Wenn das dein Ernst und nicht
Bloß dein Geschwätz ist, so gebiet,
Daß man den Nachkommen aus diesem Hause,

Der leblos hier am Boden liegt,
Würdig und feierlich bestatte! – Legt
Zum Zeichen seines Heldentums
Das Feldherrnschwert auf seinen Sarg,
Senkt eure Fahnen, und zum Trauerzug
Geordnet, mit umflorten Waffen,
Begleite ihn das Heer!

KÖNIG: Ein stilles Grab
An heiliger, geweihter Stätte – das
Ist alles, was ich dir für ihn
Gewähren kann!

DER ALTE GOTHLAND: Hoho,
Ich sehe wohl, wo das hinaus will, –
Beiseit, dicht an der Kirchhofsmauer, wollt
Ihr ihn bei Nacht und Nebel
Wie einen Ehrlosen verscharren –
Doch so – und kostet es mir auch das Leben!
So laß ich ihn nicht schänden! – Zieht
Die Degen und nehmt euch in acht!
Ich stehe in dem Blute meines Kindes,
Und es durchglühet mich mit Riesenstärke!
Ihr, ihr habt es gemordet, ihr habt mich
Gereizt, es mit euch in Gemeinschaft zu
Verfolgen, ihr verweigert ihm
Sein Grab – *mit dem Schwerte auf den König und die übrigen einhauend* –, ihr
Sollt merken, was ein Vater ist, dem man
Den Sohn erschlug!

KÖNIG: Halt! Weg mit
Dem Schwerte! Zwing mich nicht, daß ich
Dich mit Gewalt –
Nein,
Hier hilft nichts andres!
Ergreifet und entwaffnet ihn!

DER ALTE GOTHLAND *nach einem kurzen, aber heftigen Widerstande überwältigt*: Oh,

Ich habe keine Söhne mehr,
Sonst dürftet ihr mir das nicht bieten!
Sonst dürftet ihr mich nicht so frech auslachen!

KÖNIG: Wir lachen dich nicht aus –
Wir stehen tieferschüttert da
Und trauern über dein unseliges
Geschick!

DER ALTE GOTHLAND:
Ihr lachet, da das alte, fürstliche
Geschlecht der Herzoge von Gothland,
Der Glanz des Nordens und sein Ruhm,
Zugrunde geht? – Ihr lacht? Ihr lacht? –
Ho, weinet! weinet! sag ich euch! Noch oft,
Du König! wirst du in den Schlachten
Dich nach den Gothlands sehnen – *mit unsäglichem Schmerze auf die Leiche stürzend* –,
und
Die Gothlands sind nicht mehr! –

Alle blicken in stummer Rührung auf ihn hin.

Der Vorhang fällt.

SCHERZ, SATIRE, IRONIE UND TIEFERE BEDEUTUNG

Ein Lustspiel in drei Aufzügen

VORWORT

Findet der Leser nicht, daß diesem Lustspiel eine entschiedene Weltansicht zugrunde liegt, so verdient es keinen Beifall. Im übrigen verspottet es sich selbst, und werden daher die literarischen Angriffe von den beteiligten Personen leicht verziehen werden.

Es wird noch bemerkt, daß dieses Stück, ebenso wie die übrigen, schon im Jahre 1822 geschrieben war und auch in mehreren Gesellschaften vorgelesen wurde.

PERSONEN

BARON von HALDUNGEN
LIDDY, *seine Nichte*
Herr von WERNTHAL, *mit ihr verlobt*
Freiherr von MORDAX
Herr MOLLFELS
RATTENGIFT, *ein Dichter*
Der SCHULMEISTER des Dorfes
TOBIES, *ein Bauer*
GOTTLIEBCHEN, *sein Sohn*
GRETCHEN, *Dienstmagd der Gerichtshalterin*
KONRAD, *ein Schmied*
Vier NATURHISTORIKER
Der TEUFEL
Seine GROSSMUTTER
Kaiser NERO, *ihr Bediente*
GRABBE, *der Verfasser des Lustspiels*
Dreizehn SCHNEIDERGESELLEN und andere Nebenpersonen

Die Szene ist in und bei dem Dorfe des Barons

ERSTER AKT

Erste Szene

Stube des Schulmeisters.

SCHULMEISTER *sitzt am Tische und schenkt aus einer großen Flasche sich ein Glas nach dem andren ein*: Utile cum dulci, Schnaps mit Zucker! – Es wird heute ein saurer Tag – ich muß den Bauerjungen die erste Deklination beibringen. Ein Bauerjunge und die erste Deklination! Das kommt mir vor, als wenn ein Rabe ein rein Hemd anziehen wollte! *Er blickt durch das Fenster.* Alle Wetter, da kommt der schiefbeinige Tobies mit seinem einfältigen Schlingel! Schwerenot, wo verstecke ich meinen Schnaps? – geschwind, geschwind, ich will ihn in meinen Bauch verbergen! *Er säuft die Bouteille mit einer entsetzlichen Schnelligkeit aus.* Ah, das war ein Schluck, dessen sich selbst Pestalozzi nicht hätte zu schämen brauchen! Die leere Flasche zum Fenster hinaus!

Tobies und Gottliebchen treten herein.

TOBIES: Wünsche wohl geschlafen zu haben, Herr Schulmeister.

SCHULMEISTER: Danke, Herr Gevatter, danke! – Alles noch wohl in der Familie?

TOBIES: So lala! Meine Frau ist gesund, aber mein bestes Schwein liegt in den letzten Zügen. Es stöhnt und ächzt wie ein alter Mann!

SCHULMEISTER: Bedaure, bedaure, sowohl das Schwein als wie den alten Mann!

Tobies: Wie steht's denn am politischen Himmel, Herr Schulmeister? Was sagen die neuen Zeitungen? Hat der Grieche gewonnen? Ist der Erbfeind verjagt?

Schulmeister: Die Aspekten sind nicht ungüstig. Der „Hamburger Unparteiische" hat schon wieder 30 000 Türken totgeschlagen, und der „Nürnberger Korrespondent" fährt unermüdlich fort, die griechischen Jungfrauen der edelsten Geschlechter zu notzüchtigen; auch flüstert man sich aus zuverlässigen Quellen in die Ohren, daß das auseinandergelaufene Heer des Ypsilanti am 25. künftigen Monats in einer großen Bataille gesiegt hat.

Tobies *Nase und Maul aufsperrend*: Am 25. künftigen – ?

Schulmeister: Wundern Sie sich nicht, Herr Tobies! Die Kuriere gehen rasch! Verbesserte Poststraßen, verbesserte Poststraßen!

Tobies: Jesus Christus! so 'ne Poststraße, worauf der Kurier einen Monat vorausläuft, möchte ich vor meinem Tode wohl mal sehen!

Schulmeister: Freilich ist so etwas hierzulande rar! Aber, Herr Tobies, Sie werden ja aus eigner Erfahrung bemerkt haben, daß ein gutes Pferd auf einer guten Chaussee den Weg von einer Stunde in einer halben zurücklegt; wenn Sie sich nun das Pferd immer besser und die Chaussee immer vortrefflicher denken, so muß es ja natürlich dahin kommen, daß das Pferd den Weg in einer Viertelstunde, in zehn Minuten, in einer Minute, in nichts, in gar nichts und zuletzt in noch weniger als gar nichts zurücklegt! Begreifen Sie?

Tobies: Ich begreife, aber verstehen tu ich Sie, hol mich der Teufel! doch noch nicht.

Schulmeister: Da Sie mich schon begreifen, so macht es so viel nicht aus, ob Sie mich auch verstehen. Doch wie Cicero zum Cäsar sagt – Ei, was ziehen Sie da aus der Rocktasche?

Tobies: Ja, das ist es eigentlich, weswegen ich mit Gottliebchen hier vorgesprochen habe. Meine Frau läßt Ihnen ein

Kompliment machen und bittet Sie recht artig, mit dieser Wurst vorliebzunehmen.

SCHULMEISTER: Vorliebzunehmen! *Er ergreift die Wurst und ißt sie auf.*

TOBIES: Sehen Sie, unser Gottliebchen hat die Würmer, und deshalb meint seine Mutter, daß aus ihm noch einmal ein Gelehrter würde. – Nicht wahr, Gottliebchen, du willst ein Gelehrter werden?

GOTTLIEBCHEN: Ja, ich habe die Würmer.

SCHULMEISTER: Herr Gevatter, sein Sie überzeugt, daß ich die vielversprechenden Anlagen Ihres hoffnungsvollen Sohnes zu schätzen weiß!

TOBIES: Nun wünschen ich und meine Frau, daß Sie den Jungen ins Haus nehmen und, mit Respekt zu sagen, zum Pastor erziehen möchten. Wir sähen ihn doch gar zu gerne, mit Respekt zu sagen, auf der Kanzel stehen! Zur Erkenntlichkeit wollen wir Ihnen an jedem Sankt Martinstage neun fette Gänse und ein Stückfaß voll Schnaps schicken.

SCHULMEISTER: Wie? ein Stückfaß? und voll bis an den Rand?

TOBIES: Schwappend voll, Herr Schulmeister!

SCHULMEISTER: Jeder Zoll ein Schnaps! Ihr Sohn gehört zu den eminentesten Köpfen! Ich werde ihn nicht nur in die tiefsten Geheimnisse der Dogmatik, der Homiletik und der übrigen Nebenwissenschaften der Theologie einweihen, sondern ihn auch in den plastischen, idyllischen und mephytischen Hauptwissenschaften unserer Landprediger, als wie im Schweineschneidern, Kuhschlachten und Mistaufladen, zu unterrichten suchen. – Um Ihnen zu beweisen, wie sehr mir Gottliebchens Wohlfahrt am Herzen liegt, will ich mich noch heute mit ihm auf das Schloß verfügen und ihn der jungen Baronin und ihrem Onkel, welche gestern angekommen sind, als ein großes Genie vorstellen; vielleicht, daß man ihm eine außerordentliche Unterstützung zu seinen Studien gewährt.

TOBIES: Na, das tun Sie, Herr Schulmeister! Aber ich bitte, quälen Sie den Jungen mit dem Lernen nicht zu übermäßig. Ich habe ein paar Ochsen, welche mit dem Kopfe ziehen müssen, und da weiß ich denn, was Kopfarbeit für eine Arbeit ist. Guten Morgen! *Geht ab.*

SCHULMEISTER *zu Gottliebchen*: Nun komm, du Esel, und gib acht! Ich will dir sagen, wie du es auf dem Schlosse machen mußt, um dich genial zu stellen: Du mußt entweder völlig das Maul halten – dann denken sie, Donnerwetter, der muß viel zu verschweigen haben, denn er sagt kein Wort; – oder du mußt verrücktes Zeug sprechen – dann denken sie, Donnerwetter, der muß etwas Tiefsinniges gesagt haben, denn wir, die wir sonst alles verstehen, verstehen es nicht; – oder du mußt Spinnen essen und Fliegen einschlingen – dann denken sie, Donnerwetter, der ist ein großer Mann (oder wie es bei dir schicklicher heißen würde, ein großer Junge), denn er ekelt sich vor keinen Fliegen und Spinnen. Sag, Rindvieh, was von allem diesen willst du tun?

GOTTLIEBCHEN: Ich will 's Maul halten!

SCHULMEISTER: So halt es, und meinetwegen mit der Hand, denn das sieht noch allegorischer und poetischer aus. Jedoch kann ich dir dessenohngeachtet ein andres notwendiges Requisit nicht erlassen: Du mußt bisweilen eine genialische Zerstreutheit zeigen. Dies machst du ohngefähr so, Gottliebchen: Du steckst, ehe du aus dem Hause gehst, eine tote Katze in die Uhrtasche; wenn du dann nachher in Gesellschaft eines schönen Fräuleins spazierst und mit ihr in der Abenddämmerung die Sterne betrachtest, so ziehst du auf einmal deine tote Katze heraus und führst sie an die Nase, als wenn du dich hineinschnupfen wolltest; da wird denn das Fräulein leichenblaß aufschreien: „Sackerlot, eine tote Katze!“ Du aber erwiderst wie zerstreut: „Ach Gott, ich meinte, es wäre ein Gestirn!“ – So etwas bringt dich in den Ruf der Originalität, du Mißgeburt! *Er gibt ihm eine Ohrfeige.*

GOTTLIEBCHEN: Au! au! au!

SCHULMEISTER: Erschrick nicht, mein Söhnchen! Utile cum dulci, ein Ohr, weil es nützlich ist, und eine Feige, weil sie süß ist, also eine Ohrfeige. Es gehört zu den Feinheiten meiner Erziehungsmethode, mußt du wissen, daß ich dem Schüler bei jeder interessanten Lehre eine markdurchdringende Maulschelle erteile, denn späterhin wird er alsdann immer, wenn er sich an die Maulschelle erinnert, sich auch an die Lehre erinnern, welche sie begleitete. – Doch, allons, wir wollen aufs Schloß! Tunke die Feder tief in das Tintenfaß und zieh mir damit einen dikken, schwarzen Strich quer über die Nase durchs Gesicht! Die gnädige Herrschaft soll selbst in meinem Antlitze die Spuren meines Fleißes erblicken!

Gottliebchen zieht ihm einen dicken Tintenstrich durchs Gesicht, und sie gehen beide ab.

Zweite Szene

Heller, warmer Sommertag.

Der Teufel sitzt auf einem Hügel und friert.

TEUFEL: 's ist kalt – kalt – in der Hölle ist's wärmer! – Satirische Großmutter hat mir zwar, weil sieben am häufigsten in der Bibel vorkommt, sieben Pelzhemdchen, sieben Pelzmäntelchen und sieben Pelzmützchen angezogen – aber 's ist kalt – kalt – Hol mich Gott, es ist sehr kalt! – – Könnt ich nur Holz stehlen oder 'nen Wald anzünden – 'nen Wald anzünden! – Alle Engel, 's wäre doch kurios, wenn der Teufel erfrieren müßte! – – Holz stehlen – Wald anzünden – anzünden! – stehlen – *Er erfriert.*

EIN NATURHISTORIKER *tritt auf, botanisierend*: Wahrhaftig, es finden sich in dieser Gegend seltene Gewächse; Linnäus, Jussieu – Herr Christus, wer liegt hier auf der Erde? Ein toter Mensch, und, wie man deutlich sieht, erfroren! Nun, das ist doch sonderbar! Ein Wunder, wenn es nämlich ein Wunder gäbe! Wir schreiben heute den 2. August, die Sonne steht flammend am Himmel, es ist der heißeste Tag, den ich je erlebt habe, und der Mensch da wagt es, unterwindet sich's, gegen alle Regeln und Beobachtungen weiser Männer zu erfrieren! – Nein, es ist unmöglich, absolut unmöglich! Ich will meine Brille aufsetzen! *Er setzt sich die Brille auf.* Sonderbar! sonderbar! Ich habe meine Brille aufgesetzt, und der Kerl ist nichtsdestoweniger erfroren! Höchst sonderbar! Ich will ihn zu meinen Kollegen bringen!

Er packt den Teufel beim Kragen und schleppt ihn mit sich fort.

Dritte Szene

Saal auf dem Schlosse.

Der Teufel liegt auf dem Tische, und die vier Naturhistoriker stehen um ihn herum.

Erster Naturhistoriker: Sie geben mir zu, meine Herren, es ist mit diesem Toten ein verwickelter Kasus.

Zweiter Naturhistoriker: Wie man es nimmt! Es ist nur schlimm, daß seine Pelzkleider so labyrinthisch zugeknöpft sind, daß selbst der Weltumsegler Cook sie nicht würde aufknöpfen können.

Erster Naturhistoriker: Sie geben mir zu, daß es ein Mensch ist?

Dritter Naturhistoriker: Gewiß! er hat fünf Finger und keinen Schwanz.

Vierter Naturhistoriker: Hier ist also nur die Frage zu lösen, was es für ein Mensch sein mag.

Erster Naturhistoriker: Richtig! Dabei kann man aber nicht vorsichtig genug zu Werke gehn; obschon es also heller Tag ist, so rate ich doch, daß man noch außerdem ein Licht anzündet.

DRITTER NATURHISTORIKER: Sehr wahr, Herr Kollege!

Sie zünden ein Licht an und setzen es neben den Teufel auf den Tisch.

ERSTER NATURHISTORIKER *nachdem sie alle vier den Teufel mit der angestrengtesten Aufmerksamkeit betrachtet haben*: Meine Herren, ich denke jetzt mit diesem rätselhaften Kadaver im klaren zu sein, und ich hoffe, daß ich mich nicht irre. Bemerken Sie diese zurückgestülpte Nase, diese breiten, großmäuligen Lippen – bemerken Sie, sage ich, diesen unnachahmlichen Zug von göttlicher Grobheit, welcher über das ganze Antlitz ausgegossen ist, und Sie werden nicht zweifeln, daß Sie einen unsrer jetzigen Rezensenten, und zwar einen echten, vor sich liegen sehen.

ZWEITER NATURHISTORIKER: Lieber Kollege, ich kann nicht so völlig mit Ihrer übrigens außerordentlich scharfsinnigen Meinung übereinstimmen. Nicht zu erwähnen, daß unsre heurigen Rezensenten, besonders die Theaterkritiker, mehr einfältig als grob sind, so spüre ich auch in diesem toten Gesichte kein einziges von den Merkmalen, welche Sie uns aufzuzählen belieben. Ich gewahre im Gegenteil durchaus etwas Mädchenartiges darin; die buschigen, überhängenden Augenbrauen deuten auf jene zarte, weibliche Verschämtheit, welche sogar ihre Blicke zu verstecken trachtet, und die Nase, welche Sie zurückgestülpt nennen, scheint sich vielmehr aus Höflichkeit zurückgebeugt zu haben, um dem schmachtenden Liebhaber einen recht großen Platz zum Kusse offen zu lassen – genug, wenn mich nicht alles trügt, so ist dieser erfrorene Mensch eine Pastorstochter.

DRITTER NATURHISTORIKER: Ich muß gestehen, mein Herr, daß mir Ihre Hypothese etwas gewagt vorkommt. Ich vermute, daß es der Teufel ist.

ERSTER UND ZWEITER NATURHISTORIKER: Das ist ab initio unmöglich, denn der Teufel paßt nicht in unser System!

VIERTER NATURHISTORIKER: Streiten Sie sich nicht, meine wertgeschätzten Kollegen! Nun will ich Ihnen meine Meinung sagen, und ich wette, daß Sie derselben sofort beistimmen werden. Betrachten Sie die enorme Häßlichkeit, welche uns aus jeder Miene dieses Gesichtes entgegenkreischt, und Sie sind ja gezwungen, mir einzuräumen, daß solch eine Fratze gar nicht existieren könnte, wenn es keine deutsche Schriftstellerinnen gäbe.

DIE DREI ANDREN NATURHISTORIKER: Ja, es ist eine deutsche Schriftstellerin; wir weichen Ihren triftigern Argumenten.

VIERTER NATURHISTORIKER: Ich danke Ihnen, meine Kollegen! – Aber, was ist das? Sehen Sie auch, wie die Tote, seitdem wir ihr das brennende Licht vor die Nase gesetzt haben, anfängt sich zu regen? Jetzt zuckt sie mit dem Finger – jetzt schüttelt sie mit dem Kopfe – sie macht die Augen auf – sie ist lebendig!

TEUFEL *sich auf dem Tische emporrichtend*: Wo – bin ich? – Hu, friere noch immer! *Zu den Naturforschern:* Bitte, meine Herren, machen Sie doch dort die beiden Fenster zu – ich kann den Luftzug nicht recht gut vertragen!

DER ERSTE NATURHISTORIKER *indem er die Fenster zumacht*: Sie haben gewiß eine schwache Lunge!

TEUFEL *indem er vom Tische herunterklettert*: Nicht immer! Wenn ich in einem wohleingeheizten Ofen sitze, nicht!

ZWEITER NATURHISTORIKER: Wie? Sie setzen sich in einen wohleingeheizten Ofen?

TEUFEL: Ja, ich pflege mich bisweilen hineinzusetzen.

DRITTER NATURHISTORIKER: Eine merkwürdige Gewohnheit! *Er schreibt es auf.*

VIERTER NATURHISTORIKER: Nicht wahr, Madam, Sie sind eine Schriftstellerin?

TEUFEL: Schriftstellerin? Was soll das heißen? Solche Weiber plagt der Teufel, aber Gott behüte den Teufel, daß sie der Teufel selbst wären.

ALLE VIER NATURHISTORIKER: Was? also doch der Teufel? der Teufel? *Sie wollen davonlaufen.*

TEUFEL *beiseit*: Ha, nun kann ich einmal weidlich lügen! *Laut:* Meine Herren, meine Herren! wohin? Beruhigen Sie sich! Sie werden doch vor keiner Spielerei, die ich mit meinem Namen mache, davonlaufen?

Die Naturhistoriker kehren wieder um.

Ich heiße Teufel, aber ich bin's wahrhaftig nicht!

ERSTER NATURHISTORIKER: Mit wem denn haben wir die Ehre zu sprechen?

TEUFEL: Mit Theophil Christian Teufel, Generalsuperintendenten in herzoglich --schen Diensten, Ehrenmitgliede einer Gesellschaft zur Beförderung des Christentums unter den Juden und Ritter des päpstlichen Zivilverdienstordens, welcher mir nämlich im Mittelalter vom Papste dafür, daß ich ihm den Pöbel in steter Furcht erhielt, verliehen worden ist.

VIERTER NATURHISTORIKER: So müssen Sie ja schon ein bedeutendes Alter erreicht haben!

TEUFEL: Sie irren, ich bin erst elf Jahr alt.

DRITTER NATURHISTORIKER *zum zweiten*: Das ist der größte Lügenbeutel, den ich je gesehen habe.

ZWEITER NATURHISTORIKER *zum dritten*: So wird er den Damen sehr gefallen! –

TEUFEL *ist dem Lichte immer näher gerückt und hat unwillkürlich den Finger hineingesteckt.*

ERSTER NATURHISTORIKER: Herr Gott, was machen Sie da, Herr Generalsuperintendent? Sie stecken ja den Finger ins Licht!

TEUFEL *verwirrt; den Finger zurückziehend*: Ich – ich liebe es, den Finger ins Licht zu stecken!

DRITTER NATURHISTORIKER: Sonderbare Passion! *Schreibt es auf.*

Der Baron, Liddy, Wernthal und Rattengift treten ein.

VIERTER NATURHISTORIKER: Ah, der Baron und die Gesellschaft!

Erster Naturhistoriker *zu den Eintretenden*: Hier stelle ich Ihnen den Herrn Generalsuperintendenten Theophil Teufel vor, welcher im Mittelalter Ritter vom päpstlichen Zivilverdienstorden geworden ist und sich nicht nur in wohleingeheizte Öfen zu setzen pflegt, sondern auch den Finger in das Licht zu stecken liebt!

Rattengift: Ei, Herr Generalsuperintendent, Sie kommen ja wie gerufen, um die schöne Liddy mit dem Herrn von Wernthal zu kopulieren.

Teufel *verlegen*: Kopulieren? Ich? *Halblaut:* Heilige Kreuz-Donnerwetter, ich kenne die Formel nicht!

Liddy: Fluchen Sie nur nicht so gräßlich, Herr Generalsuperintendent! Mit dem Kopulieren hat's noch einige Monate Zeit.

Wernthal: Liddy, wie können Sie mir diese Hand, die ich voller Sehnsucht an meine Lippen drücke, so lange verweigern?

Liddy *unwillig ihre Hand wegziehend*: Herr von Wernthal, lassen Sie das! Ich liebe die Narreteien nicht!

Wernthal: Oh, teures Fräulein, ich verehre Sie so grenzenlos, daß ich –

Baron: Eine Prise, Herr von Wernthal!

Herr von Wernthal nimmt sie und niest gewaltig.

Der Teufel *ist unterdes dem Lichte wieder näher gerückt und hält abermals den Finger hinein.*

Die vier Naturhistoriker *welche jede seiner Bewegungen mit ihren Blicken verfolgt haben, laut rufend*: Sehen Sie, sehen Sie, meine Herren, der Generalsuperintendent hält schon wieder den Finger ins Licht!

Der Teufel: Ei, so wollt ich doch – *Er reißt sich mit der rechten Hand den linken Arm ab und prügelt damit die Naturhistoriker zur Stube hinaus; dann setzt er sich den Arm wieder ein und kehrt zur Gesellschaft zurück.*

Rattengift: Herr! Herr! was soll ich von Ihnen denken? Sie reißen sich da den Arm aus und setzen ihn wieder ein, als wenn man einen Strumpf aus- und anzieht! Wahrlich, das wäre selbst in der Poesie zu kühn, wieviel mehr im Leben!

TEUFEL: Sie erstaunen um nichts. Bloße Geschwindigkeit! Ich habe auf der Universität zu – die Theologie studiert, und dort schnappt man in den Kollegien nebenbei solcherlei Kunststückchen weg!

EIN DIENER *tritt auf*: Der Schulmeister wünscht vorgelassen zu werden; er hätte ein junges Genie bei sich, welches er der Gesellschaft produzieren wolle.

BARON: Sag dem Saufaus von Schulmeister, daß er sich mit seinem Genie zum Henker packen möge!

LIDDY: Ei, lieber Onkel, verderben Sie uns den Spaß nicht! Der Schulmeister ist der lustigste Kauz, den ich kenne, und bei aller seiner Tollheit weiß er recht gut, was er tut! Gewiß hat er irgendeinen erzdummen Dorftölpel aufgefischt, den er uns nun als einen großen Poeten vorstellen und ganz dreist mit Homer und Ariost vergleichen wird.

BARON *zu dem Diener*: So laß ihn hereinkommen.

Diener ab.

Aber Sie, Herr Generalsuperintendent, sollen ihn zu schrauben suchen!

TEUFEL: Ich will ihn schon ins Gebet nehmen, Herr Baron!

WERNTHAL *zu Liddy*: Sie sind es doch stets, welche jedem –

BARON: Eine Prise, Herr von Wernthal!

Wernthal nimmt sie und niest.

LIDDY: Der Schulmeister hat wahrscheinlich wieder neue Heringe erhalten, Herr Rattengift!

RATTENGIFT: Die vertrackten Heringe! *Er geht grimmig ab.*

BARON: Was ist das mit den Heringen, du schadenfrohe Nichte? Rattengift schien gewaltigen Anstoß daran zu nehmen!

LIDDY: Geduld, lieber Onkel! Sie werden es gleich vom Schulmeister selbst erfahren.

Der Schulmeister und Gottliebchen treten ein.

SCHULMEISTER *mit großen Reverenzen*: Habe die Ehre und die –

WERNTHAL: Um des Himmelswillen, Herr Schulmeister, was haben Sie da für einen furchtbaren Tintenstrich durchs Gesicht?

SCHULMEISTER *stellt sich erstaunt*: Ich – einen Tintenstrich? – wirklich? – – Ah, Euer Gnaden, da können Sie nun betrachten, was der Fleiß, was der Eifer –

LIDDY: Bemühen Sie sich nicht, Herr Schulmeister! Wir wissen, was so etwas bei Ihnen bedeutet! Nicht wahr? gestern, als die Sonne unterging, ging Ihnen ein großer Gedanke auf, und da Sie grade kein weißes Papier bei sich hatten, so schrieben Sie ihn in der Eile sich ins Gesicht!

SCHULMEISTER: Gnädiges Fräulein, Sie erraten nicht übel –

LIDDY: Oder Sie besahen sich zufälligerweise im Spiegel, und da Ihnen Ihr Gesicht zu schlecht vorkam, so strichen Sie es aus!

SCHULMEISTER: Sie werden bitter, Fräulein, werden bitter! Tinte ist das wahre Seelenblut eines Gelehrten, und wehe dem Gelehrten, der sein Seelenblut im Gesichte sitzen hat, denn es sieht sehr häßlich aus und macht schwarze Flecke.

BARON UND WERNTHAL: Ein närrischer Pedant!

LIDDY *leise zum Schulmeister*: Scherz beiseit! Hat die alte Marie das Geld erhalten?

SCHULMEISTER: Ja, bestes Fräulein, und sie weinte vor Freuden –

LIDDY: Still! hier ist noch ein Louisdor für sie – ich werde sie heute abend besuchen!

DER TEUFEL *welcher mittlerweile dem Lichte wieder allmählich näher gegangen war, fängt auf einmal laut an zu weinen und zu schluchzen.*

BARON: Holla, was fällt so plötzlich dem Generalsuperintendenten ein? Er schluchzt ja wie ein Mühlrad!

WERNTHAL: Wahrhaftig, die Tränen laufen ihm dick über die Wangen!

SCHULMEISTER: Ein Generalsuperintendent? – Gottliebchen, mach eine Verbeugung!

LIDDY: Was fehlt Ihnen, mein Herr?

TEUFEL: Ach! Sie können noch fragen! Hier muß was Edles geschehen sein!

BARON: Was Edles?

SCHULMEISTER: Der Herr Generalsuperintendent irren sich nicht! Fräulein Liddy hat mir eben einen Louisdor für die kranke Marie gegeben.

TEUFEL: Hören Sie es nun, meine Herren?

WERNTHAL: Und deswegen fingen Sie an zu weinen?

TEUFEL *sich die Augen trocknend*: Ja, es machte mich melancholisch.

LIDDY: Beruhigen Sie sich; es soll so bald nicht wieder geschehn!

BARON: Nein, das ist bei einem Generalsuperintendenten doch höchst singulär!

WERNTHAL: Was meinen Sie dazu, Herr Schulmeister?

SCHULMEISTER: Seine Hochwürden scheinen sehr gemütlich zu sein!

BARON: Gemütlich? Wo haben Sie das jämmerliche Wort her?

SCHULMEISTER: Aus der „Zeitung für die elegante Welt".

BARON: „Zeitung für die elegante Welt"? Wo haben Sie denn die her?

LIDDY: Nun, lieber Onkel, erinnern Sie sich an die Heringe, vor denen der ästhetische Rattengift davonlief.

SCHULMEISTER: Ja, Herr Baron, damit hat es seine eigne Bewandtnis. Ich habe in der Stadt einen weitläuftigen Vetter, Herrn Pfennigschlucker, der mit Packdraht, Gemmen, Kupferstichen, Fischen und alten Hosen einen nicht uneinträglichen Handel treibt.

BARON: Wir glauben es.

SCHULMEISTER: Dieser Mann pflegt mir alle vierzehn Tage ein Paketchen halbfauler Heringe zu schicken, für welches ich nur den spottwohlfeilen Preis von vierzehn Groschen zu bezahlen brauche; die einzelnen Heringe aber hat er meistenteils sorgfältig in die frischen Druckbogen der elendesten poetischen Werke und Zeitschriften eingewickelt, und auf diese Weise werde ich denn so ziemlich vollständig mit den besten Produkten unserer neueren Literatur versorgt.

BARON: Hahaha! eine Heringsliteratur!

SCHULMEISTER: Da erhalte ich nun Gedichte von August Kuhn, Erzählungen von Krug von Nidda, Maultrommel- oder Lyra-Töne von Theodor Hell, Trauerspiele von einem gewissen Herrn von Houwald –

WERNTHAL: Bei Gott, das sind ja lauter Damenschriftsteller! lauter geschätzte Damenschriftsteller!

LIDDY: Herr von Wernthal, wenn man, wie es jetzt Mode ist, grade die fadesten Schriftsteller Damenschriftsteller nennt, so macht man uns wahrlich ein schlechtes Kompliment damit.

BARON: Kind, tadle den Herrn von Wernthal nicht! Bedenke! Houwald, der sinnige, zarte Houwald! um einen Hering gewickelt! welche Beleidigung!

SCHULMEISTER: Keine Beleidigung, Herr Baron, sondern eine Verbesserung! Der gute Mann will nämlich zuweilen auch satirisch sein. So hat er vor einiger Zeit eine Parodie auf die „Schuld“ schreiben wollen, welche letztere mir bei allen ihren Mängeln doch noch viel zu gut dünkt, als daß ihre Rezensenten sie verstehen könnten; sein Machwerk hieß, wie ich glaube, „Die Fliegenklatsche“ und enthielt viel Trivialität, aber kein Körnchen Salz; seitdem sich jedoch meine eingewickelten Heringe desselben erbarmt haben, ist es so durch und durch salzig geworden, daß selbst Müllner, wenn er es in den Mund nähme, ausrufen würde: „Ich habe noch nie etwas so Salziges geschmeckt!“

BARON: Bravissimo, Herr Schulmeister! Sie sind mein Mann! – Aber in aller Welt, wie kommen Sie auf dem Dorfe zu diesen sarkastischen Ansichten über unsre moderne Schriftstellerei?

SCHULMEISTER *sich gegen Liddy verbeugend*: Hier steht meine

Lehrerin; – als Fräulein Liddy vorigen Winter krank war, mußte ich ihr abends aus neuerschienenen Werken vorlesen, und da habe ich denn, wenn sie die meisten zum Feuer verurteilte, nicht wenig profitiert.

LIDDY: Der Herr Schulmeister erzeigen mir zuviel Ehre!

Während dieser Unterredung hat sich der Teufel beiseit gemacht; er hat mit schadenfrohem Lächeln einen Stuhl zerbrochen, die einzelnen Stücke in den Kamin gelegt, sein chemisches Feuerzeug herausgezogen, das Holz angezündet, die spanische Wand vorgeschoben und sich dahinter begeben.

WERNTHAL *vermißt ihn zuerst*: Aber wo ist unser Generalsuperintendent geblieben?

BARON: Er scheint davongelaufen zu sein! Am Ende ist er auch einer von den neuen Skribenten.

SCHULMEISTER: Ja, ja, wahrscheinlich wird er ebenfalls um einen verfaulten Hering gewickelt.

BARON *zornig*: Man sollte die ganze Leipziger Büchermesse darumwickeln! Judenjungen, deren Bildung im Schweinefleischessen besteht, spreizen sich auf den kritischen Nachtstühlen und erheben nicht nur Armseligkeitskrämer zu den Sternen, sondern injuriieren sogar ehrenwerte Männer mit ihren Lobsprüchen –

Liddy wendet sich bei den ersten unedlen Ausdrücken rasch weg und redet eifrig mit dem Herrn von Wernthal, indem sie tut, als ob sie von den Worten des Barons nichts hörte. Dieser fährt noch heftiger fort:

Reimschmiede, die so dumm sind, daß jedesmal, wenn ein Blatt von ihnen ins Publikum kommt, die Esel im Preise aufschlagen, heißen ausgezeichnete Dichter, – Schauspieler, die so langweilig sind, daß alles vor Freude klatscht, wenn sie endlich einmal abgehen, heißen denkende Künstler, – Vetteln, deren Stimmen so scharf sind, daß man ein Stück Brot damit abschneiden könnte, tituliert man echt dramatische Sängerinnen! – Die Muse der Tragödie ist zur Gassenhure geworden, denn jeder deutsche Schlingel notzüchtigt sie nach Belieben und zeugt mit ihr fünfbeinige Mondkälber, welche so abscheulich sind, daß ich den Hund bedaure, der sie anpißt! – Die Wörter „genial“, „sinnig“, „gemütlich“, „trefflich“ werden so ungeheuer gemißbraucht, daß ich schon die Zeit sehe, wo man, um einen entsprungenen, über jeden Begriff erbärmlichen Zuchthauskandidaten vor dem ganzen Lande auf das unauslöschlichste zu infamieren, an den Galgen schlägt: N.N. ist sinnig, gemütlich, trefflich und genial. – O stände doch endlich ein gewaltiger Genius auf, der, mit göttlicher Stärke von Haupt zu Fuß gepanzert, sich des deutschen Parnasses annähme und das Gesindel in die Sümpfe zurücktriebe, aus welchen es hervorgekrochen ist!

SCHULMEISTER: Dieser Genius ist aufgestanden, Herr Baron, er steht vor Ihnen, es ist Gottliebchen!

LIDDY *muß hier laut auflachen*: Das wäre!

SCHULMEISTER: Das i s t, Fräulein Liddy, das i s t! Er hat seiner Mutter das irdene Geschirr zum Fenster hinausgeschmissen!

LIDDY: Gottliebchen, bist du ein Genius?

GOTTLIEBCHEN *halb weinend*: Ich – ich – ich –

SCHULMEISTER: Schauen Sie, mit welcher Geistesgegenwart er sich in eine malerische Positur wirft? Wie er sich hinter den Ohren kratzt? Ganz die Stellung von Hogarths greinendem Straßenbuben! Ich habe es von je gesagt, daß in dem Gottliebchen ein großes Talent zum Malerschauspiel stäke!

BARON: Ei, Schulmeister, was ist denn ein Malerschauspiel?

SCHULMEISTER: Die Malerschauspiele sind etwas Neues, Herr Baron. Ein Kind, welches gern mit Farben und Bilderchen spielt, freut sich, sie erfunden zu haben; ihr Charakter besteht darin, daß alles, was in ihnen vorkommt, malerisch ist; so z.B. sind die auftretenden Personen immer einfältige P i n s e l, wie unter andern der Ritter Nanni, van Dyck, Spinarosa, der Marchese di Sorrento usw.

BARON: Nun, Herr von Wernthal, was sagen Sie zu dieser Erklärung der Malerschauspiele?

WERNTHAL: Ich fürchte, der Schulmeister findet sie malerischer, als es die Verfasser haben wollen.

LIDDY: Ich weiß nicht, meine Herren, es wird hier im Zimmer außerordentlich schwül.

WERNTHAL *welcher sich schon mehrmals die Stirn gewischt hat*: Ja, ja, ich spüre eine zunehmende Hitze! Es ist beinahe, als wenn man eingeheizt hätte!

BARON: Wo denken Sie hin? Die Sonne brennt auf den Schornstein.

LIDDY: Wer von den beiden hat recht, Gottliebchen?

GOTTLIEBCHEN: Ja.

LIDDY: O weh, das ist ein arger Tropf, Herr Schulmeister!

SCHULMEISTER: Ein Tropf-Genius, wie es deren in unsren Tagen viele gibt! Er will verstanden sein, er hat Tiefe! Auch werden seine Schriften nicht um verfaulte Heringe gewickelt!

LIDDY: Das spricht zu seinen Gunsten, denn es beweist doch wenigstens, daß er noch keine geschrieben hat!

WERNTHAL *zum Baron*: Bemerken Sie den Rauch, der sich im Zimmer verbreitet? Unmöglich kommt das von der Sonne!

BARON: Ich bekenne meinen Irrtum – Es ist doch nebenan kein Feuer ausgebrochen?

TEUFEL *aus dem Kamine hinter der spanischen Wand nach der Melodie von Goethes Fischerliede heraussingend*:

Ach, wüßtest du, wie's wohlig ist
Dem Teufel in dem Feur –

Er schlägt einen Triller.

BARON: Alle Wetter, das ist die Stimme des Ritters vom päpstlichen Zivilverdienstorden!

SCHULMEISTER *ist hinter die spanische Wand gelaufen und kommt voller Entsetzen zurück*: Nein, nein, nein! Mir stehen die Haare zu Berge! Der Herr Generalsuperintendent sitzt mitten im lodernden Kamine, schluckt glühende Kohlen herunter und schlägt dabei seinen Triller, daß Gott erbarm!

ALLE: Wie?! *Sie reißen die spanische Wand weg; man sieht, wie der Teufel eben aus dem Kamine steigt.*

SCHULMEISTER: Sehen Sie es nun, wie er herausklettert? O tempora, o mores!

BARON *zum Teufel*: Zum Henker, Herr, was ist das für ein Betragen? Sind Sie toll? Sich in den Kamin zu setzen? Kohlen zu –

TEUFEL *beiseit*: Jetzt gilt es grob zu sein und eine unverschämte Stirn zu zeigen! *Zum Schulmeister:* Du niederträchtiges Krötenschnupftuch, wie kannst du sagen, daß ich in dem Kamin gesessen hätte?

SCHULMEISTER: Herr –

TEUFEL: Ja, nun glaube ich's steif und fest, daß die funfzig Danaidenfässer funfzig Schulmeister gewesen sind, denn alles wird endlich voll, nur so ein versoffener Kinderohrfeigenverfertiger nicht! Wie, frage ich nochmals, wie konntest du mich, du Schnapsegel, im Kamine sitzen sehen, wenn du nicht besoffen gewesen wärst? Ich saß ja nur davor und blies das Feuer an!

SCHULMEISTER: Donnerwetter, Herr Generalsuperintendent –

TEUFEL: Was? willst du noch nicht das Maul halten, du –

LIDDY: Still! das Schimpfen habe ich satt!

BARON: Sagen Sie uns nur, womit zündeten Sie das Feuer an?

TEUFEL *mit sichtbarem Vergnügen*: Ei, mit dem schönen Stuhle, der dort in der Ecke stand!

BARON: So? mit dem schönen Stuhle? – Liddy, was sagst du dazu?

LIDDY: Es war der beste Stuhl im ganzen Hause!

TEUFEL: War er das? O meine Ahnung! *Er freut sich.*

BARON: Soll ich den Kerl ins Hundeloch stecken lassen?

WERNTHAL: Ich würde nichts dagegen haben!

LIDDY: Onkel, wo denken Sie hin? Der Mann fängt an, mich zu interessieren! Ich bitte, lassen Sie ihm ein Zimmer im Schlosse einräumen! Die Stühle, welche er zerbricht, will ich bezahlen!

BARON: O ihr Weiber! Wie ihr gleich in das Verrückte verschossen seid! *Zum Teufel:* Wenn Sie Lust finden, mein Herr, hier bei uns zu bleiben, so steht Ihnen ein hübsches Zimmer zu Diensten.

TEUFEL: Ich nehme Ihr gefälliges Anerbieten an und danke Ihnen aus vollem – *Für sich:* Was? danken? Das wäre ein Edelmut! *Laut:* Ich frage den Dreck darnach, ob Sie mir ein Logis anbieten oder nicht! Auch ist es höchst unvorsichtig, wo nicht albern, daß Sie einen Wildfremden ohne nähere Untersuchung bei sich aufnehmen! Übrigens, wo ist der Lumpenhund vom Bedienten, der mir das Zimmer anweist?

Er geht ab.

BARON: Da hast du einen Gast, Nichte, der sich gewaschen hat!

WERNTHAL: Sagen Sie vielmehr: gefeuert!

BARON: Und ich fürchte, Mädchen, daß du dich nicht eine Stunde mit ihm verträgst!

LIDDY: Sorgen Sie nicht!

BARON: Der treibt seine Frechheit gewiß bis zu den äußersten Grenzen!

LIDDY: So lasse ich ihn zum Schlosse hinauswerfen.

BARON: Ah, du weißt dir im Notfalle zu helfen! – Deinen Arm! wir wollen den Kaffee unten im Garten trinken.

LIDDY: Ich folge gleich nach!

Baron und Wernthal ab.

LIDDY *zum Schulmeister*: Hier! – ein kleines Trinkgeld für Ihren durstigen Gaumen. – Nun, nun! schämen Sie sich nicht! Ich kenne Ihre alte Leidenschaft. – Aber bringen Sie schnell der Marie den Louisdor!

SCHULMEISTER: Auf der Stelle, Euer Gnaden!

LIDDY: Adieu. *Geht ab.*

SCHULMEISTER: Ein himmlisches Mädchen! – – Und du, Gottliebchen, und du? Du bist verkannt worden, armer Junge! Doch tröste dich, so ging es allen großen Geistern! Auch Solon, Plato, Cartouche, Robespierre, Heinrich der Vierte und Caligula haben dies traurige Los erfahren! – Komm! ich will dich vier Tage einsperren und dir nichts zu essen geben; vielleicht, daß dich das noch nachdenklicher macht, als du schon bist.

Gottliebchen schreit; der Schulmeister geht mit ihm ab.

Vierte Szene

Ein andres Zimmer im Schlosse.

DER TEUFEL *tritt auf*: Warte, Herr Baron! Hast mir ein Zimmer in deinem Schlosse gegeben – werde mich zu rächen wissen! – Die Liddy will den Wernthal heiraten – sie kommt dadurch unter die Haube – Das verhindere ich, oder ich wäre nicht der Teufel! – – Doch ich begreife nicht, wie mir so kribbelig zumute ist! Ich fühle mich so verzagt – so gerührt – so wehmütig – Hol mich Gott, das Hufeisen an meinem Pferdefuße muß losgegangen sein! *Indem er die Tücher, womit er den Fuß umwickelt hat, losreißt und seinen Huf besieht.* Ach! ach! es ist nur zu wahr! Der Beschlag ist fort! ist abgerieben! Kaum kann ich noch auf den Boden treten! Weh! Weh! – Da ist leider kein andrer Rat, als daß ich mich überwinden und einen Schmied herkommen lassen muß! *Er wickelt die Tücher wieder um und ruft dann:* Heda, Aufwartung!

EIN BEDIENTER *tritt herein*: Was beliebt?

TEUFEL: Hör Er, lieber Freund! – wohnt hier im Dorfe ein Schmied?

DER BEDIENTE: Es wohnen hier zwei, Euer Gnaden.

TEUFEL: So geh, mein Sohn, und ruf mir denjenigen von den beiden, welcher am wenigsten lacht.

DER BEDIENTE: Oho, so muß ich den dicken Konrad holen,

denn der ist wieder erschrecklich triste geworden, seitdem man die alte Chaussee ausbessert. *Geht ab.*

TEUFEL: Ich Unglückskind! Wie bringe ich es nun dem Schmiede auf eine gute Art bei, daß ich einen Pferdefuß habe? Ich Unglückskind! ich Unglückskind! – Ha, er kommt! Courage!

DER SCHMIED *tritt herein*: Euer Gnaden haben befohlen –

TEUFEL: Sind Sie der – der –

SCHMIED: Ich bin der Schmied des Dorfes. – Wo steht der Gaul, den ich beschlagen soll?

TEUFEL *hitzig*: Herr, ich bin kein – – *Sich aufs Maul schlagend.* O ich Dummkopf! – Nehmen Sie Platz, Herr Schmied, nehmen Sie Platz! – Haben Sie eine Frau?

SCHMIED: Freilich habe ich eine.

TEUFEL: Gewiß ein braves Weib!

SCHMIED *seufzend*: Nu, jeder hat seine schwachen Seiten!

TEUFEL *gleichfalls seufzend*: Jawohl!

SCHMIED *aufstehend*: Wenn Sie mir nun sagen wollten –

TEUFEL: Ha, Sie haben Eile, dringende Eile! Sind Familienvater! Tragen Stiefeln! Haben Füße! *Ihm an der Weste knöpfend.* Auch ich – auch ich habe keine Pferdefüße!

SCHMIED: Das glaube ich unbesehens, Euer Gnaden!

TEUFEL *mit großem Eifer*: Ja, das glauben Sie mir unbesehens und besehens, Herr Schmied! Ich habe keine Pferdefüße – keine – sondern höchstens – *Leise, indem er die Wörter „edel", „moralisch", „Christ" usw. mit ungeheurer Anstrengung und unter heftigem Niesen herausbringt.* Herr Schmied, Sie sind ein e – es – edler – mo – ralisch gebildeter Mann, ein from – mer, fleißig in die Kir – Kirschen – in die Kirche gehender – Christ, – Ihnen kann ich es vertrauen – *indem er sein rechtes Bein hinter dem linken zu verstecken sucht* –, ich trage an dem rechten Beine einen Huf!

SCHMIED *mit forschbegierigen Blicken*: Wie? was? einen Huf? Ei!

TEUFEL: Nein, nein, nein! Nicht sowohl einen Huf als wie einen Roßfuß – oder vielmehr einen pferdeähnlichen –

das heißt menschenähnlichen – kurz, eine etwas dicke Fußsohle, welche sich in der Ferne, bei einem stumpfen Gesichte, beinahe wie ein Pferdehuf ausnehmen möchte!

SCHMIED *vor Neugierde stammelnd*: Wenn – wenn Euer Gnaden mir die Fußsohle –

TEUFEL: Gleich, lieber Herr Schmied, gleich! – Aber riegeln Sie zuvor die Tür zu! – So! – *Er hat die Tücher von seinem Pferdefuße losgemacht, zeigt ihn dem Schmiede und verbirgt sich sehr verschämt mit dem Schnupftuche das Gesicht.* Wenn Sie nun gütigst Ihr Eisen draufschlagen wollten!

SCHMIED *den Fuß in die Hand nehmend*: Hören Sie, Herr, das ist keine Fußsohle, sondern ein Pferdehuf, wie ihn kein andrer Gaul – – keine andre Seele, wollt ich sagen – in der ganzen Christenheit aufzuweisen hat!

TEUFEL *stets das Gesicht hinter dem Tuche; lispelnd*: Beschlagen Sie, beschlagen Sie!

SCHMIED: Zum Glück habe ich ein Hufeisen von dem Umfange eines Kronleuchters in der Tasche. Das will ich Ihnen draufnageln, daß es eine Art hat! *Er beschlägt ihn.* Da! Jetzt sitzt es fest!

TEUFEL *froh*: Sitzt es?

SCHMIED: Es macht einen Gulden.

TEUFEL *für sich*: Einen Gulden? Ich müßte ein Narr sein! *Laut.* Schindbalg, weißt du auch, wen du beschlagen hast? Ich bin der Satan, bin – *der Schmied läuft davon; der Teufel ruft ihm nach* – bin fünfmalhunderttausend Jahr alt und doch drüber, habe deinen Großvater geholt, hoffe dich auch noch zu holen, drehe dir den Hals um, sobald du ein Wort von mir verlautbarst, und ich sollte dich bezahlen, du Galgenstrick? *Zurückkommend.* Wie der arme Sünder ausriß, als er meinen rechten Namen hörte! – Aber das muß ich ihm lassen, er hat mich vortrefflich bedient! Das Hufeisen sitzt mir wie angewachsen! Mich durchzuckt ordentlich ein Vollgefühl von Kraft! *Er scharrt mehrmals mit dem Pferdefuße hinter aus.* Nun will ich noch, um mich völlig zu restaurieren, ein Stündchen zu schlafen suchen und dann mit verdoppeltem Eifer die Heirat hintertreiben! *Er setzt sich in einen Lehnstuhl und zieht ein Buch aus der Tasche.* Es ist doch gut, daß ich mein altes, unfehlbares Schlafmittelchen, Klopstocks „Messias", mitgebracht habe! Ich brauche nur drei Verse darin zu lesen, dann bin ich so müde wie der Daus! *Das Buch aufschlagend.* Wo blieb ich doch das letztemal stehen? Ah, pag. 29. *Er liest zwei Verse und schläft ein.*

ZWEITER AKT

Erste Szene

Der Saal im Schlosse.

TEUFEL *tritt auf; er hat den Pferdefuß wieder zugewickelt*: Es schleicht hier ein riesenhafter Kerl herum, dessen lange Finger ununterbrochen auf den Galgen hinzudeuten scheinen, an welchem man ihn noch einmal aufhängen wird. Vielleicht paßt er in meinen Plan! – Still, da ist er! Ich will auf die Seite treten und hören, was er sagt.

Der Freiherr Mordax tritt auf.

FREIHERR: Die Liddy ist ein prächt'ges Tier und behagt mir superbe! Sie hat, soviel ich von außen sehen kann, ein paar Zitzen wie kein König! Ich will sie heiraten oder totstechen!

TEUFEL *hervortretend; für sich*: Ein schätzenswerter Mann! *Laut:* Graf Rindvieh, wenn ich nicht irre?

FREIHERR: Freiherr Mordax, wenn Sie keine Prügel haben wollen!

TEUFEL: Euer Gnaden sind in die junge Baronin verblüfft?

FREIHERR *stöhnend*: Über die Maßen!

TEUFEL: Ich verschaffe sie Ihnen.

FREIHERR: Wie?

TEUFEL: Aber auf Bedingungen!

FREIHERR: Bedingen Sie, was Ihnen beliebt.

TEUFEL: Erstlich müssen Sie Ihren ältesten Sohn Philosophie studieren lassen.

FREIHERR: Gut.

TEUFEL: Zweitens müssen Sie dreizehn Schneidergesellen ermorden.

FREIHERR: Hast du mich zum Narren, Schurke? Was sind das für wahnsinnige Forderungen? Dreizehn Schneidergesellen ermorden! Weswegen denn grade Schneidergesellen?

TEUFEL: Weil es die unschuldigsten sind.

FREIHERR: Ja so! – Doch dreizehn! Welche Menge! Nein, sieben will ich zur Not abkappen, aber auch keinen einzigen drüber!

TEUFEL *beleidigt*: Meinen Sie, ich ließe mit mir handeln wie ein Jude? *Er will gehen.*

FREIHERR *hält ihn zurück*: Hören Sie, Herr, ich will neun – elf – ja zwölf umbringen; nur den dreizehnten erlassen Sie mir! Das wäre über die grade Zahl hinaus.

TEUFEL: Gut, damit bin ich zufrieden, wenn Sie nämlich dem dreizehnten doch wenigstens einige Rippen zerbrechen wollen.

FREIHERR: Nu, auf die paar lausigen Rippen soll es mir nicht ankommen! – Aber – aber –

TEUFEL: Noch ein Aber?

FREIHERR: Ja, sehen Sie! ich habe einen neuen Rock und eine neue weiße Weste an, und die würden bei dem Totschlagen gewiß sehr beschmutzt werden!

TEUFEL: Wenn's weiter nichts ist! Sie können ja eine Serviette vormachen!

FREIHERR: Hol mich der Geier, das ist wahr! Ich will 'ne Serviette vormachen!

TEUFEL: Und morgen erwarte ich Sie bei dem Waldhäuschen zu Lopsbrunn; da machen Sie sich die Serviette wieder ab und nehmen die Baronin in die Arme.

FREIHERR: Hohoho! Dazu werde ich freilich keiner Serviette bedürfen! *Er geht ab.*

TEUFEL: „Das gelang", sagt Octavio Piccolomini! – Nach meinen physiognomischen Kenntnissen zu urteilen, wird es bei dem Herrn von Wernthal nicht viel schwerer halten, denn der sieht akkurat so aus wie der fromme Äneas, als ich denselben gestern mittag vor dreitausend Jahren von der Dido weglaufen sah.

WERNTHAL *tritt auf im Selbstgespräch*: Bald ist also Hochzeit! – Meine Braut ist witzig, schön und edel. – Aber ich habe 12000 Rtlr. Schulden, und sie ist zu klug, um mir ein so großes Kapital ohne weiteres in die Hände zu geben – ich wollte, sie säße auf dem Blocksberge und ich hätte ihren Geldbeutel auf meinem Buckel!

TEUFEL *hervortretend; für sich*: Auch ein schätzenswerter Mann! *Laut:* Ihr Diener, Herr von Wernthal! Wie geht's?

WERNTHAL: Schlecht, Herr Generalsuperintendent.

TEUFEL: Was soll ich Ihnen für Ihre Braut bezahlen?

WERNTHAL *erzürnt*: Herr, Sie –!

TEUFEL: Ich bin ein leidenschaftlicher Sammler von unehlichen Maikäfern, fetten Gastwirten und jungen Bräuten und würde mit dem Preise eben nicht knickerig sein.

WERNTHAL: So, so!! Ein Sammler! Nicht knickerig sein! – Was bieten Sie mir denn für Liddy? Sie ist ausgezeichnet schön!

TEUFEL: Für ihre Schönheit gebe ich 2000 Rtlr. in Konventionsmünze.

WERNTHAL: Sie hat Verstand!

TEUFEL: Dafür ziehe ich 5 Gr. 2 Pf. ab, denn der ist bei einem Mädchen ein Fehler.

WERNTHAL: Sie hat eine feine, weiche Hand.

TEUFEL: Das macht sanfte Ohrfeigen; dafür bezahle ich Ihnen 7000 Rtlr. in Gold.

WERNTHAL: Sie ist noch unschuldig!

TEUFEL *zieht ein saures Gesicht*: Ach, Unschuld hin, Unschuld her; dafür gebe ich Ihnen nicht mehr als 3 Gr. 1 Pf. in Kupfer!

WERNTHAL: Herr, wissen Sie auch, daß das Pfund Hammelfleisch über 4 Gr. Kurant kostet?

TEUFEL: Pah, seit der verschlechterten Straßenbeleuchtung und der Einführung der neuen Grenzakzise ist das Hammelfleisch sehr teuer und die Unschuld außerordentlich wohlfeil geworden. In Berlin zum Exempel erhält man in der Abenddämmerung die Portion Unschuld für zwei, drei oder, wenn es hoch kommt, für vier falsche Silbergroschen, den Rabatt noch ungerechnet.

WERNTHAL: Aber Liddy hat zugleich Gefühl, Einbildungskraft –

TEUFEL: Gefühl schadet dem Teint, Einbildungskraft macht blaue Ringe um die Augen und verdirbt die Suppe. Für den ganzen Rummel gebe ich aus Ironie einen Dreier.

WERNTHAL: Sie haben einen ziemlich ekeln Geschmack!

TEUFEL: Kurz und gut, ich bezahle Ihnen dafür, daß Sie von den etwaigen sittlichen, meiner Gesundheit nicht zuträglichen Eigenschaften der Baronin endlich einmal stillschweigen, noch 11000 Rtlr. in holländischen Randdukaten und frage Sie nun, ob Ihnen meine Anerbietungen annehmbar scheinen?

WERNTHAL: Was macht demnach alles in allem?

TEUFEL *an den Fingern abzählend*:

Für die Schönheit 2000 Rtlr. in Konventionsmünze,
für die Unschuld 3 Gr. 1 Pf. in Kupfer,
für die weiche Hand 7000 Rtlr. in Gold,
für das Gefühl und die Einbildungskraft 1 Dreier aus Ironie,
weil von den sittlichen Eigenschaften stillgeschwiegen wird, 11000 Rtlr. in holländischen Randdukaten –
macht zusammen 20000 Rtlr. 3 Gr. 4 Pf. Davon ziehe ich jedoch 5 Gr. 2 Pf. für den Verstand ab – bleibt also Rest: 19999 Rtlr. 22 Gr. 2 Pf.

WERNTHAL: Topp, Herr Bräute- und Maikäfer-Sammler! – Wann erhalte ich das Geld?

TEUFEL: Gleich! – Versprechen Sie mir indes zuvor, die Liddy morgen in das Waldhäuschen von Lopsbrunn zu locken, die Begleitung von Bedienten zu verhindern und denjenigen, welche dort das Fräulein wegrauben werden, nicht weiter nachzuspüren.

WERNTHAL: Ich verpflichte mich dazu, mit Ausnahme der Bedingung, daß ich die Baronin nach Lopsbrunn locken soll, weil man das von mir verdächtig finden würde. Ich rate Ihnen, den Ästhetikus Rattengift zu bewegen, der Liddy eine Spazierfahrt dahin vorzuschlagen; er liest viel in den Schriften der neuromantischen Schule und ist in die Waldhäuschen wie vernarrt!

TEUFEL: Ich will es mit ihm versuchen – aber für diese Beschränkung müssen Sie sich gefallen lassen, daß ich Ihnen die Hälfte der schuldigen Summe in österreichischem Papiergelde entrichte.

WERNTHAL: Ei, Herr, Sie sind verdammt filzig!

TEUFEL *fühlt sich geschmeichelt und schmunzelt*: O ich bitte – Sie machen mich erröten! Ich bin zwar gerne verdammt, bin zwar gerne filzig, rasend gerne filzig, bin aber noch lange nicht filzig genug!

Geht mit Wernthal ab.

Zweite Szene

Rattengifts Zimmer.

RATTENGIFT *sitzt an einem Tische und will dichten*: Ach, die Gedanken! Reime sind da, aber die Gedanken, die Gedanken! Da sitze ich, trinke Kaffee, kaue Federn, schreibe hin, streiche aus und kann keinen Gedanken finden, keinen Gedanken! – Ha, wie ergreife ich's nun? – Halt, halt! was geht mir da für eine Idee auf? – Herrlich! göttlich! eben über den Gedanken, daß ich keinen Gedanken finden kann, will ich ein Sonett machen, und wahrhaftig, dieser Gedanke über die Gedankenlosigkeit ist der genialste Gedanke, der mir nur einfallen konnte! Ich mache gleichsam eben darüber, daß ich nicht zu dichten vermag, ein Gedicht! Wie pikant! wie originell! *Er läuft schnell vor den Spiegel.* Auf Ehre, ich sehe doch recht genial aus! *Er setzt sich an einen Tisch.* Nun will ich anfangen! *Er schreibt.*

Sonett

Ich saß an meinem Tisch und kaute Federn,
So wie – –

Ja, was in aller Welt sitzt nun so, daß es aussieht wie ich, wenn ich Federn kaue? Wo bekomme ich hier ein schickliches Bild her? Ich will ans Fenster springen und sehen, ob ich draußen nichts Ähnliches erblicke! *Er macht das Fenster auf und sieht ins Freie.* Dort sitzt ein Junge und kackt – Ne, so sieht es nicht aus! – Aber drüben auf der Steinbank sitzt ein zahnloser Bettler und beißt auf ein Stück hartes Brot – Nein, das wäre zu trivial, zu gewöhnlich! *Er macht das Fenster wieder zu und geht in der Stube umher.* Hm, hm! fällt mir denn nichts ein? Ich will doch einmal alles aufzählen, was kauet. Eine Katze kauet, ein Iltis kauet, ein Löwe – Halt! ein Löwe! – Was kauet ein Löwe? Er kauet entweder ein Schaf oder einen Ochsen oder eine Ziege oder ein Pferd – Halt! ein Pferd! – Was dem Pferde die Mähne ist, das ist einer Feder die Fahne, also sehen sich beide ziemlich ähnlich – *Jauchzend.* Triumph, da ist ja das Bild! Kühn, neu, calderonisch!

Ich saß an meinem Tisch und kaute Federn,
So wie – *indem er hinzuschreibt* –
der Löwe, eh der Morgen grauet,
Am Pferde, seiner schnellen Feder, kauet –

Er liest diese zwei Zeilen noch einmal laut über und schnalzt mit der Zunge, als ob sie ihm gut schmeckten. Nein, nein! So eine

Metapher gibt es noch gar nicht! Ich erschrecke vor meiner eignen poetischen Kraft! *Behaglich eine Tasse Kaffee schlürfend.* Das Pferd eine Löwenfeder! Und nun das Beiwort „schnell“! Wie treffend! Welche Feder möchte auch wohl schneller sein als das Pferd? – Auch die Worte „eh der Morgen grauet“ wie echt homerisch! Sie passen zwar durchaus nicht hieher, aber sie machen das Bild selbständig, machen es zu einem Epos im kleinen! – Oh, ich muß noch einmal vor den Spiegel laufen! *Sich darin betrachtend.* Bei Gott, ein höchst geniales Gesicht! Zwar ist die Nase etwas kolossal, doch das gehört dazu! Ex ungue leonem, an der Nase das Genie!

TEUFEL *tritt ein*: Bon jour, Herr Rattengift!

RATTENGIFT *dreht sich um, und indem er den Teufel begrüßen will, erblickt er dessen Pferdefuß, von dem die Tücher heruntergefallen sind*: Allmächtiger, der Teufel! *Er sucht bei dem Teufel vorbeizufliehen und die Türe zu gewinnen.*

TEUFEL *sieht seinen bloßen Pferdefuß und stampft wütend damit auf die Erde*: Abscheuliche Unvorsichtigkeit! *Zu Rattengift:* Entsetzen Sie sich nicht! Ich habe Ihre Gedichte gelesen!

RATTENGIFT *auf einmal geschmeidig*: Haben Sie? Haben Sie?

TEUFEL: Ja, und sie haben mir ausnehmend gefallen.

RATTENGIFT *ganz zutraulich*: Oh, Sie erteilen mir ein Lob, welches ich kaum – Sie dichten selbst?

TEUFEL: Ich –

RATTENGIFT *läßt ihn gar nicht zu Worte kommen*: Sie müssen dichten! Versuchen Sie! Sie werden herrliche Gedichte machen!

TEUFEL *beiseit*: Weil ich die seinigen gelobt habe.

RATTENGIFT: Nur bitte ich Sie, einen andren Namen als den Ihrigen unter Ihre Poesien zu schreiben. Nicht etwa, wie es jetzt Mode ist, deswegen, weil Sie sich Ihrer Gedichte schämen müssen, sondern um das Charakteristische Ihres Namens zu verbergen. Wie sich z.B. jemand, dem es sehr winklig und düster im Kopfe ist, hell nennen könnte, so können Sie sich ja Engel, Himmel oder Tugend titulieren.

TEUFEL: Sie geben mir einen befolgenswerten Rat, Herr Rattengift! – Übrigens habe ich schon mehrere Werke ans Licht gestellt, wie erst kürzlich die Französische Revolution, ein Trauerspiel in vierzehn Jahren, mit einem Prologe von Ludwig XV. Das Stück ist aber außerordentlich schlecht aufgenommen worden, besonders wegen des Fehlers, daß es die Kritiker guillotinierte. Auch kann ich es, ohngeachtet mancher Freunde, die im stillen daran arbeiten, weder in Preußen, Österreich noch England zum zweiten Male auf die Bühne bringen. Die Zensur ist zu strenge. Jedoch habe ich Hoffnung, daß man es in Spanien mit einigen unbedeutenden Varianten wieder aufführen wird. – Jetzt beschäftige ich mich mit einem Possenspiele, welches unter dem Titel: Der griechische Freiheitskampf, vom Verfasser der Französischen Revolution im Verlage des türkischen Kaisers erscheint.

RATTENGIFT: Ihre Werke, die ich, wie ich nun sehe, schon seit langem kenne, ohne zu wissen, daß sie von Ihnen sind, haben unleugbar etwas Gigantisches, Herr Teufel! Aber der Unwahrscheinlichkeiten, der Freiheiten, die Sie sich mit Zeit und Ort herausnehmen, sind doch allzu viele! Und nun gar die Verse, die Verse! Auch möchten die Ansichten von der Welt, welche sich darin zeigen –

TEUFEL: Wissen Sie auch, was die Welt ist?

RATTENGIFT: Welche Frage! Die Welt ist der Inbegriff alles Existierenden, vom kleinsten Würmchen bis zu dem ungeheuersten Sonnensystem.

TEUFEL: So will ich Ihnen denn sagen, daß dieser Inbegriff des Alls, den Sie mit dem Namen Welt beehren, weiter nichts ist als ein mittelmäßiges Lustspiel, welches ein unbärtiger, gelbschnabeliger Engel, der in der ordentlichen, dem Menschen unbegreiflichen Welt lebt und, wenn ich nicht irre, noch in Prima sitzt, während seiner Schulferien zusammengeschmiert hat. Das Exemplar, in dem wir uns befinden, steht, glaube ich, in der Leihbibliothek zu X, und eben jetzt wird es von einer hübschen Dame gelesen, welche den Verfasser kennt und ihm heute abend, d. h. über sechs Trillionen Jahre, beim Teetische ihr Urteil darüber mitteilen will.

RATTENGIFT: Herr, ich werde verrückt! – Ist die Welt ein Lustspiel, was ist denn die Hölle, die doch ebenfalls in der Welt ist?

TEUFEL: Die Hölle ist die ironische Partie des Stücks und ist dem Primaner, wie das so zu gehen pflegt, besser geraten als der Himmel, welches der bloß heitere Teil desselben sein soll.

RATTENGIFT: Und wirklich wäre die Hölle weiter nichts? Wie – wie werden denn die Verbrecher bestraft?

TEUFEL: Einen Mörder lachen wir so lange aus, bis er selber mitlacht, daß er sich die Mühe nahm, einen Menschen umzubringen. Die härtste Strafe eines Verdammten aber besteht darin, daß er die „Abendzeitung“ und den „Freimütigen“ lesen muß und sie nicht anspucken darf.

RATTENGIFT: Gott im Himmel, Herr Teufel, ich merke, daß man in der Hölle nicht nur meine Gedichte, sondern die ganze deutsche Literatur kennt! Wie erklärt sich das?

TEUFEL: Ganz natürlich! In die Hölle kommt nicht allein das Böse, sondern auch das Jämmerliche, Triviale: so sitzt der gute Cicero ebensowohl darin als wie der schlechte Catilina. Da nun heutzutage die neuere deutsche Literatur das Jämmerlichste unter dem Jämmerlichen ist, so beschäftigen wir uns vorzugsweise mit dieser.

RATTENGIFT: Ei, wenn die deutsche Literatur in der Hölle das Hauptgeschäft ist – was mag es denn darin für kuriöse Nebenbeschäftigungen geben?!

TEUFEL: Nu, in den Nebenstunden machen wir gewöhnlich aus den Geistern, weil sie unsichtbar und deshalb auch durchsichtig sind, Fensterscheiben oder Brillengläser. So hatte neulich meine Großmutter, als sie die sonderbare Grille bekam, das Wesen der Tugend einzusehen, sich die beiden Philosophen Kant und Aristoteles auf die Nase gesetzt; da es ihr aber dadurch nur immer dunkler vor den Augen wurde, so machte sie sich statt dessen eine Lorgnette aus zwei pommerschen Bauern und konnte nun so deutlich sehen, als sie nur wollte.

RATTENGIFT *die Hände über dem Kopfe zusammenschlagend*: Merkwürdig! Merkwürdig! – Sagen Sie mir, wissen Sie auch im Himmel Bescheid?

TEUFEL: Warum nicht? Erst jüngst habe ich den Samiel aus dem „Freischützen", der in die Hölle kam und durchaus ein Vetter von mir sein wollte, wegen seines Edelmuts, den er an dem Jägerburschen Max bewiesen, mit Gewalt dahin zurückgeführt. Er sträubte sich zwar entsetzlich, aber endlich, als ich ihm einen eisernen Ring durch die Nase zog, sagte er mit hohler Stimme: „Das findet sich!" und folgte mir zur Pforte des Himmels nach, wo ihn denn auch Sokrates mit offenen Armen empfing und gleich zum Balbier führte, damit er sich den Bart abscheren ließe und etwas kultivierter aussähe.

RATTENGIFT: Oh, da Sie also im Himmel Bescheid wissen, so beschwöre ich Sie, erzählen Sie mir, was beginnen jene unsterblichen Heroen der Tugend, die ich zu den Leitsternen meines Lebens und meiner Dichtungen erwählt habe? Vor allem, was macht das erhabene Muster der Freundschaft, der göttliche Marquis Posa?

TEUFEL: Sie meinen den, welcher im „Don Carlos" auftritt?

RATTENGIFT: Denselben, den Malteser!

TEUFEL: Da irren Sie sich, wenn Sie glauben, daß der im Himmel wäre; der sitzt bei mir in der Hölle.

RATTENGIFT: Wie?

TEUFEL: Ja, ja, ebensosehr, als sich Samiel verwunderte, daß er in den Himmel mußte, verwunderte sich Marquis Posa, daß er urplötzlich in der Hölle stand. Aber wir nahmen ihm sein gewaltig schallendes Sprachrohr ab und gaben ihm die Bestimmung, zu welcher er die meisten Talente besaß. Er ist Kuppler geworden und hat einen Bierschank angelegt mit dem Schilde: „Zur Königin Elisabeth".

RATTENGIFT: Unmöglich! unmöglich! Posa ein Bierschenk! Ich kann es mir nicht ausdenken!

TEUFEL: Beruhigen Sie sich! Sein jetziges Amt scheint ihm zu behagen; er wird dick und fett und hat schon einen Hängebauch!

RATTENGIFT: Einen Hängebauch!! – – Aber das andere hohe Vorbild der Selbstaufopferung, der edle, herrliche Maler Spinarosa, der sitzt doch wohl in den ersten Reihen der Verklärten, dicht neben Curtius und Regulus?

TEUFEL: Ne, Sie verrechnen sich abermals! Spinarosa ist in Posas Bierhause als Marqueur angestellt; da übt er sich in der Selbstaufopferung, welche er auf Erden gern spielen wollte und doch nicht recht loskriegen konnte; allein jetzt, wenn er den Gästen einen Krug Merseburger bringen muß, sieht man es seinem halboffnen Maule nur zu deutlich an, daß ihm die Aufopferung dieses Kruges weit mehr Überwindung kostet als die Aufopferung der ledernen Camilla. Neulich versuchte er sogar verstohlen hineinzunippen, aber da gab ihm Posa einen Zirkumflex hinter die Ohren, daß er sich vierzehn Tage daran erinnerte.

RATTENGIFT: Gott! wie kann der Mensch sich irren! Spinarosa erhält von Posa eine Ohrfeige! Ich vergehe! – – Und Camilla nennen Sie ledern! Nein, das ist nicht Ihr Ernst, Herr Teufel! O ich bitte Sie, wie befindet sich dieses ideale Geschöpf der Liebe, welches selbst noch in den spätern, sogenannten besten Jahren, nachdem es schon einen Sohn hat, der über den sechzehnten Geburtstag hinaus ist, dennoch des Geliebten nimmer vergißt und süße Seufzer der Brust entsendet, als wenn es erst achtzehn alt wäre? O die Hehre durchschwärmt gewiß mit Thekla und Julia in Gesellschaft die Gefilde des ewigen Friedens!

TEUFEL: Ja, sie war im Himmel angelangt und hatte sich an die beiden Mädchen angeschlossen. Da aber Thekla einmal in Gedanken „Mutter“ zu ihr sagte, so ärgerte sie sich darüber so grimmig, daß sie zu uns in die Hölle kam. Hier stand sie drei Wochen ganz einsam und setzte ihre im Himmel angefangenen Betrachtungen, ob sie eigentlich sehen könne oder nicht, ununterbrochen fort. Endlich ging per Zufall Falstaff vorbei; er hatte wieder starken Durst nach Sekt und andren Süßigkeiten, und ich weiß nicht, wie es geschah, er hält die Camilla für ein Glas Sirup, nimmt sie in die Hand und säuft sie rein aus. Nachher klagte er mir, daß der Sirup sehr schlecht gewesen sein müsse, weil er gräßliches Leibschneiden darauf gekriegt hätte.

RATTENGIFT: Ich verzage und verliere beinahe die Courage weiterzufragen – Wie geht es denn meinen tragischen Lieblingshelden, Schillers Wallenstein und Müllners Hugo?

TEUFEL: Sie sind alle beide in der Hölle. Hugo meinte zwar, als er starb, daß sich der Himmel ihm auftäte, aber er hatte sich, wie das bei einem Sterbenden leicht möglich ist, versehen. Freilich nahm sein Bruder dem Cherub das rächende Schwert ab, aber nicht deswegen, um es wegzuwerfen, sondern um in eigner Person seinen Mörder damit zu köpfen, und wenn er dabei winkte und lächelte, so machte er es, wie man es mit einem jungen, ungehorsamen Hunde macht, den man winkend und lächelnd zu sich lockt, um ihn nachher desto tüchtiger durchzuprügeln. – Was Wallenstein betrifft, so fanden wir, nachdem wir ihn gehörig examiniert hatten, daß er sich vortrefflich zum Rektor qualifiziere; wir haben ihn auch sofort auf unserm höllischen Gymnasio zu Z. angestellt und würden mit ihm im höchsten Grade zufrieden sein, hätte er nicht den Fehler, daß er jedesmal, wenn er den Stock aufhebt, um einen nichtsnutzigen Buben zu züchtigen, so lange ausruft: „Hier ist nicht Raum zu schlagen“, „Wohlan, es sei“, „Ich will's lieber doch nicht tun“ usw., bis daß ihm der Bube von hinten einen großen papiernen Zopf angesteckt hat.

RATTENGIFT: Der Teufel mag – *Sich korrigierend, mit einer Verbeugung:* Der Herr Teufel mögen mich holen, wenn mir nicht vor Staunen und Verwunderung der Atem stehenbleibt! Doch reden Sie fort! Was machen die Dichter selber? Schiller, Shakespeare, Calderon, Dante, Ariost, Horaz, was tun, was treiben sie?

TEUFEL: Shakespeare schreibt Erläuterungen zu Franz Horn, Dante hat den Ernst Schulze zum Fenster hinausgeschmissen, Horaz hat die Maria Stuart geheiratet, Schiller seufzt über den Freiherrn von Auffenberg, Ariost hat sich einen neuen Regenschirm gekauft, Calderon liest Ihre Gedichte, läßt Sie herzlich grüßen und rät Ihnen, in Gesellschaft der Liddy morgen die Waldhütte zu Lopsbrunn zu besuchen, weil dieses Häuschen in einer wahrhaft romantischen Gegend läge!

RATTENGIFT: Ich Glücklicher! Ich Überglücklicher! Ich will auf den Dachgiebel klettern! Calderon liest meine Gedichte! Calderon läßt mich grüßen! Ich esse vor Freuden ein Talglicht! Grüßen Sie den Herrn de la Barca doch tausendmal wieder – ich wäre sein rasendster Verehrer – ich wollte mit der Liddy das Waldhäuschen besuchen, und wenn ich ihr die Beine abschlagen sollte – ich –

TEUFEL: Genug! Ich habe nicht länger Zeit! – Wenn Sie meiner einstmals bedürfen sollten, so wissen Sie, daß ich in der Hölle wohne. Hier von dem Dorfe ist dieselbe etwas weit weg; wenn Sie aber extra schnell dahin gelangen wollen, so müssen Sie nach Berlin reisen und dort hinter die Königsmauer oder nach Dresden und dort in die Fischer- oder nach Leipzig und dort in die Preußer-Gasse oder nach Paris und dort ins Palais Royal gehen; von allen diesen Orten ist der Tartarus nur fünf Minuten entlegen, und Sie werden noch dazu auf ausgezeichnet guten, vielfältig ausgebesserten Chausseen dahin reiten können. – Doch es wird bald Abend! Schlafen Sie mittelmäßig! *Er will sich entfernen.*

RATTENGIFT *ihn aufhaltend*: Apropos! ein einziges Wort!

Darf ich nicht das Geheimnis erfahren, weswegen Sie jetzt auf die Erde gekommen sind?

TEUFEL: Weil in der Hölle gescheuert wird.

RATTENGIFT: Ich danke Ihnen für Ihre gütige Antwort! Schlafen Sie recht wohl!

TEUFEL: Schlafen Sie mittelmäßig! *Geht ab.*

Dritte Szene

Eine Anhöhe vor dem Dorfe.

MOLLFELS *tritt auf*: Sieh, da liegt es, das väterliche Dorf! Horch! auf seinem grauen Kirchturme klingt die Vesperglocke! Wie anmutig sie mir nach dreijähriger Abwesenheit entgegentönt! – Auch das altertümliche Schloß ist unverändert geblieben; stolz und stattlich erhebt es sich dort aus der Mitte seines sommerlich blühenden Gartens, und in seinen mächtigen Fenstern spielt purpurn der erste Schimmer des Abendrots! – – O Liddy, Liddy, wie ich dich liebe! *Ärgerlich:* Wäre ich nur nicht so verflucht häßlich!

DER SCHULMEISTER *tritt auf, ohne Mollfels zu bemerken*: Hier will ich stehenbleiben, auf die Fluren meines Schulbezirks niederschauen und meinen patriotischen Phantasien nachhängen. Wie könnte doch alles verbessert werden! Wenn die Bauern so lange in die Schule gehen müßten, bis daß sie etwas gelernt hätten, so müßten sie selbst am Weltende noch sechs volle Wochen bei Wasser und Brot nachsitzen! Ferner, was für eine Nutzanwendung wäre nicht mit dem großen Eichwalde da drüben vorzunehmen! Wann werden die glücklichen Zeiten der Aufklärung erscheinen, wo man ihn in lauter Schulbänke zerschneidet, diese Schulbänke systematisch geordnet auf den Gefilden umhersetzt, lernbegierige Knäblein und Junggesellen hinzutreibt und mich zum Direktor des Ganzen kreiert? Oh, dann würde ich vermittelst eines

Luftballons die Abendsonne zu meinem leuchtenden Katheder machen – den Kirchturm würde ich als Feder gebrauchen – jener See wäre mein Tintenfaß – und dort das Gebirge wäre ein Stück Speck, welches mir die Eltern und Gönner aus Dankbarkeit verehrten! *Er versinkt in tiefes Nachdenken.*

MOLLFELS *tritt vor und klopft ihm auf die Schulter*: Sie sind da in echt pädagogische Reverien geraten, Herr Schulmeister!

SCHULMEISTER *emporblickend*: Herr Mollfels?! – Ich bin entzückt vor freudiger Überraschung! – – Wie hat's Ihnen in Italien, dem Lande, wo die Steine sprechen, gefallen? Gewahrt man an der Venus von Medicis noch immer keine Altersschwäche? Der Papst hatte doch nicht mit dem Stiefel in den Dreck getreten, als Sie ihm den Fuß küßten? Ist –

MOLLFELS: Ich will es Ihnen bei gelegenerer Muße erzählen. Sagen Sie nur, ob hier zu Hause alles beim alten geblieben.

SCHULMEISTER: Es hat sich in Ihrer Abwesenheit nichts Bedeutendes ereignet. Gestern ist die Spritze instand gesetzt worden, um das vorgestrige Feuer zu verhüten, und der reiche Barthel, der die Kathrine geheiratet hat, in welche er so sehnsüchtig verliebt war, hat sich jetzt nach der Analogie seiner Hosen ein Hemde von Hirschleder machen lassen, weil ihm die Faustschläge seiner Frau zu weh tun. Was meine Wenigkeit betrifft, so ist mir wie dem Vater Homer gegangen – ich habe seit zwei Jahren keinen Schweinebraten geschmeckt!

MOLLFELS: Ei, woher schließen Sie denn, daß der alte Homer keinen Schweinebraten geschmeckt hat?

SCHULMEISTER: Weil er ihn so delikat beschreibt, Herr Mollfels!

MOLLFELS: Sie beschreiben demnach den Branntewein wohl herzlich schlecht?

SCHULMEISTER: Nein, den Branntewein nicht, aber die Tugend!

MOLLFELS: Es gibt doch keine Regel ohne Ausnahme! – – Aber antworten Sie mir: Wie steht es auf dem Schlosse selbst? Ist Fräulein Liddy noch heiter?

SCHULMEISTER: Auf dem Schlosse ist ein Schornsteinfeger angekommen, der ein Generalsuperintendent sein will und schon vierzehn Tage vor seiner Geburt auf den Verlust seiner Unschuld pränumeriert zu haben scheint. – Die Heiterkeit der Baronin und die bittre Laune ihres Onkels sind in statu quo.

MOLLFELS: Da! Für die gute Nachricht zwanzig Kodons! Ich kaufte sie von einem Juden, den ich nicht anders loswerden konnte, und kann sie nicht weiter gebrauchen! *Geht ab.*

SCHULMEISTER: Kodons? Was sind das für Dinger? Was soll ich hagres Schulmeistergesicht damit machen? – Aber stille! Ich will sie der Frau Gerichtshalterin als Gegenpräsent für den Topf Erbsen übersenden; sie versteht sich auf alles und wird daher auch so 'nen Kodon gehörig zu plazieren wissen.

TOBIES *kommt*: Guten Abend, Herr Schulmeister.

SCHULMEISTER: Guten Abend, lieber Tobies. *Beiseit:* Alle Teufel, wie schaffe ich mir den Kerl vom Halse?

TOBIES: Nun, was macht mein Gottliebchen? Sind Sie mit ihm auf dem Schlosse gewesen?

SCHULMEISTER: Haben Sie auch gehört, Herr Tobies, daß vor einer Stunde im Wirtshause ein Zahnarzt angekommen ist, der die Zähne umsonst auszieht?

TOBIES: Meinetwegen! Sehen Sie, ich habe ein paar Reihen Zähne, die so gesund sind, daß ich meine Heugabel daran scharfwetzen könnte.

SCHULMEISTER: Was tut das? Sie haben das Ausziehen umsonst! So was muß man mitnehmen!

TOBIES: Ja, das ist auch wahr! Man muß ein Profitchen nicht verschmähen! Ich will hingehn und mir alle meine Backenzähne ausreißen lassen! *Er geht ab.*

SCHULMEISTER: O heilige Naivetät! Süße Unschuld! Du hast

den Luxus der Städte verlassen und bist in die Hütte des Landmanns geflohen! Tobies läßt sich die Zähne ausziehen, weil er es umsonst hat! Oh! Oh! Oh! *Ab.*

Vierte Szene

Zimmer im Schlosse.

Liddy und der Baron treten ein.

BARON: Laß dich warnen, Mädchen! Ich traue dem Herrn von Wernthal nicht!

LIDDY: Er hat seine Fehler; daß er aber auch Männerwert besitzt, hat er neulich im Duelle mit dem Grafen von Naubeck dargetan.

BARON: Im Duelle? – Oho, gestern duellierten sich zwei junge Herren darum, weil der eine auf Ehre versicherte, schon mehrmals am Schandpfahle gestanden zu haben, und der andere es ihm nicht glauben wollte. – – Gute Nacht! Ich habe genug gesprochen! *Geht ab.*

LIDDY: Wahrlich, die Warnungen des Onkels beginnen Wirkung auf mich zu äußern! Wernthal ist nicht der, für den ich ihn bei unsrer ersten Bekanntschaft hielt! – – Sonderbar, daß mir unwillkürlich ein gewisser Mollfels einfällt – er hatte das häßlichste Gesicht, welches sich denken läßt, war aber der geistreichste und vortrefflichste Mann, den ich gekannt habe.

EIN BEDIENTE *kommt*: Ein Herr Mollfells wartet im Vorsaal.

LIDDY *erstaunt*: Wer? – Mollfels? – Wie sieht er aus?

DER BEDIENTE: Wir haben eben sieben alte Weiber aus dem Schloßteiche gezogen, welche beim Anblicke seines Gesichts vor Schrecken ins Wasser gesprungen waren.

LIDDY *für sich*: Kein Zweifel, er ist es! *Laut:* Führ ihn zu mir!

Der Bediente ab.

Es wird mir Mühe kosten, daß ich meine Verwunderung verberge.

MOLLFELS *tritt herein*: Ha, da erblicke ich sie wieder! *Laut:* Fräulein, ich komme aus Italien zurück und eile, Sie zu begrüßen.

LIDDY: Willkommen in der Heimat, Herr Mollfels, willkommen! – Sind Ihre Erwartungen befriedigt worden? Wie fanden Sie Rom?

MOLLFELS: Graue Ruinen blicken aus grünen Gebüschen, laute Tritte tönen durch einsame Straßen, und wer auf den Trümmern des Kapitols im Angesichte der ausgestorbenen Siebenhügelstadt die letzten Donner eines vorübergezogenen Gewitters am fernen Horizonte verhallen hört, fühlt sich freilich ganz anders ergriffen, als wenn er einen Kirchturm in Berlin zu seinem Standpunkt hätte.

LIDDY: Mich dünkt, in Rom müßte der Tod nicht sehr schmerzen.

MOLLFELS: Gewiß nicht! Dort schämt man sich ja beinahe, daß man lebt.

LIDDY: Haben Sie in Florenz meinen Bruder gesprochen?

MOLLFELS: Hier sind zwei Briefe von ihm und seiner Gemahlin.

LIDDY: O geschwind! *Sie bricht die Briefe auf.*

MOLLFELS *betrachtet sie während des Lesens*: Welch reizendes Weib! Man hört die Musik ihrer Bewegungen! Wie zwei geistige Naphthafeuer glänzen die unauslöschlichen Flammen ihrer Augen, und wie ein See über seiner Quelle wogt ihr Busen über ihrem Herzen! Selig der Erkorene, welcher an einer solchen Stätte sein ermüdetes Haupt ausruhen kann! *Auf und ab gehend.* Nein, ich will verdammt sein, wenn ich diesen Zustand länger ertrage! Ich muß erfahren, ob ich jemals hoffen darf oder ob ich mich an jenem Eichbaume aufhängen soll! Trotz meiner Häßlichkeit erkläre ich ihr jetzt meine Liebe, es mag biegen oder brechen! *Er tritt vor Liddy hin.* Fräulein, entsetzen Sie sich nicht über meinen Antrag, denn ich selber weiß recht gut, daß meine Taille die Pferde scheu zu machen pflegt, weil sie wie ein heruntergelassener Schlagbaum aussieht – daß meine Stiefeln, ohngeachtet meine Waden darin stecken, so leer sind wie ein paar ausgehöhlte Bäume – daß meine Ohren –

LIDDY: Um Gotteswillen, Herr Mollfels, fangen Sie an zu phantasieren?

MOLLFELS: Und meine Nase! Hohoho, meine Nase! Die Menschheit schaudert davor zusammen! Unförmlich wie ein Tigergekrös, rot wie ein Fuchs, platt wie eine Erzählung von der Karoline Pichler und so kurz wie eine Sekunde!

LIDDY: Wie eine Sekunde! – Wie lang ist Ihr rechter Arm?

MOLLFELS: Ein Schaltjahr! Mitten im Gradestehen kann ich mit ihm meine Schuhe aufknöpfen! Wenn ich jedoch Gradestehn sage, so ist das natürlich nicht im Sinne eines preußischen Gardisten zu nehmen, sondern weit eher möchte es in die Gedanken und Träume eines Leipziger Stadtsoldaten hineinpassen! Der Henker weiß es, wo mein Rücken seine unendliche Bescheidenheit gelernt hat, er macht mich zu einem stereotypen Komplimente, zu einem unermüdlichen Betrachter meiner eignen Beine, welche sich wiederum vielleicht nicht übel mit zwei fettgewordenen türkischen Säbeln vergleichen ließen!

LIDDY: Bleiben Sie mir mit den fettgewordenen Säbeln aus dem Spiele, und erlösen Sie mich endlich aus meinem Starren und Staunen! Wozu soll Ihre begeisterte Selbstschilderung denn eigentlich führen?

MOLLFELS: Dazu, daß ich vor Sie hinstürze, daß ich Sie anbete, daß ich Sie liebe!

LIDDY: Nun, ich muß Ihnen einräumen, Sie verstehen Ihre Liebeserklärungen fein einzufädeln! Wenigstens schikken Sie Beschreibungen Ihrer Persönlichkeit voraus, nach denen ich eher vermutet hätte, daß Sie wegen Ihrer Beine unter die Bäcker gehen wollten, als daß Sie mir die Liebe erklären würden.

MOLLFELS: O zerreißen Sie mir nicht mit meinen Beinen das Herz! Kein Mensch kann diese beiden Pole des Abscheus, diese beiden Zerstörer der Freundschaft, diese beiden Universalmittel gegen die Liebe grimmiger hassen als ich! Wenn ich irgendeinem edlen Manne, der in den Morast gefallen ist, das Leben gerettet habe, und ich drücke ihn nun zum ewigen Bunde unsrer Seelen an meine Brust, so gibt er mir eine Ohrfeige und läuft davon, wenn er von ohngefähr einen Blick auf meine Beine geworfen hat! Aber dennoch, Fräulein, zwingt mich die Macht der Leidenschaft, Ihnen meinen Liebesschwur von neuem vorzustammeln! Es ist mit mir dahin gediehen, daß ich mich schäme, Rindfleisch und Senf zu essen, weil es mir für einen Liebenden zu gemein scheint – daß ich in meiner Ekstase ein abgeschmacktes Trauerspiel geschrieben habe, dessen Inhalt zu närrisch ist, als daß ich Ihnen denselben nicht sogleich mitteilen sollte. Statt des Schicksals lasse ich darin die Gottheit der Antifatalisten, die Langeweile, herrschen. Diese wird bei Eröffnung der Szene von dem zagenden Volke mit Vorlesungen aus den dramatischen Werken von Eduard Gehe verehrt. Unvermutet schallt aus dem Tempel der Ausspruch, daß die Göttin den Untergang der erhabenen Prinzessin Salvavenia beschließe. Das Volk heult, die Glocken läuten, die Prinzessin jammert, als ob sie dem Satan schon in den Krallen säße, und alles stürzt in wilder Verzweiflung von der Bühne. Hierauf tritt Ossian ein und ißt ein Butterbrot. Nachdem er damit fertig geworden, verändert sich die Szene in den Audienzsaal des kaiserlichen Palastes. Der Kaiser hat eine Napoleonsweste an, und die Großen stehen in grauen Gamaschen, welche sie vor Betrübnis aufgeknöpft haben, um Seine Majestät herum. In der einen Stubenecke liegen zwei Strümpfe, welche höchst erbittert aufeinander sind und sich vergiften wollen; nebenbei hängt ein plüschenes Wams, welches im Konversationslexikon blättert und eine Tasse Tee trinkt. Doch mit mordbegierigen Gebärden schleicht schon ein rachsüchtiger, hypochondrischer Borstwisch –

LIDDY: Gerechter Himmel, halten Sie ein! Ich zittere für meinen Verstand!

MOLLFELS: Ich wollte Ihnen nur zeigen, zu welchen wahnsinnigen Kompositionen mich die Allgewalt der Liebe verleitet!

LIDDY: Ich hoffe, daß es mit Ihrer Liebe nicht so ernstlich gemeint ist, denn ich bin mit dem Herrn von Wernthal verlobt.

MOLLFELS: Ei, so mag mich die Erde einschlingen, ich bin ein unglücklicher Kerl! – Verlobt? – Wahrhaftig, mir rollen die Tränen! – *Mit der Hand über seine Stirn fahrend.* Wenn – wenn ich mich in diesem meinen Schmerze umbringe, so werde ich mich vermutlich erschießen, denn wenn ich mich ersäufte, so müßte ich fürchten, daß ich den Schnupfen bekäme, und mit dem Schnupfen vor Gottes Richterstuhl zu treten wäre wegen des Niesens teils sehr störend und teils sehr unschicklich. *Er geht ab.*

LIDDY: Der Mann könnte einem Mädchen mehr gefallen, als wie er selber denkt.

DRITTER AKT

Erste Szene

Abend. Stube des Schulmeisters, von einer Lampe erhellt.

Der Schulmeister und der Schmied im Gespräch.

SCHMIED: Ja, Herr Schulmeister, er hatte einen Pferdefuß mitsamt einem Fersenbüschel!

SCHULMEISTER: Es ist der Teufel, Konrad, es ist der Teufel! Ihr könnt's in jeder Naturgeschichte lesen, daß der Teufel einen Pferdefuß hat.

SCHMIED: Er rief mir auch nach, daß er der Satan wäre, und drohte, mir den Hals umzudrehen, wenn ich es ausplauderte.

SCHULMEISTER: Hoho, deshalb seid ohne Sorgen! Ich habe ganz andre Absichten mit ihm vor! – Was meint Ihr, wenn wir den Herrn Urian einfingen, ihn in einen Käfig sperrten, mit ihm auf Messen und Jahrmärkten herumzögen, ihn für eine Seejungfer oder, um den Anschlagszettel noch auffallender zu machen, für eine Seewitwe ausgäben und uns den Titel zweier Professoren der Seejungferei beilegten?

SCHMIED: Wir würden steinreiche Leute!

SCHULMEISTER: Oder wir könnten ihn auch gleich als das, was er ist, als den Teufel, dem Publico produzieren. Dann tränkten wir ihm das Tanzen ein, ließen ihn nach der Melodie „Wie schön leucht't uns der Morgenstern" am Stocke springen und steckten ihm alle Viertelstunde zur Verwunderung der Zuschauer wie einem abgerichteten Löwen den Kopf in den Hals.

SCHMIED: Das Kopf-in-den-Hals-Stecken möchte ihm schwer beizubringen sein; er hat ein ziemlich kleines Maul.

SCHULMEISTER *mit stolzen Schritten in der Stube auf und ab*: Ihr mitleidswerter, ungläubiger Thomas! Ich brachte meinen Zöglingen schon weit schwierigere Sachen bei!

SCHMIED: Na, das habe ich an meinem Jürgen wenigstens noch nicht gemerkt!

SCHULMEISTER: Euer Jürgen! Der stupide Kartoffelbauch! Bei dem hätte sogar der weise Konfuzius, ohngeachtet er niemals Hopfen und Malz besaß, dennoch einige Fuder Hopfen und Malz verlieren müssen! – Im Vertrauen, woran hat Eure Frau gedacht, als sie mit dem Jungen schwanger war? Der Bengel trägt 'ne Art Pferdekopf!

SCHMIED: Das tut der vermaledeite Hengst, welcher sich beim Beschlagen losriß und meiner Frau, die in der Stube stand und Essig auf den Salat goß, plötzlich durch das Fenster ins Gesicht guckte!

GRETCHEN *tritt ein*: Guten Abend, Herr Schulmeister! Die Frau Gerichtshalterin hat mir befohlen, Sie einen unverschämten Ochsen zu nennen und Ihnen die Kodons wieder ins Gesicht zu schmeißen!

SCHULMEISTER *indem er die Kodons aufhebt*: Hm! hm! kann die Madam diese Dinger also nicht in der Haushaltung gebrauchen?

GRETCHEN: Ach, Herr Schulmeister, wie ist Er dumm! Daß solche Ware nicht für die Haushaltung gemacht ist, spürt jede Christenseele auf eine Meile Weges. Madam ist außer sich vor Zorn!

SCHULMEISTER: Hm! hm! hier sind aber nur sechzehn Stück, und ich hatte der Madam doch zwanzig überschickt – wo sind die vier andren hingekommen?

GRETCHEN: Ja, als Madam recht im ärgsten Schimpfen war, steckte sie die vier besten geschwind in ihren Strickbeutel.

SCHULMEISTER: Im ärgsten Schimpfen in den Strickbeutel? Ei, ei, welche verzwickte Inkonsequenz!

GRETCHEN: Adies, Herr Schulmeister! *Ab.*

SCHULMEISTER: Schmied, Schmied, jetzt ist's gefunden, wie wir den Teufel in unsre Hände kriegen! Könnt Ihr ein Vogelbauer verfertigen?

SCHMIED: Ich denke, ja.

SCHULMEISTER: So lauft, lauft und macht mir noch heute nacht eins von Menschengröße, mit einer zwei Ellen hohen Tür. Dieses setze ich morgen abend in den Wald, lege die Kodons hinein und verstecke mich im Gebüsch. Nun ist bei einem Kerl wie der Teufel immer zu präsumieren, daß er aufs Holzstehlen ausgeht; wenn er demnach herannaht, so hoffe ich, daß die Kodons, welche der Gerichtshalterin zufolge, die vier davon in den Strickbeutel gesteckt hat, etwas absonderlich Sündhaftes sein müssen, ihn vermöge der magnetischen Kraft, womit das Böse den Satan anzieht, unwiderstehlich in den Käfig lokken werden. Dann eile ich hervor, schlage die Tür hinter ihm zu und flöte in die Finger!

SCHMIED *indem er dem Schulmeister ein verbindliches Kompliment machen will*: Ei, Herr Schulmeister, das haben Sie ja ordentlich philo – philum – ja wie ein Klumpfisch auskalmüsert!

SCHULMEISTER *klopft ihm wohlgefällig auf die Achseln*: Philosophisch heißt es, mein Lieber, philosophisch! Die Etymologen leiten es von „viele Strohwisch" ab. Man darf auch nur das letzte „e" in dem „viele" mit einem „o" vertauschen, die Silbe „stroh" wie ein „so" aussprechen, statt des „w" ein „f" lesen, und das Wort „philosophisch" ist höchst unphilosophisch, aber echt philologisch expliziert und deduziert.

SCHMIED *als wenn er ihn verstände*: Sehr richtig, Herr Schulmeister! Deduziert! Da sitzt der Hase im Pfeffer, da guckt die Katze in den Topf! Offizier ist wieder davon verschieden! – Oh, oh, wir Schmiede sind nicht dumm, wir Schmiede sind nicht dumm! *Ab.*

SCHULMEISTER *indem er seinen Schlafrock anzieht*: 's ist schon spät – ich will mir noch ein Gläschen Magenstärkung einschenken und mich dann sputen, daß ich in die Federn komme. – Doch wer klopft da noch? Herein!

Rattengift und Mollfels treten in die Stube.

RATTENGIFT: Tut uns leid, Herr Schulmeister, daß wir Sie beim Schlafengehen stören! – Wissen Sie nichts gegen das Totschießen? Der Herr Mollfels laboriert daran!

SCHULMEISTER: Wenn ich raten dürfte, so würde ich mit acht bis zwölf Flaschen Wein dagegen quacksalbern; die würden mindestens das Übel ein wenig verschieben!

RATTENGIFT: Bene, Herr Schulmeister! Ein Dutzend Flaschen Wein! Hurtig! Die Fensterladen vorgeschoben! Wir wollen uns eine lustige Nacht machen! Nicht wahr, Herr Mollfels?

MOLLFELS: Nun, es sei, im Namen der Hölle! Qual ist die Folie der Freude, und dazu will ich die meinige benutzen! Hier ist Geld! Wein herbeigeschafft, Schulmeister! Wenn ich dessenohngeachtet beim Erschießen beharren sollte, so habe ich morgen Zeit genug, es nachzuholen!

SCHULMEISTER *ist in die lebhafteste Beweglichkeit geraten*: Juchhei! Dudeldumdei! Das war eine männliche Sprache, Herr Mollfel's, und Wein herbeischaffen ist meine Losung! *Er springt an die Kammertür.* Gottliebchen, Gottliebchen! aus dem Bette! aus dem Bette! Zieh die Laterne an, zünde die Hosen an! aus dem Bette, aus dem Bette! Du mußt mit mir ins Wirtshaus und mir Wein hiehertragen helfen!

GOTTLIEBCHEN *kommt im halben Schlafe, mit blinzelnden Augen und im tiefsten Negligé aus der Kammer; greinerlich*: Hih, hu, hih! Die Stube dampft! Die Türken trommeln!

SCHULMEISTER: Schlingel, rappelst du? Da! schmier Wasser in die Augen! schnell! schnell! schnell! Wo hast du deine Hosen, dein Kamisol? Hier! zieh meinen Rock an! So! er sitzt dir majestätisch! wie ein schwarzsamtnes Schleppkleid! siehst aus wie eine Theaterkönigin! Komm, komm, komm! *Mit Gottliebchen ab.*

MOLLFELS: Ha! ha! Herr Rattengift, diese Szene könnten Sie unbedenklich in eins Ihrer Lustspiele einfügen!

RATTENGIFT: I du mein Gott, Herr Mollfels, sind Sie bei Trost? Solch einen grobkomischen Auftritt! Heutzutage muß die Komik fein sein, so fein, daß man sie gar nicht mehr sieht; wenn dann die Zuschauer sie dennoch bemerken, so freuen sie sich zwar nicht über das Stück, aber doch über ihren Scharfsinn, welcher da etwas gefunden hat, wo nichts zu finden war. Überhaupt ist der Deutsche viel zu gebildet und zu vernünftig, als daß er eine kecke starke Lustigkeit ertrüge.

MOLLFELS: Ja, ja, er lacht nicht eher, als bis er sicher ist, daß er sich nachher wird förmliche Rechenschaft zu geben vermögen, warum er gelacht hat!

RATTENGIFT: Glauben Sie mir, wenn auch jemand wirklich ein Lustspiel schriebe, welches bis in die unbedeutendsten Teile auf höhere Ansichten gegründet wäre, und er wagte es, seine Ideen frei und eigentümlich durchzuführen, so würde ihn eben deswegen der überwiegendere Teil des Publikums verkennen und vor Bäumen den Wald nicht schauen!

MOLLFELS *lachend*: Sie sind gewiß mit einem in höheren Ansichten geschriebenen Lustspiele durchgefallen!

RATTENGIFT: Ach, sagen Sie nicht durchgefallen!, es klingt so hart! durchgesunken lautet schon weit sanfter!

MOLLFELS: Soll ich Ihnen was vorschlagen? Dichten Sie künftig nichts als Trauerspiele! Wenn Sie denselben nur die gehörige Mittelmäßigkeit verleihen, so ist es unmöglich, daß Sie nicht den rauschendsten Applaus einernteten! Sie müssen insbesondere den Plan der Stücke hübsch winzig und flach gestalten, sonst möchte ihn nicht jeder kurzsichtige Schafskopf überblicken können -- Sie müssen dem Verstande und dem Forschungsgeiste der Leser nicht das geringste zumuten und, wenn durch ein Unglück eine hervorstechende Szene mit unterlaufen sollte, sorgfältig hinterdrein bemerken, was sie abzwecke und in welcher Beziehung auf das Ganze sie zu nehmen sei – Sie müssen beileibe alles hinlänglich weichkneten, denn das Weiche gefällt, und wenn es auch nur nasser Dreck wäre – vorzüglich aber müssen Sie stets den Geschmack der Damen im Auge behalten, denn diese, welche noch niemals von einem wahren Dichter als berufene Richterinnen anerkannt sind, gelten jetzt im Reiche der Kunst als oberste Appellationsinstanz; ob man sie entweder wegen ihrer kränklichen Nerven oder wegen ihrer Geschicklichkeit im Scharpiezupfen dazu erwählt hat, ist eine unentschiedene Frage. Desto entschiedener ist es, Herr Rattengift, daß man Sie, wenn Sie Gewalt genug besitzen, um diese Regeln zu verachten, als einen blindlaufenden, verrückten, rohen Phantasten verschreit, der Schönheiten und Erbärmlichkeiten wild nebeneinanderkleckst. Ständen Homer oder

Shakespeare erst jetzt mit ihren Werken auf, so wären Beurteilungen zu erwarten, in denen die Iliade ein unsinniges Gemengsel und der „Lear" ein bombastischer Saustall genannt würde; ja, manche Rezensenten gäben vielleicht dem Homer einen wohlgemeinten Fingerzeig, sich nach der „Bezauberten Rose" emporzubilden, oder geböten dem Shakespeare, fleißig in den Romanen der Helmina von Chézy oder der Fanny Tarnow zu studieren, um daraus Menschenkenntnis zu lernen.

RATTENGIFT *hat während Mollfels' Worten mehrmals gehustet und Zeichen der Mißbilligung geäußert*: Meine Grundsätze erlauben mir nicht, Ihren satirischen Angriffen auf die Regeln völlig beizustimmen. Die Regel scheint mir vielmehr unerläßlich; sie ist gleichsam das Beinkleid des Genies. Woran sollte der Künstler sich halten, woran erkennen, wenn ihm nicht vermittelst seines Verhältnisses zu den Kritikern –

MOLLFELS: Der Künstler soll sich an seinem eignen Genius halten, sich an seinem eignen ruhigen, klaren Bewußtsein erkennen, und was sein Verhältnis zu den Kritikern anbelangt, so ist es folgendes: die Kritiker ziehen mühselig die Schranken und machen sie just so weit wie ihr Gehirn, also sehr enge; das Genie tritt herein, findet sie jämmerlich schmal, zerbricht sie und wirft sie den Kritikastern an den Kopf, daß sie lautheulend aufschreien; wenn dann der gemeine Haufe dies Gezeter hört, so sagt er in der Einfalt seines Herzens: sie kritisieren!

RATTENGIFT: Hm, hiernach wird jeder schlechtrezensierte Dichter meinen, daß Sie von seiner Partie sind.

MOLLFELS: Davon bin ich in dem Grade entfernt, daß ich den Regierungen schon oft ihre Grausamkeit gegen das Publikum vorgeworfen habe, indem sie noch immer zaudern, endlich einmal ein Schock Poeten wegen ihrer elenden Gedichte hinzurichten.

RATTENGIFT *in unbegreiflicher Unruhe*: Nein! nein! das wäre doch zu stark! Zu stark! Hinzurichten! Gütiger Himmel, welche schauderhafte Idee! Heinrich Döring, Friedrich Gleich, Wilhelm Blumenhagen, Methusalem Müller – o mir klappern die Zähne, mir klappern die Zähne! *Aufatmend.* Ah, da kommt der Schulmeister mit Wein!

Schulmeister und Gottliebchen treten ein, jeder mit Weinflaschen bepackt.

SCHULMEISTER *singt*:

Vivat Bacchus, Bacchus lebe,
Bacchus war ein braver Mann!

Zu Gottliebchen: Du alberner Pinsel, sing doch mit!

GOTTLIEBCHEN *quäkt*:

Vivat Bacchus, Bacchus lebe,
Bacchus war ein braver Mann!

MOLLFELS: Gottliebchen, du krächzest ja, daß sich die Steine Ohren wünschen, um sie sich nur zustopfen zu können!

SCHULMEISTER: Hähä? Hat der Bube nicht 'ne allerliebste Stimme? Ich habe schon zweiundzwanzig Briefe von den Sirenen in meinem Pulte liegen; sie wollen ihn durchaus unter sich engagieren, allein ich antworte ihnen jedesmal, daß er noch zu jung ist.

RATTENGIFT: Langnasiger Knittelmagister, laß das Windbeuteln und setz Gläser auf den Tisch!

SCHULMEISTER *sie daraufsetzend*: Da stehen sie!

RATTENGIFT: Rasch denn, eingeschenkt!

SCHULMEISTER: Geduld! Geduld! 'ne halbe Minute! *Er eilt an das Bette, reißt ein Bettlaken herunter und wickelt es sich um den Kopf.*

MOLLFELS: Donnerwetter, Herr Schulmeister, was ist das für eine tolle Verkappung?

SCHULMEISTER: Bloße Vorsicht, Herr Mollfels, bloße Vorsicht! Wegen des Umfallens besaufe ich mich gerne mit verbundenem Kopfe!

MOLLFELS: O du weiser, erfahrener Praktikus! Als dein demütiger Schüler ahme ich dir stracks in deiner Vorsichtsmaßregel nach!

RATTENGIFT: Und ich desgleichen!

Sie reißen zwei Bettlaken los und umwickeln sich ebenfalls die Köpfe.

SCHULMEISTER: Wahrhaftig, ihr Herren, unsre drei Köpfe nehmen sich in den ungeheuren Bettlaken wie drei unglückliche, in die Mitte des Milcheimers gefallene Fliegen aus!

MOLLFELS: Schulmeister, erzählen Sie uns während des Zechens eine Geschichte aus Ihrer Jugendzeit!

RATTENGIFT: Ja, ja, aus Ihrer Jugendzeit!

Sie setzen sich um den Tisch und schenken ein.

SCHULMEISTER *trinkend*: Fuimus Troes, die goldnen Flegeljahre sind dahin! – Gottliebchen, wo bist du? Sperr die Schnauze auf, Flegel! Ein Schluck germanisierten Champagners wird deinem Patriotismus nicht schaden! – – Also, meine Herren, mit den Erzählungen aus jenen tempi passati ist's für einen Schulmeister, der sich bei seinen Eleven den Respekt bewahren muß, und für einen Ehemann, der seine Frau mit Eifersucht plagt, ein kitzliges Unterfangen!

MOLLFELS: Keine Vorreden! Sie sind verliebt gewesen! Von Ihrer ersten Liebe sollen Sie uns Bericht abstatten!

RATTENGIFT: Hu, wie es den ausgemergelten pädagogischen Ziegenbock durchzuckt, da er von seiner ersten Liebe hört!

SCHULMEISTER: O ihr schönen, schwärmerischen, unwiederbringlich verschwundenen Stunden, wo ich – Stoßen Sie an, meine Herren! Hannchen Honigsüß soll leben!

MOLLFELS UND RATTENGIFT: Sie lebe!

SCHULMEISTER: Verzeihen Sie, ich schätze dieses Mädchen so unendlich, daß ich mich unmöglich mit einem einzigen Glase auf seine Gesundheit begnügen kann! *Er säuft in einer Reihe sechs Gläser aus.*

RATTENGIFT UND MOLLFELS: Bravo, Herr Schulmeister! Auch wir wissen Ihr Hannchen zu schätzen! *Sie saufen gleichfalls sechs Gläser aus.*

SCHULMEISTER: Nachdem wir also allesamt Hannchen gehörig geschätzt haben, will ich in meiner Historie fortfahren. Das holde Kind war ein Engel und ihr Vater, der Konrektor an der Stadtschule, ein schäbiger Filou. Er trug eine Beutelperücke, welcher die Hunde und Katzen von frühmorgens bis Mitternacht nachstellten, weil sie dieselbe für ein Wasserrattennest hielten, und seine ledernen, lebenssatten Hosen wurden einstmals von einem unserer Geschichtsschreiber in einer gelehrten Disputation über die ältesten Spuren des Verkehrs der Deutschen mit fremden Völkern für ein Trauermonument der Phönizier ausgegeben.

MOLLFELS UND RATTENGIFT: Hohoho! ein Trauermonument! *Sie trinken.*

SCHULMEISTER *zu Gottliebchen, der müßig in einer Ecke steht*: Du hämischer, neidischer, kaltblütiger, heimtückischer Rakker, weswegen stehst du dort im Winkel und rührst keine Lippe? Du willst wohl nüchtern bleiben und dich über unsre Schlemmerei mokieren? Sauf mir stante pede diese Bouteille aus, oder ich beiße dir den linken Daumen ab!

Gottliebchen ergreift die Bouteille und macht sich mit vielem Vergnügen darüber her.

SCHULMEISTER *wieder zu Rattengift und Mollfels*: Der Konrektor war also ein Harpax, und wir Schüler haßten ihn ebensosehr, als wir seine Tochter liebten. Weil ich jedoch ein aufgeweckter Bursche war und er in den langen Winterabenden, an welchen er niemals ein Licht brannte, zeitverkürzender Gesellschaft bedurfte, so hatte ich bei ihm einen guten Stein im Brette und mußte ihn regelrecht mit eintretender Dämmerung besuchen. Da saß ich denn mit ihm und seiner Tochter in der dunklen Stube, er zu meiner Linken, sie zu meiner Rechten. Indem ich nun ihm von seinen Editionen des Plinius vorplapperte, pflegte ich ihr verstohlen das Patschhändchen zu drükken, und wenn ich einen Gegendruck fühlte, so ging ich weiter, schlang allmählich den Arm um ihren zierlichen Nacken, zupfte ihr am Busenwärzchen und krabbelte ihr zuletzt ohne Umstände im Schoße. Doch zu meinem Malheur hatte sich eines Abends der Alte an ihren Platz gesetzt; ich, dem die Verwechslung unbemerkt geblieben war, fing wie gewöhnlich an zu krabbeln; zwar fiel mir Hannchens sonderbares, lederartiges Kleid auf, allein ich ließ mich, bei meiner verliebten Blindheit, dadurch nicht stören – dem Herrn Konrektor selber, welchem die Frau schon lange tot war, mochte meine Zärtlichkeit gar nicht übel behagen, denn er regte keinen Finger und schwieg mäuschenstill – endlich aber, als ich ihm ins Ohr flüsterte: „Hannchen, Hannchen, was bist du heute häßlich!", empörte ihn diese Beleidigung seiner Schönheit zu einer solchen Wut, daß er mir eine Maulschelle ins Gesicht bombardierte, welche mich nicht bloß aus meiner Täuschung herausriß, sondern mir auch seine Faust so kräftig in die Backen prägte, daß mich am andren Tage alle Leute fragten, ob ich mir die natürlichen Ohrfeigen hätte einimpfen lassen!

MOLLFELS *halb berauscht*: Köstlich, Schulmeisterchen, köstlich! Hast 'nem alten Konrektor an den Lederhosen gekrabbelt! O Wonne! Wonne! Wonne!

SCHULMEISTER: Das Krabbeln soll leben!

MOLLFELS: Es lebe!

Sie saufen unmäßig.

SCHULMEISTER: Jemine, Herr Mollfels, was bekommt der Rattengift für dicke Augen!

RATTENGIFT *packt in der Betrunkenheit dem Schulmeister an die Brust*: Nicht wahr? Nicht wahr? Sind meine Gedichte nicht das abgedroschenste, schalste, anspeiungswerteste Geschmiere?

SCHULMEISTER: Sie sind grade so gut wie die Poesien der Elise von Hohenhausen, geborenen von Ochs.

RATTENGIFT: Zermalme mich, Schulmeister, zertritt mich! Ich bin ein Wurm, ich bin ein ärmlicher Tropf, meine Verse haben keinen Saft, meine Gedanken haben keinen Sinn! Ich bin ein Wurm, ein Wurm, ein winziger Wurm! Schmeiß mich in den Sumpf, schmeiß mich in den Sumpf!

SCHULMEISTER *immer trinkend und allmählich ebenfalls besoffen werdend*: Weine nicht, Rattengiftchen, und sprich leise, damit es der Nachtwächter nicht hört! Du bist in der Rage! Dir fließt das Herz über! – Ist's nicht so, Herr Mollfels?

MOLLFELS *den Schulmeister umhalsend*: Ach, meine Liddy, meine Liddy!

SCHULMEISTER *jüngferlich*: Zerzausen Sie mir nicht das Busentuch, bester Karl! *Auf Gottliebchen deutend, der seine Flasche geleert hat und taumelnd aus der Ecke hervorkommt.* Aber verstecken Sie sich, teuerster Freund, verstecken Sie sich! Dort kommt mein Vater!

MOLLFELS: Du bist wohl ein bißchen betrunken, Liddy!

SCHULMEISTER: Leider, liebster Karl, habe ich etwas zu tief ins Glas geguckt!

RATTENGIFT *an den Boden stürzend*: „Unsinn, du siegst, und ich muß untergehn!" *Er schläft ein.*

GOTTLIEBCHEN *klettert dem Schulmeister ins Gesicht*: Du schlechter Schulmeister, du! Hast mich prügelt! hast mich schlagen! Hast mich schimpft! Bin betrunken! Prügle dich wieder! schlage dich wieder!

SCHULMEISTER: O mein verehrtester Vater! Vergebung! Vergebung! Ich kann einmal nicht anders – ich muß meinen Karl heiraten, oder ich muß sterben! Sei'n Sie nicht so grausam, großmütigster der Väter! Kniebeugend bitte ich Sie, sei'n Sie nicht so grausam gegen Ihre unglückselige Tochter! Pardonnez moi, Monsieur!

MOLLFELS: Ja, Herr Baron, verzeihen Sie uns, hindern Sie nicht unser zeitliches und ewiges Glück!

Gottliebchen purzelt auf die Erde.

SCHULMEISTER *froh*: Sieg, Sieg! Er verzeiht, er purzelt auf die Erde! Karl, Karl, in meine Arme! Wir dürfen uns lieben!

MOLLFELS *besieht Gottliebchen*: Wenn ich Ihren Herrn Vater näher betrachte, schönste Liddy, so scheint er mir gegen sonst verdammt klein geworden zu sein!

SCHULMEISTER: Er hat die Masern gehabt, mein Trauter.

MOLLFELS: Uh! Uh!

SCHULMEISTER: Gott! was seufzest du?

MOLLFELS: Wehe, wehe! ich fürchte, daß ich vom Tische falle!

SCHULMEISTER: Da ist freilich nichts zu raten, als daß du darauf steigst!

MOLLFELS *steigt auf den Tisch, damit er nicht herunterfällt, und fällt herunter.*

SCHULMEISTER *erhebt ein schreckliches Geschrei und schlägt die Hände über dem Kopfe zusammen*: O Schicksal, Schicksal, unerflehliches Schicksal! Keine menschliche Klugheit vermag dir vorzubeugen, kein Sterblicher dir zu entrinnen! Ohngeachtet Mollfels auf den Tisch klettert, muß er dennoch herunterfallen! O du grimmiges, marmorhartes Untier! *Er knirscht mit den Zähnen.*

MOLLFELS: Hilft mir denn niemand, daß ich aufstehe? Schulmeister! Liddy! Wo seid ihr beiden?

SCHULMEISTER: Zayre, vous pleurez? Das schmerzt mich, auf Parole, das schmerzt mich! – Venez, ma chère! 's ist draußen pechrabenschwarz! Wollen in die Kirche gehen und auf der Orgel spielen!

Er faßt Mollfels unterm Arm und wackelt mit ihm ab.

Zweite Szene

Eine Wiese. Tagesanbruch.

Der Freiherr Mordax geht spazieren, ihm begegnen dreizehn Schneidergesellen, er macht sich die Serviette vor und schlägt sie sämtlich tot.

Dritte Szene

Ein Fahrweg im Dorfe.

Die vier Naturhistoriker treten mit blutrünstigen Köpfen auf; jeder hat einen Kieselstein in der Hand.

Alle vier zusammen: Da haben wir uns ganz expreß mit diesen Kieselsteinen die Köpfe zerbrochen und können doch nicht herausbringen, was der sogenannte, den Finger ins Licht steckende Generalsuperintendent für ein Kerl ist! Oh! Oh! Oh!

Einer von ihnen: Nicht verzagt, meine Herren! Die Wissenschaft ruft! Lassen Sie uns noch einmal probieren! Mutig! Noch einmal die Köpfe zerbrochen!

Alle vier: Noch einmal die Köpfe zerbrochen! *Sie schlagen sich mit den Steinen vor die Köpfe, daß die Funken stieben, bringen nichts heraus und entfernen sich fluchend.*

Der Schulmeister kommt mit Mollfels und Rattengift.

Schulmeister: Das war 'ne verrückte Nacht. Als ich aufwachte, lag ich zu meinem Erstaunen vor dem Pedale der Kirchenorgel.

Mollfels: Und ich saß mit übereinandergeschlagenen Beinen auf einem Sarge des freiherrlichen Erbbegräbnisses!

Rattengift: Ich lag unter Ihrem Schreibtische, Schulmeister, und neben mir schnarchte Gottliebchen wie ein Dachs.

Schulmeister: Jetzt ist mein unmaßgeblicher Vorschlag, daß wir in Gesellschaft einen Morgenimbiß verzehren, der uns die Nachwehen der Betrunkenheit oder, wie man schicklicher sagt, den Katzenjammer vertreibt.

Rattengift: Es verdrießt mich, daß ich nicht mit dabeisein kann – ich habe einen Auftrag an die Baronin zu besorgen, der keinen Verzug leidet. *Ab.*

Schulmeister: Rattengift ist ein Narr. Wenn er die Wollust kennte, nach einer verschwelgten Nacht bei unsrem muntren Dorfwirte einen tüchtig gepfefferten Hering mit Stumpf und Stiel zu essen und einen scharfen, nicht gewässerten Rum nachzugießen, so würde er sich den Deut um seine Aufträge kümmern!

MOLLFELS: Ich stimme Ihnen bei, Schulmeister! Kommen Sie; ich habe mächt'gen Appetit.

Beide ab.

Vierte Szene

Zimmer im Schlosse.

Rattengift und Liddy treten auf.

RATTENGIFT: Nein, Fräulein, verweigern Sie mir mein Gesuch nicht; willigen Sie in die Spazierfahrt ein. Lopsbrunn ist einer der interessantesten Plätze der Erde; wie eine Schäferhütte aus Guarinis „Pastor fido" liegt es in der grünen Einsamkeit des Eichforstes; gleich zwei langen, flüssig gewordenen Nachtigallen zwitschern zwei murmelnde Bäche durch den stillen Umkreis seiner Umgebungen, und Pilger, wie ein emsig dichtender Graf sich so gefühlvoll ausdrückt, blühen dort hinter den Stielen oder säuseln in süßer Waldandacht dahin!

LIDDY: Nett deklamiert, Herr Rattengift! – Wie weit ist es bis Lopsbrunn?

RATTENGIFT: Kaum eine Meile, und der Weg führt in reizender Abwechslung über umlaubte Höhen und durch grasichte Niederungen.

LIDDY: So halten Sie sich fertig, denn der Kutscher soll anspannen, und wir fahren noch diese Stunde in Begleitung meines Onkels nach dem Waldhäuschen!

Sie geht mit Rattengift ab.

Fünfte Szene

Buschiger Wald. Abend.

Der Schulmeister kommt mit einem riesigen Vogelbauer auf dem Rücken.

SCHULMEISTER: Die Sonne ist untergegangen, die müde Welt hat die gestirnte Schlafmütze aufgesetzt, „die eine Erdenhälfte scheint jetzt tot“, böse Träume schrecken hinterm Vorhange den unbeschützten Schlaf, die Zauberei beginnt den furchtbaren Dienst der bleichen Hekate, der Mord geht, aufgeschreckt von seinem heulenden Nachtwächter, dem Wolfe, mit weit ausgeholten Räuberschritten an sein entsetzliches Geschäft, der Schmied hat mir einen Käfig zurechtgezimmert, hier in diesem buschigen Dickichte will ich ihn aufstellen, aus der Ferne schallen die Axtschläge des holzstehlenden Teufels herüber, und ich müßte mich sehr trügen, wenn ihn nicht die magische Einwirkung von sechzehn Kodons hieherlocken sollte! *Er setzt den Käfig in das Gebüsch, macht die Tür auf, legt die Kodons hinein und tritt auf die Seite.* –

Pause.

Der Teufel kommt schnüffelnd.

SCHULMEISTER: Ha, da ist er schon! Wie es ihm in die Nase sticht!

TEUFEL: Ich rieche hier zweierlei! Links etwas Unzüchtiges, Kinderverhinderndes – rechts etwas Versoffenes, sich mit Kindern Beschäftigendes.

SCHULMEISTER: Schwerenot, das ist doch keine Anspielung auf mich?

TEUFEL *indem er auf die Kodons zugeht*: Das Unzüchtige zieht mich gewaltig an – *sich nach dem Schulmeister wendend* –, aber auch das Versoffene kirrt mich nicht minder – *stehenbleibend* –, wenn ich nur wüßte, welches von beiden das Inmoralischste wäre! *Er schnüffelt stärker.*

SCHULMEISTER *in großer Angst*: Alle Henker, mein Gewissen!

TEUFEL: Ich hab's heraus: das Versoffene, sich mit Kindern Beschäftigende zu meiner Rechten ist das Schlimmste, und das Unzüchtige, Kinderverhindernde zu meiner Linken ist, damit verglichen, die wahre Unschuld! *Er eilt auf den Schulmeister zu.*

SCHULMEISTER *weicht immer im Kreise vor ihm zurück*: Kreuz-Sapperment, nun bin ich in einer saubren Patsche! Daran dachte mein Herz nicht, daß ich schuldvoller wäre als wie ein Kodon! Es ist auch nur bloße Verleumdung von dem maliziösen Herrn Mephistopheles! – Gott sei Dank, da sitzt ein abgebrochenes Stückchen von einem Kirchenstuhle, welches ich vergangene Nacht in der Besoffenheit eingesteckt haben muß, in meiner Rocktasche! Das will ich ihm entgegenhalten und ihn damit zurückscheuchen! *Er tut es.*

TEUFEL *prustet und prallt zurück*: Puh! das Versoffene hat sich mit einem abgebrochenen Kirchenstuhlstückchen verbessert! Puh! – Ne, da wende ich mich lieber wieder zu dem Unzüchtigen, obschon es das Moralischere ist! *Er läuft begierig in den Käfig, und wie er eben die Kodons in der Hand hat, springt der Schulmeister herbei und schlägt hinter ihm die Tür zu.*

TEUFEL *aufschreiend*: Element, man sperrt mich ein, ich bin gefangen! *Heftig an den Stäben rüttelnd.* Vergebens, vergebens! Die Stäbe sind kreuzweis gelegt, ich kann sie nicht entzweibrechen! *Er erblickt den Schulmeister.* O du halunkischer, spitzbübischer, hundsföttischer – Nein, ich wollte sagen, du holder, liebenswürdiger, guter Mann! O laß mich wieder los! Laß mich wieder los!

SCHULMEISTER: Prosit Mahlzeit! Mit Speck fängt man Mäuse, mit Kodons den Teufel! *Er nimmt den Käfig auf die Schultern und trägt den Teufel darin fort.*

Der Freiherr Mordax tritt mit seinen Spießgesellen auf.

FREIHERR *räuspert sich, spuckt aus und beginnt seine Anrede*: Ihr Herren Spießgesellen! Die Baronesse Liddy verweilet drüben im Waldhäuschen zu Lopsbrunn! Alldieweilen sie in der Güte meine Brautwerbung nicht akzeptieren will, bin ich entschlossen, sie mit eurer Beihülfe par force zu entführen! – Habt ihr eure Mähnen über eure Galgenphysiognomien gekämmt, damit ich keine Schande mit euch einlege?

DIE SPIESSGESELLEN: Ja.

FREIHERR: Schön!

Sie gehen ab.

MOLLFELS *kommt mit drei bewaffneten Bedienten*: Es streichen verdächtige Haufen durch den Wald – Fräulein Liddy und ihr Onkel sind in Lopsbrunn – ich fürchte, ich fürchte, daß ein Anschlag gegen sie im Werke ist! *Zu den Bedienten.* Ladet eure Pistolen; vielleicht gibt es Gelegenheit, sie einigen Schurken auf die Haut zu brennen!

Sie laden die Pistolen und gehen ab.

Sechste Szene

Ärmliche Stube im Waldhäuschen zu Lopsbrunn.

Liddy, der Baron und Rattengift treten auf.

LIDDY: Rattengift, Sie haben uns schrecklich getäuscht! – Wenn es hier romantisch ist, so – Hu, lieber Onkel, mich schaudert! Lassen Sie anspannen, daß wir aus dieser Banditenhöhle fortkommen!

BARON: Mädchen, du zitterst! Das ist ja sonst deine Art nicht!

LIDDY: Ich flehe, lassen Sie anspannen, lassen Sie anspannen!

BARON: Heda, Hauswirt!

Der Hauswirt tritt herein.

Hast du meine Pferde gefüttert?

DER HAUSWIRT: Ich füttre keine fremde Pferde. *Geht ab.*

LIDDY: Der alte Brummbär!

BARON *ihm erzürnt nacheilend*: Elender Kerl, nun sollst du sie füttern!

LIDDY: Onkel, Onkel, wohin? – Er hört mich nicht und stürmt die Treppe hinunter! – Und nicht einmal ein Licht in der düstren Stube! – – Rattengift, wo sind Sie denn?

RATTENGIFT *mit beklommener Stimme*: Ich, gnädiges Fräulein, ich –

LIDDY *zusammenfahrend*: Himmel, was war das? Welch ein Geräusch auf dem Fußboden!

RATTENGIFT *zähneklappernd*: Es war wohl nur 'ne Maus, die drüber hinlief!

LIDDY: Ach, ich bebe fast vor meinem eignen Atem! Solche Bangigkeit habe ich noch nie empfunden! – Endlich! da kommt der Onkel mit Licht!

BARON *kommt in heftiger Bewegung, ein Licht in der Hand*: Rattengift, zeigen Sie mir Ihr Gesicht! *Nachdem er ihm hineingeleuchtet.* Nein, Sie wissen nichts davon! – Ich spreche Sie frei!

LIDDY: In aller Heiligen Namen, was soll dies heißen?

BARON: Der Hauswirt ist ein verrätrischer Bube, Nichte! Er läßt eine Menge räubermäßig gekleidetes Gesindel ins Haus und versagt mir die Pferde!

LIDDY: Jesus! wir sind verloren! *Sie sinkt auf einen Stuhl.*

RATTENGIFT *in Verzweiflung*: Verloren! verloren!

BARON: Und wenn nur die Absicht der Räuber auf unser Geld ginge, aber sie ist auf dich gerichtet, Liddy, auf dich!

RATTENGIFT: O wenn das ist, Liddy, so retten Sie unser Leben, retten Sie unser Leben! Not kennt kein Gebot! Wenn Sie dem Hauptmanne des Trupps in einer Privataudienz, deren etwaigen Folgen sich späterhin ganz leicht auf einer sogenannten Badereise abschütteln –

LIDDY *sich stolz emporraffend*: Armseliger Versifex, schweig und verkriech dich mit deinem jämmerlichen Leben dort hinter den Ofen! *Eine Haarnadel losreißend.* Ehe ein einziger dieser Bösewichter auch nur meine Hand berührt, soll diese Nadel zehnfach meine Brust durchbohren! – Auf, teurer Onkel! Die Tür verrammelt! der Schwächste ist in der Gefahr oft der Stärkste!

BARON: Edles, heldenmütiges Kind!

Sie verrammeln die Tür.

LIDDY: Den Tisch davorgetragen!

BARON: Der ist uns zu schwer.

LIDDY: Ich trage ihn allein!

BARON: Liddy, Liddy, du zerquetschest dir mit dem ungeheuren Tische die Brust! – Um Gotteswillen, wo bekommst du diese Kraft her?

LIDDY: Ergreifen Sie jenen Degen und geben Sie mir Ihr Jagdmesser! – Ha, die Bande naht sich!

Der Freiherr und seine Spießgesellen stürmen die Tür und brechen sie nach mehreren Stößen auf; Liddy wirft einem von ihnen das Jagdmesser nach dem Kopfe; die Schar stutzt einen Augenblick; kurz darauf hört man Mollfels' Stimme; es fallen Pistolenschüsse; die Angreifenden flüchten, Mollfels stürzt herein, und seine Bedienten folgen ihm mit dem gefangenen Freiherrn.

LIDDY: Wir sind gerettet! *Sie liegt ohnmächtig in Mollfels' Armen.*

MOLLFELS *zum Baron, auf den Freiherrn deutend*: Der ist der Anführer dieses verruchten Überfalls – *indem zwei Bediente mit dem Herrn von Wernthal hereintreten* –, und der da, welchen wir hier in der Nähe auf der Lauer fanden, hat, wie der Freiherr Mordax eingesteht, die Baronesse für 20000 Rtlr. an einen Gastwirts- und Bräute-Sammler verkauft; auch hat er sich sehr vorsichtig alle seine Taschen mit Zwiebeln vollgestopft, um sich nachher damit die Tränen des Bedauerns aus den Augen zu pressen!

Die Bedienten kehren dem Herrn von Wernthal die Taschen um, und es fällt eine Menge Zwiebeln heraus.

LIDDY *sich erholend*: Sie, Mollfels, wagten für mich Ihr Blut; kann meine Hand Sie belohnen, so ist sie die Ihrige!

MOLLFELS: Beglückt sinke ich vor Ihnen –

LIDDY: Nicht also! Ein Mann wie Sie braucht sich vor keinem Mädchen zu beugen! Freudig drücke ich Ihnen den Vermählungskuß auf die Lippen, welche Sie selbst so ungerecht zu verspotten pflegten!

BARON: Wohlgetan! Ich segne euren Bund!

RATTENGIFT: Und ich verfertige das Hochzeitscarmen!

LIDDY *lächelnd*: Rattengift, Sie sind doch entsetzlich feig!

RATTENGIFT: Ich bin ein Dichter, gnädiges Fräulein!

BARON *zu Wernthal und dem Freiherrn*: Ihr aber, ihr Elenden, die ihr die Schande des Adels seid, sollt unerbittlich die Strafe empfangen, welche ihr verdient! Ich will euch wie die gemeinsten Verbrecher aneinanderknebeln lassen – euch am hellen Mittage in die Stadt transportieren lassen – euch –

FREIHERR *wird hitzig*: Mord und Tod, dies übersteigt mir die Geduld! Mich geknebelt in die Stadt transportieren lassen! Ho, ist das der Dank dafür, daß ich meine Rolle so göttlich gespielt habe? Glauben Sie, ich wüßte nicht, Herr Theaterbaron, daß Sie der Schauspieler V. sind und daß Sie mir nichts tun dürfen? – Schnell, Herr von Wernthal, wir wollen ins Orchester zu den Musikanten klettern; die sind meine intimen Freunde und krümmen uns kein Haar!

Der Freiherr und der Herr von Wernthal klettern in das Orchester.

Der Schulmeister tritt auf,
den Teufel im Käfige auf dem Rücken.

SCHULMEISTER: Gratuliere, Herr Baron, daß Sie mit Ihrer Nichte so glücklich aus den Klauen des Freiherrn Mordax gerettet worden sind!

BARON: Bin ich bei Sinnen, Schulmeister? Ist das nicht der Generalsuperintendent, den Sie im Käfige auf dem Rükken schleppen?

SCHULMEISTER *stellt den Käfig auf den Tisch*: Hm, wenn der Teufel ein Geistlicher ist, so mag es ein Generalsuperintendent sein, denn dieser frostige Schornsteinfeger ist alleben der Satan in eigner Person!

ALLE ANWESENDE, SELBST DER FREIHERR UND WERNTHAL IM ORCHESTER *rufen voller Erstaunen*: Was? Der Satan? O Wunder!

SCHULMEISTER: Ja, zum zweiten Male habe ich den bedrängten Erdkreis von ihm erlöst, und wie einen Sperling überliefere ich ihn in einem Vogelbauer dem Menschengeschlechte zum beliebigen Verschlusse!

TEUFEL: Herr Baron, ich beschwöre Sie, befreien Sie mich aus dem Käfige, befreien Sie mich von dem Schulmeister! Er neckt mich in einem fort, läuft mit mir durch dick und dünn, kitzelt mich mit langen Nesseln, streut mir in jeder Minute dreimal Sand auf den Kopf –

SCHULMEISTER: Es ist der Teufel, Herr Baron, er hat es verdient, er hat es verdient! Passen Sie auf! Ich will jetzt mein Hauptexperiment mit ihm versuchen! Er soll das Gesangbuch essen und mir hinterdrein Pfötchen geben! *Er hält dem Teufel das Gesangbuch hin.* Iß!

Der Teufel sträubt sich.

Iß, Himmelhund iß!

Der Teufel sträubt sich noch gewaltiger.

EIN DIENER *kommt*: Eine junge, schöne Dame, der Tracht nach eine Russin, erscheint auf dem Hausflur, man weiß nicht wie!

TEUFEL *jauchzt*: O das ist meine Großmutter! das ist sicher meine Großmutter! ein russisches Pelzkleid hat sie angezogen, weil sie sich zu verkälten fürchtet!

RATTENGIFT: Sie irren sich, Herr Teufel! Der Bediente spricht nicht von Ihrer Großmutter, sondern von einer Dame, welche noch jung und schön ist!

TEUFEL: Du Tropf! Als ob meine Großmutter alt und häßlich wäre! Weißt du nicht, daß wir Unsterblichen ewig jung bleiben? Wenn ich jedoch demohngeachtet alt und runzlig geworden bin, so ist mein spezieller Gram über die Erfindung der Rumfordschen Suppe schuld daran.

Des Teufels Großmutter, eine blühende Frau im modischen russischen Winteranzuge, tritt herein und begrüßt die Gesellschaft mit einer stummen Verbeugung.

DES TEUFELS GROSSMUTTER: Schulmeister, entlassen Sie meinen Enkel aus dem Käfig und verlangen Sie für diese Gefälligkeit, was Sie wollen.

SCHULMEISTER: So verlange ich, Euer Durchlaucht, daß er mir Pfötchen gibt!

DES TEUFELS GROSSMUTTER: Gib Pfötchen!

Der Teufel gibt dem Schulmeister Pfötchen, worauf ihn dieser aus dem Vogelbauer losläßt.

DES TEUFELS GROSSMUTTER: So, lieber Enkel! Sei lustig! Das Scheuern in der Hölle ist vorbei! Du kannst gleich mit mir heimkehren; der heiße, dich wieder erwärmende Kaffee dampft schon auf dem Tische.

TEUFEL: Vortrefflich, Großmütterchen, vortrefflich! – Aber zum Kaffee habe ich gern etwas zu lesen! – Schulmeister, haben Sie vielleicht die Schriften des Professors Krug bei sich, insbesondere diejenige, welche den neuesten Stand der griechischen Sache betrifft?

SCHULMEISTER: Ja, man hat mir heute faule Heringe geschickt; – vermittelst derselben faulen Heringe – *indem er mehrere Pakete herauszieht* -- kann ich Ihnen auch noch mit den Erzählungen von van der Velde, mit den sämtlichen Werken der ertrunkenen Luise Brachmann und, wenn ich nicht irre, sogar mit dem „Westöstlichen Divan“ und „Wilhelm Meisters Wanderjahren“ von Goethe aufwarten.

TEUFEL: Ei, welch ein Haufen gedruckten Zeugs! – Großmutter, hast du keinen Bedienten bei dir, der ihn uns nachträgt?

DES TEUFELS GROSSMUTTER: Freilich; ich habe den Kaiser Nero mitgenommen; er steht draußen an der Treppe und putzt die Reitstiefeln, welche ich dir mitgebracht habe.

TEUFEL *ruft*: Nero, Nero!

DER RÖMISCHE KAISER NERO *tritt ein, in Livree, die Reitstiefeln des Teufels in der Hand*: Was beliebt Eur Gnaden?

TEUFEL: Her mit den Reitstiefeln! *Er zieht sie sich an; zu Nero:* Was treibt dein Kamerad Tiberius?

NERO: Er liegt auf der Bleiche und trocknet seine Wäsche.

TEUFEL: Da tut er klug! – – Hier, guter Nero – nimm den Stand der griechischen Sache unter den linken und die poetischen Werke der Luise Brachmann unter den rechten Arm und trag sie uns nach!

NERO: Ganz wohl, Eur Gnaden!

TEUFEL *zu der Gesellschaft, schelmisch lachend*: Auf Wiedersehen, auf Wiedersehen!

Er, seine Großmutter und Nero, mit den Büchern unter dem Arme, versinken.

SCHULMEISTER: Was war das, Herr Baron?

BARON: Das frage ich Sie, Herr Schulmeister!

RATTENGIFT: Mir geht die Idee zu einer naiv-verrückten Ballade auf: „Nero putzt des Teufels Reitstiefeln!"

BARON: Verwunderst du dich denn nicht, Liddy?

MOLLFELS: Liddy und ich haben nicht gehörig darauf geachtet!

BARON: Das lobe ich; so geziemt es Verliebten! *Zu einem eintretenden Bedienten:* Ist unsere Kutsche unverletzt?

DER BEDIENTE: Keine Menschenseele hat sie berührt.

BARON: So hol mir den Flaschenkorb, der sich darin befindet.

Der Bediente ab.

Wir wollen uns zur Restauration einige Terrinen Punsch machen!

SCHULMEISTER *fällt aus den Wolken*: Herr Baron, wie vernünftig Sie sind!

Der Bediente bringt den Flaschenkorb.

RATTENGIFT *am Fenster*: Aber wer kommt dort noch mit der Laterne durch den Wald? Es scheint, daß er seinen Weg hieher richtet!

SCHULMEISTER *ebenfalls am Fenster*: O so schlage der Donner darein! Kommt mir der Kerl mit seiner Laterne noch spät in der Nacht durch den Wald, um uns den Punsch aussaufen zu helfen! Das ist der vermaladeite Grabbe oder, wie man ihn eigentlich nennen sollte, die zwergichte Krabbe, der Verfasser dieses Stücks! Er ist so dumm wie 'n Kuhfuß, schimpft auf alle Schriftsteller und taugt selber nichts, hat verrenkte Beine, schielende Augen und ein fades Affengesicht! Schließen Sie vor ihm die Tür zu, Herr Baron, schließen Sie vor ihm die Tür zu!

GRABBE *draußen vor der Tür*: O du verdammter Schulmeister! Du unermeßlicher Lügenbeutel!

SCHULMEISTER: Schließen Sie die Tür zu, Herr Baron, schließen Sie die Tür zu!

LIDDY: Schulmeister, Schulmeister, wie erbittert sind Sie gegen einen Mann, der Sie geschrieben hat!

Es klopft.

Herein!

Grabbe tritt herein mit einer brennenden Laterne.

Der Vorhang fällt.

ANMERKUNGEN

Zur Textgestaltung

Der Abdruck der Dichtungen und Schriften Grabbes, die in dieser Ausgabe zusammengestellt sind, folgt dem Text der von Alfred Bergmann besorgten historisch-kritischen Gesamtausgabe der Werke und Briefe Christian Dietrich Grabbes in sechs Bänden, die in Emsdetten (Westf.) zwischen 1960 und 1973 erschien. Orthographie und Interpunktion wurden behutsam modernisiert. Bergmanns Ausgabe bietet die Texte in der Form, die nach Auffassung des Herausgebers dem Autor-Willen am nächsten kommt, also soweit möglich nach den Handschriften der Druckfassungen.

Auf Grund seines primär wirkungsgeschichtlichen Interesses hat Roy C. Cowen seiner Ausgabe von Christian Dietrich Grabbes Werken in drei Bänden, die in München und Wien zwischen 1975 und 1977 erschien, die Erstdrucke zugrunde gelegt. Diese Ausgabe wurde zum Vergleich herangezogen.

Bergmanns Ausgabe enthält umfangreiche und detaillierte Sachanmerkungen, auf die jede weitere Textkommentierung – so auch die folgende – zurückgreifen muß.

Herzog Theodor von Gothland

In die Dichtung wurden wahrscheinlich Textelemente verlorengegangener Jugendstücke Grabbes – „Theodora", „Der Erbprinz" – aufgenommen. Mit der eigentlichen Niederschrift der Tragödie begann der Autor 1819/20. Ende Februar 1822 konnte er seinen Eltern mitteilen, daß sein Stück „täglich seiner Beendigung" näherkomme. Grabbe vollendete das Stück am 11. Juni 1822. Obwohl er Ludwig Tieck als Vermittler einschaltete, konnte er die Tragödie zunächst weder zum Druck noch zur Aufführung bringen. Der Erstdruck erfolgte in „Dramatische Dichtungen von Grabbe. Nebst einer Abhandlung über die Shakspearo-Manie", Band 1, Frankfurt am Main 1827. Der Verleger Kettembeil hatte allerdings auf Streichungen von Stellen bestanden, die nach seiner Auffassung wegen ihres gotteslästerlichen, derben oder zotenhaften Charakters bei der Zensur hätten Anstoß erregen können. – Die Uraufführung des „Gothland" fand wohl erst 1892 am deutschen Volkstheater Wien statt.

3 *Nyköping* – Stadt an der Finnland gegenüber liegenden schwedischen Ostküste.

17 *Dioskuren* – Die als unzertrennlich geltenden mythischen Zwillingsbrüder Kastor und Polydeukes (lat.: Pollux); sie wurden auch in einem Sternbild verehrt.

20 *Der Erste der Hellenen* – Gemeint ist Achill (Homer, „Ilias", XVIII).
Die hehre Mutter – Thetis, eine Nereide.
Pontus – (griech.) Meer.

29 *Medusenhaupt* – Das Haupt der Meduse, eines weiblichen Ungeheuers der griechischen Sage, galt als so furchtbar, daß ihr Blick den Menschen versteinerte.

34 *Aqua toffana* – Ein wasserklares, geruch- und geschmackloses Gift, das aus dem Schaum rasender oder zur Verzweiflung gebrachter Menschen bereitet worden sein soll.

37 *Charybden der Wüste* – Wohl Analogiebildung zu den aus der „Odyssee" bekannten Meeresungeheuern Skylla und Charybdis.

47 *Morawiese* – Ebene in der Nähe von Uppsala. Sie galt wegen ihrer Denkmalsteine als geschichtlich bedeutungsvoller Ort.

52 *Orestes traurig Los* – Nach der griechischen Sage tötete Orestes auf göttlichen Befehl seine Mutter, weil diese an der Ermordung seines Vaters schuld war.

61 *Heklas Flammen* – Hekla ist der bekannteste Vulkan Islands. *der Hebräer las ihn schon am Sinai* – Anspielung auf die Verkündigung der Gesetze für Israel durch Moses am Berg Sinai.

73 *Eumeniden* – Rachegöttinnen der griechischen Sage, die vor allem den Eltern-, Geschwister- oder Kindermörder verfolgten.

78 *Lauwine* – Ältere Form für Lawine.

81 *Malstrom* – Wirbelartige Meeresströmung vor der norwegischen Küste.

116 *Samum* – Wüstensturm.
Arguspracht – Argos, eine Gestalt der griechischen Mythologie, soll viele über seinen ganzen Körper verteilte Augen besessen haben.

124 *Venus Urania* – Durch den Beinamen Urania erhielt Venus den Charakter einer Himmelsgöttin.

125 *Kiölgebirg* – Älterer Name für den mittleren Abschnitt des Norwegischen Gebirgsrückens.

126 *Timbuktu* – Früher bedeutende Handelsstadt im Sudan.

133 *die Kissen zupfen* – Handbewegungen, die als Zeichen des bevorstehenden Todes galten.

141 *Tempe* – Tal des griechischen Flusses Pensios zwischen Olymp und Ossa. Im übertragenen Sinne ein malerisch-schönes Gebirgstal.

162 *Harmattan* – Heißer, trockener Wind in Ostafrika.

167 *Sirius* – Auch Hundsstern; der hellste Stern am ganzen Himmel.
Lund – Alte nordschwedische Stadt.

191 *Memento mori* – (lat.) Denke daran, daß du stirbst. Hier: Zeichen zum Gedenken an den nahenden Tod.

196 *Hyder* – Mythisches Untier mit neun Köpfen, dem zwei Köpfe nachwuchsen, wenn einer abgeschlagen wurde.

203 *aufhegt* – (niederdeutsch) aufspart, aufbewahrt.

211 *Medea* – Nach der griechischen Sage soll die Königstochter Medea ihren Bruder zerstückelt und dessen Körperteile ins Meer geworfen haben, um ihren Vater bei der Verfolgung des Schiffes aufzuhalten, auf dem sie und Jason mit dem gestohlenen Goldenen Vlies flohen.

Scherz, Satire, Ironie
und tiefere Bedeutung

Grabbe hat das Lustspiel 1822 in Berlin fertiggestellt. Am 2. September kündigte er seinen Eltern an, daß er damit in vierzehn Tagen fertig sein werde. Ende November berichtete er sogar, daß ihm ein Buchhändler die Druckrechte abkaufen wolle, und zwar für einen Louisdor pro Bogen, er aber das Angebot für zu schlecht befunden und ausgeschlagen habe.

Der Erstdruck erfolgte in Band 2 der „Dramatischen Dichtungen von Grabbe. Nebst einer Abhandlung über die Shakspearo-Manie", Frankfurt am Main 1827; die Uraufführung fand 1876 im Akademie-Theater Wien statt. Dem Abdruck ist die erste erhalten gebliebene handschriftliche Fassung von 1822 und nicht die für den Erstdruck von 1827 bestimmte Handschrift zugrunde gelegt worden, die nach Auffassung des Herausgebers der historisch-kritischen Ausgabe durch erhebliche Rücksichten auf die Zensur entstellt ist.

229 *Schulmeister* – Grabbe soll zu dieser Figur durch einen absonderlichen Dorflehrer, der im Teutoburger Walde lebte, angeregt worden sein.
Utile cum dulci – (lat.) Das Nützliche mit dem Angenehmen (verbinden).
Pestalozzi – Johann Heinrich Pestalozzi (1746–1827), wegen seiner aufklärerischen Pädagogik vielfach Gegenstand des Spottes.

230 *der Grieche gewonnen* – Bezieht sich auf den Freiheitskampf der Griechen gegen die Türken 1821–1827.
Ypsilanti – Alexandros Ypsilanti (1792–1828), Fürst, Führer des griechischen Befreiungskampfes, löste im März 1821 den antitürkischen Aufstand aus, wurde 1821 geschlagen und trat auf österreichisch-ungarisches Gebiet über.

231 *Sankt Martinstag* – Der 11. November, der Begräbnistag des Heiligen Martin, wurde vielerorts als Volksfest begangen und als wichtige Zäsur im Jahresablauf angesehen.
Stückfaß – Großes Weinfaß von fünfzehn Eimern.
Jeder Zoll ein Schnaps – Parodistische Anspielung auf die Worte des Titelhelden in Shakespeares „König Lear": „Jeder Zoll ein König" (IV, 6).
Homiletik – Lehre von den Regeln für das Abfassen und Halten von Predigten und anderen kirchlichen Reden.
mephytisch – stinkend.

233 *Linnäus* – Carl von Linné (1707–1778), schwedischer Naturforscher, Begründer der systematischen Botanik.

Jussieu – Name einer Reihe von französischen Botanikern des 18. Jahrhunderts.

234 *Weltumsegler Cook* – James Cook (1728–1779), erforschte 1768–1779 auf drei Weltreisen den Stillen Ozean und seine antarktischen und nordöstlichen Randgebiete.

235 *ab initio* – (lat.) von vornherein.

237 *Gesellschaft zur Beförderung des Christentums unter den Juden* – Diese Gesellschaft wurde 1822 in Berlin gegründet.

241 *„Zeitung für die elegante Welt"* – Sehr bekanntes, in Leipzig erschienenes belletristisches Blatt.

242 *August Kuhn* – Der Berliner Buchhändler und Schriftsteller August Kuhn (1784–1829) hatte 1808 eine Sammlung „Gedichte" herausgegeben.

Krug von Nidda – Friedrich Albert Franz Krug von Nidda (1776–1843) ließ 1821/22 in Leipzig zwei Bände „Erzählungen und Romanzen" erscheinen.

Theodor Hell – Der Theaterbeamte und Schriftsteller Karl Gottfried Theodor Winkler (1775–1856) publizierte unter dem Pseudonym Theodor Hell und gab 1821 „Lyratöne" in zwei „Tonreihen" heraus.

Houwald – Ernst Freiherr von Houwald (1771–1845), hatte sich vor allem durch seine Schicksalstragödien einen Namen gemacht.

„Schuld" – Die 1816 erschienene Tragödie „Die Schuld" war eines der wichtigsten dramatischen Werke von Adolf Müllner (1774–1829).

„Die Fliegenklatsche" – Anspielung auf Houwalds Schwank „Seinem Schicksal kann niemand entgehen" (1822), in dem, mit parodistischem Bezug auf das Genre der Schicksalstragödie, eine Fliegenklatsche die Funktion des fatalen Requisits übernimmt.

244 *Er hat seiner Mutter …* – Anspielung auf eine Episode aus „Dichtung und Wahrheit", in der Goethe berichtet, wie er als Kind das Küchengeschirr seiner Mutter auf die Straße geworfen hatte.

Hogarths greinender Straßenbube – William Hogarth (1697–1764), englischer Maler und Kupferstecher; hier wahrscheinlich Anspielung auf Knabengestalt mit zerbrochenem Teller auf dem Bild „Mittag" in dem Zyklus „Die vier Jahreszeiten".

Ritter Nanni, van Dyck – Figuren aus Friedrich Kinds (1768–1843) dramatischem Werk „Van Dyck's Landleben" (1817); der Autor, der als Textdichter von Webers „Freischütz" bekannt geblieben ist, hat seine Stücke später unter der Sammelbezeichnung „Malerische Schauspiele" publiziert.

244 *Spinarosa, der Marchese di Sorrento* – Figuren des 1821 erschienenen Trauerspiels „Das Bild" von Ernst Freiherr von Houwald.

245 *Goethes Fischerlied* – In der zweiten Strophe von Goethes Ballade „Der Fischer" heißt es: „Ach wüßtest du, wie's Fischlein ist/So wohlig auf dem Grund".

246 *O tempora, o mores!* – (lat.) O Zeiten, o Sitten! Von Cicero mehrfach verwandter Ausruf.

funfzig Danaidenfässer – Die fünfzig Töchter des Königs Danaos müssen nach einer griechischen Sage in der Unterwelt zur Strafe für ihre Verbrechen Wasser in durchlöcherte Fässer füllen.

248 *Cartouche* – Louis Dominique Cartouche (1693–1721), berüchtigter Anführer einer Räuberbande.

252 *Lopsbrunn* – Anspielung auf das in der Nähe von Detmold gelegene fürstliche Jagdschloß Lopshorn.

253 *„Das gelang"* – sagt Octavio Piccolomini in „Wallensteins Tod", II, 5.

Äneas … Dido – Dido versucht den trojanischen Sagenhelden Äneas vergebens dazu zu bewegen, in Karthago zu bleiben.

Konventionsmünze – Münze, deren Zusammensetzung auf einer staatlichen Vereinbarung beruht.

254 *Randdukaten* – Dukaten, die höchstens um ein Tausendstel leichter geworden sein durften.

257 *Ex ungue leonem* – (lat.) An der Pranke erkennt man den Löwen.

winklig … hell – Anspielung auf den Schriftsteller Karl G. Th. Winkler, der unter dem Pseudonym Theodor Hell publizierte; vgl. die dritte Anm. zu S. 242.

259 *„Abendzeitung"* – 1817 von Theodor Hell und Friedrich Kind (vgl. die dritte Anm. zu S. 244) in Dresden gegründete Zeitung, die vor allem der Unterhaltung diente.

der „Freimütige" – „Der Freimütige", 1803 von August von Kotzebue gegründete, seit 1808 unter der Redaktion August Kuhns (vgl. die erste Anm. zu S. 242) erscheinende Berliner Zeitung.

der gute Cicero … der schlechte Catilina – Der römische Politiker und Schriftsteller Marcus Tullius Cicero (106–43 v. u. Z.) vereitelte im Jahre 63 v. u. Z. die Verschwörung des Lucius Sergius Catilina (108–62 v. u. Z.).

260 *„Freischütz"* – Carl Maria von Webers Oper „Der Freischütz" war 1821 uraufgeführt worden.

261 *Spinarosa* – Eine vor Edelmut triefende Figur aus Houwalds Trauerspiel „Das Bild“ (1821); vgl. die vierte Anm. zu S. 242.
Curtius und Regulus – Römische Helden, die für ihr Vaterland in den Tod gingen.
Marqueur – Kellner.
lederne Camilla – Weibliche Hauptperson aus Houwalds Trauerspiel „Das Bild“ (1821).
Zirkumflex – In Anlehnung an die Form des Akzentzeichens gewählter Name für einen geschwungenen Säbelhieb; hier: Schlag, Ohrfeige.
262 *Müllners Hugo* – Figur aus Adolf Müllners Trauerspiel „Die Schuld“; vgl. die fünfte Anm. zu S. 242.
„Hier ist nicht ...“ – „Hier ist nicht Raum zum Schlagen, nur zum Würgen“ (Schiller, „Wallensteins Tod“, III, 20).
„Ich will's lieber doch nicht tun“ – Schiller, „Wallensteins Tod“, I, 6.
263 *Franz Horn* – Berliner Schriftsteller (1781–1837), begann 1823 seine Erläuterungen zu Shakespeares Schauspielen herauszugeben.
Ernst Schulze – Romantischer Dichter (1789–1817), wurde vor allem als Verfasser des Gedichtes „Die bezauberte Rose“ (1817) bekannt.
von Auffenberg – Josef Freiherr von Auffenberg (1798–1857) schrieb vor allem historische Dramen.
Herr de la Barca – Titel des spanischen Dichters Pedro Calderón (1600–1681).
hinter die Königsmauer – Im folgenden sind Gegenden genannt, wo sich die Prostitution konzentrierte.
266 *in statu quo* – Zu ergänzen ... ante: (lat.) im selben Zustand wie vorher.
Kodon – Kondom.
269 *Karoline Pichler* – Wiener Schriftstellerin (1769–1843).
270 *Eduard Gehe* – Dresdner Schriftsteller (1793–1850), der zwischen 1817 und 1823 vor allem historische Dramen schrieb.
Salvavenia – (lat.) Mit Verlaub zu sagen.
Ossian – Der Schotte James Macpherson veröffentlichte 1761–1765 eigene Dichtungen, die er als Werke des sagenhaften gälischen Sängers Ossian ausgab.
272 *„Wie schön leucht't ...“* – Evangelischer Kirchenchoral.
276 *Geschicklichkeit im Scharpiezupfen* – Anspielung auf das Herstellen eines Verbandsmittels, dessen sich die bekannte Schriftstellerin Helmina von Chézy (1783–1856) rühmte.
277 *„Bezauberte Rose“* – Vgl. die zweite Anm. zu S. 263.
Fanny Tarnow – Schriftstellerin (1779–1862), lebte seit 1820 in Dresden.

278 *Heinrich Döring* – Schriftsteller (1789–1862).
Friedrich Gleich – Schriftsteller und Übersetzer (1789–1862).
Wilhelm Blumenhagen – Arzt und Taschenbuchautor (1781 bis 1839).
Methusalem Müller – Schriftsteller und Herausgeber (1771 bis 1837), leitete die „Zeitung für die elegante Welt".
Vivat Bacchus, Bacchus lebe … – Anfang eines Duetts zwischen Pedrillo und Osmin in Mozarts „Die Entführung aus dem Serail".
Sirene – Dämonisches Wesen der griechischen Mythologie. In der „Odyssee" locken Sirenen durch ihren Gesang Schiffer an, um sie dann zu töten.
279 *Fuimus Troes* – (lat.) Wir sind Trojaner *gewesen*. Zitat aus Vergils „Aeneis", II, 325.
280 *Beutelperücke* – Perücke, deren Hinterhaar in einen Beutel gehängt ist.
Harpax – (griech.) Geizhals.
281 *Elise von Hohenhausen* – Berliner Schriftstellerin (1789–1857), ihr Berliner Salon war über die Stadt hinaus bekannt.
282 *„Unsinn, du siegst …"* – Worte des sterbenden Talbot in Schillers „Jungfrau von Orleans", III, 6.
Pardonnez moi, Monsieur! – (franz.) Verzeihen Sie mir, mein Herr.
283 *Zayre, vous pleurez?* – (franz.) Zaire, Sie weinen? Zitat aus Voltaires Trauerspiel „Zaire", IV, 2.
Venez, ma chère! – (franz.) Kommen Sie, meine Liebe.
285 *Guarinis „Pastor fido"* – Gemeint ist Giovan Battista Guarinis (1538–1612) berühmtes Schäferspiel „Der treue Hirte" (1590).
emsig dichtender Graf – Möglicherweise Anspielung auf Otto Graf von Loeben (1786–1825), der seine Dichtungen unter dem Pseudonym Isodorus Orientalis veröffentlichte.
286 *„die eine Erdenhälfte scheint jetzt tot"* – Paraphrase des Monologs von Macbeth (II, 3) nach der Schillerschen Übersetzung.
Hekate – Mondgöttin, auch Göttin der Gespenster.
288 *par force* – (franz.) mit Gewalt.
289 *Versifex* – (lat.) Versemacher.
292 *Rumfordsche Suppe* – Sir Benjamin Thompson, Graf von Rumford (1753–1814), amerikanischer Gelehrter und Staatsmann, führte unter dem Kurfürsten Karl Theodor in Bayern eine Reihe von Reformen durch und erfand als Mittel zur Armenernährung die nach ihm benannte Suppe, eine Art Kondensnahrung.
293 *Professor Krug* – Wilhelm Traugott Krug (1770–1842), Philosophieprofessor in Königsberg und dann in Leipzig, war durch

seine philhellenischen Schriften bekannt geworden und hatte 1822 eine Arbeit über den „Neuesten Stand der griechischen Sache“ veröffentlicht.

van der Velde – Karl Franz van der Velde (1779–1824), Verfasser beliebter historischer Erzählungen.

Luise Brachmann – Karoline Marie Louise Brachmann (1777–1822), Lyrikerin und Novellistin, setzte 1822 ihrem Leben selbst ein Ende.

294 *Tiberius* – Claudius Nero Tiberius (42 v. u. Z.–37 u. Z.), seit 14 u. Z. römischer Kaiser, galt ebenso wie Nero als grausam und ausschweifend.

INHALTSVERZEICHNIS

BIBLIOTHEK DEUTSCHER KLASSIKER

BDK

HERAUSGEGEBEN VON DEN
NATIONALEN FORSCHUNGS- UND GEDENKSTÄTTEN
DER KLASSISCHEN DEUTSCHEN LITERATUR
IN WEIMAR

BIBLIOTHEK DEUTSCHER KLASSIKER

GRABBE